KB264457

종교의 세계

종교의 세계

Yang-Mo Chung / Tae-Sik Park (eds.)
The World of Religions

종교의 세계
2003 초판
엮은이 · 정양모/박태식 | 펴낸이 · 이형우
ⓒ 분도출판사
등록 · 1962년 5월 7일 라15호
718-806 경북 칠곡군 왜관읍 왜관리 134의 1
왜관 본사 · 전화 054-970-2400 · 팩스 054-971-0179
서울 지사 · 전화 02-2266-3605 · 팩스 02-2271-3605
www.bundobook.co.kr

ISBN 89-419-0303-3 93200
값 8,000원

종교의 세계

정양모/박태식 엮음

분도출판사

필자들

김영경: 독일 마부륵 대학교 철학박사
　　　　서강대학교 계약교수

박태식: 독일 괴팅엔 대학교 신학박사
　　　　서강대학교 강사

배철현: 미국 하버드 대학교 철학박사
　　　　세종대학교 교수

송항룡: 성균관대학교 철학박사
　　　　성균관대학교 교수

오지섭: 서강대학교 문학박사
　　　　서강대학교 강사

윤사순: 고려대학교 철학박사
　　　　고려대학교 명예교수

이용범: 서울대학교 문학박사
　　　　서울대학교 강사

이찬수: 서강대학교 문학박사
　　　　강남대학교 교수

정양모: 독일 뷔르츠부륵 대학교 성서신학박사
　　　　성공회대학교 초빙교수

차옥숭: 독일 프랑크푸르트 대학교 철학박사
　　　　한일장신대학교 교수

최준식: 미국 템플 대학교 종교학박사
　　　　이화여자대학교 교수

머 리 말

“종교란 무엇입니까?”

　어떤 이에게는 지대한 관심을 불러일으키는 질문이겠지만, 어떤 이는 그저 시큰둥한 대답을 할 것이다. 그렇다면 질문을 다음처럼 슬쩍 바꿔보면 어떨까? “단군 상의 목이 떨어져나간 사진을 보았습니까?”라든가, “조용한 산사山寺에 불을 지른 행위를 어떻게 생각하십니까?” 아마 대부분이 한마디씩 던질 것이고, 개중에는 입에 거품을 물고 나서는 사람도 있을 것이다. 아주 슬프기는 하지만, 그것이 바로 우리나라의 현실이다.

　세상에 많고도 많은 것이 종교다. 세계 최고의 문명을 자랑하는 뉴욕의 시민들도, 폴리네시아 군도에서 아직 구석기 시대의 생활방식으로 살아가는 원주민들도, 자신들의 고유한 종교를 가지고 있다. 그러나 뉴욕과 폴리네시아처럼 멀리 떨어져 있을 때야 별 상관이 없지만 서로가 영향을 받을 수 있는 지척에 모여 있으면 틀림없이 탈이 생기게 마련이다. 사실 모든 종교는 초월적인 세계와 교통을 표방하니, 타종교와의 공존이란 체질적으로 불가능해 보이기까지 한다.

　우리나라는 그 어느 나라보다 많은 종교들이 뒤섞여 있는 나라다. 불교·유교·무속 등 한민족의 전통을 대변하는 종교들뿐 아니라 200여 년 전부터 서구에서 전래된 천주교와 개신교, 그리고 최근에는 외국인 노동자들이 대거 한국에 들어오면서 이슬람도 활발하게 진출하고 있다. 어디 그뿐인가? 한국의 자생 종교를 표방하는 천도교·원불교·증산교·대순진리회 등등, 우리나라는 가히 종교의 백화점이라 불러도 손색이 없을 것이다. 몇백 년 전에 돌아가신 선조들이 다시 살아오신다면 심한 혼란을 겪으실지도 모를 일이다. 그렇다면 각자 강한 개성을 가진 종교들끼리 평화롭게 살아갈 수 있는 방법이 있을까? 구태여 단군 상의 목을 치지 않고 사찰을 태워버리지 않아도 되는 그런 방법 말이다.

대화가 필요하다. 대화는 모든 갈등과 장벽을 뛰어넘는 힘을 가진다. 대화를 통해 남북통일도 이루어질 수 있고, 수십 년 등돌렸던 원수와 화해할 수도 있으며, 미워 보이기만 하던 다른 종교인들도 똑같은 심장을 가진 아름다운 사람으로 인식될 수 있다. 만일 폭력과 정복을 통해 하나가 될 수 있다면, "교세확장"이라는 말은 가능하겠지만 종교의 진정한 정신을 구현하지는 못할 것이다. 대화만이 우리의 희망이다.

이 책은 종교간 대화를 위해 계획되었다. 구체적으로는 각 종교에 대한 강의가 열렸고, 그 강의록이 모여 책이 만들어진 것이다. 종교들에 대한 정확하고 포괄적인 지식을 얻기 위해, 요즘 우리나라에서 기운 넘치게 활동하고 있는 각 종교의 전문가들에게 강의와 글을 부탁했음은 두말할 나위도 없다. 종교의 세계로 들어가는 좋은 지침서가 될 것을 확신한다.

전체 과정을 기획한 정양모 신부님의 아이디어와 문인숙 수녀님의 추진력이 없었다면 이 책은 아마 빛을 보지 못했을 것이다. 그리고 모든 원고를 꼼꼼하게 살펴준 오지섭 박사에게 감사드린다. 마지막으로 책이 출간될 수 있게 아낌없는 배려를 해 준 분도출판사의 노고에 찬사를 보낸다.

2002년 겨울

엮은이 박태식

차 례

정양모

종 교

오늘날의 우리와 비슷한 인간은 대략 4만 년 전에 지구에 나타났다고 한다. 짐승들과는 달리 인간은 불을 이용하고 도구를 사용했다. 아울러 인간은 태초부터 신을 믿는 종교적 동물이었다. 종교가 없던 시대, 종교를 믿지 않은 민족은 없었다. 종교심은 인간의 마음 깊숙이 뿌리내린 근원적 충동이다. 로마제국은 삼백여 년간 그리스도교를 박해했고, 조선조는 백여 년간 가톨릭을 박해했으며, 세계 공산주의는 칠십여 년간, 종교는 인민의 아편이라는 기치 아래 모든 종교를 말살코자 애썼지만 전혀 성공하지 못했다. 유다교는 매 토요일에, 그리스도교는 매 일요일에, 이슬람은 매 금요일에 신도들을 예배 모임에 끌어모으는 힘이 있다.

1. 종교란 무엇인가?

모든 시대 모든 민족 모든 문화권에 종교라는 현상이 있건만 한마디로 정의를 내리기 어려운 게 종교이다. 라틴어로 종교를 렐리기오religio라고 하는데, 그 어원을 두고 세 가지 학설이 형성되었다. 로마 공화정 시대의 정치가이자 웅변가였던 키케로Cicero(기원전 106~43)는 다시 읽는다는 뜻의 렐레게레relegere에서 종교라는 낱말이 생겨났다고 했다(religio = 再讀). 종교 의례 때 신들에 관한 이야기를 반복하여 읽는 데서 종교라는 낱말이 생겨났다는 것이다. 그리스도교를 변호한 호교론자 락탄시우스Lactantius(250?~325?)는 다시 묶는다는 뜻의 렐리가레religare에서 종교라는 낱말이 생겨났다고 했다(religio = 再結合). 하느님과 인류 간의 관계가 죄로 말미암아 끊겼다가 종교로 말미암아 다시 이어졌다는 것이다. 마지막으로 그리스도교 역사상 가장 위대한 신학자 가운데 한 분인 아우구스티누스Augustinus(354~430)는 다시 뽑는다는 뜻의 레엘리게레reeligere에서 종교라는 낱말이 생겨났다고 했다(religio = 再選擇). 하느님이 원래 이스라엘 백성을 선택했으나 그 선민이 제구실을 못했기 때문에 다시 교회를 선택했다는 것이다. 위에서 약술한 키케로의 어원 풀이는 피상적이고, 락탄시우스와 아우구스티누스의 어원 풀이는 그리스도교적 관점에서 풀이했기 때문에 여타 종교와 관련해선 들어맞지 않는다.

라틴어 렐리기오에 해당하는 한자어 종교宗敎는 본디 부처님의 지극히 높으신 가르침을 가리키는 불교 용어였는데, 일본인들이 개항 때 렐리기오를 종교라고 번역했다. 종교라는 낱말의 어원이나 유래만 가지고서는 종교의 실체를 파악할 수 없는 까닭에 종교의 핵심 내용을 중심으로 종교의 정의를 내리곤 한다. 예로 독일의 종교사가 오토Rudolf Otto(1869~1937)는 종교를 성스러움의 체험이라고 정의했고, 독일 태생 미국의 조직신학자 틸리히Paul Tillich(1886~1965)는 궁극적 관심의 상태라고 정의했다. 이런 정의들도 종교를 이해하는 데 도움이 되겠지만, 실상 종교심은 유한성을 절감하고 아울러 그 유한성을 뛰어넘어 무한자·초월자·절대자를 갈구하는 생래적·보편적 심성이라 하겠다.

우리나라 사람들이 놀라거나 급하면 어머니를 찾지만 매우 놀라거나 몹시 다급하면 하느님을 찾는 데서 한국인의 종교심성을 엿볼 수 있다. "하늘이 두렵지 않느냐?", "하늘도 무심하지", "하늘이 돌보신 거야", "하늘이 알고 땅이 알아", "하늘을 우러러 한 점 부끄러움 없기를" 같은 말에 평소 숨어 있던 하느님이 갑자기 드러난다.

2. 종교철학적 성찰

독일의 종교철학자 벨테Bernhard Welte(1906~1983)는 『종교철학』(오창선 옮김, 분도출판사, 1998)이라는 명저를 남겼는데, 그의 관점에 따라 우리는 종교 현상을 다음과 같이 이해할 수 있다. 인간은 누구나 잠시 역사의 무대에 나타났다가 사라지는 유한한 존재이다. 그래서 우리 속담에 하루살이 인생이라 하는가 하면, 인생은 덧없는 한바탕 꿈이라고 한다. 동방의 성현 다석 유영모多夕 柳永模(1890~1981)는 이르기를, 하느님은 "없이 계시는 분"이신 반면, 인간은 "있이 없는 것들"이라고 하였다. 사람은 누구나 잉태되기 전에는 없었고 죽으면 없어질 찰나적 존재이다. 그러니까 지금의 있음은 과거의 없음과 미래의 없음 사이에 잠깐 나타나는 현상이라 하겠다. 그런데 사람은 그냥 나날을 살아가는 게 아니고 역가치를 극복하고 가치를 실현하면서 살아간다. 이렇게 사는 게 뜻있는 삶이라는 것이다. 사람들은 본능적으로 진리와 거짓, 선과 악, 아름다움과 추함, 믿음과 불신, 희망과 절망, 사랑과 미움의 차이를 간파한다. 가치와 역가치는 시대와 문화에 따라 변할 수는 있을지언정 원칙적으로 똑같을 수 없다. 양자는 무조건 서로 다르다고 사람들은 직감한다. 가치, 특히 도덕적 가치가 절대적·무조건적 성격으로 우리에게 다가오는 현상에 절대자·초월자가 슬쩍 모습을 비친다고 말할 수 있겠다. 만일 인생이 죽음으로 허허무무하게 끝장난다면 가치와 역가치의 구별은 한낱 말장난이 되고 만다. 인간은 중동 계시종교의 하느님이든 동방 이법종교의 진여眞如·천명天命·도道이든 어쨌거나 초월자를 향하는 열린꼴이기 때문에 이 초월자를 받아들일 때 비로소 인간은 자신을 이해하고 실현한다 하겠다. 인간의 초월 성향을 배척하고 닫힌꼴로 자족한다면 인간 이해도 인간 실현도 될 수 없다는 말이다. 이것이 순수 사유의 입장에서 인생과 종교에 대해 말할 수 있는 한계라 하겠다.

3. 종교 분류와 평가

유다교·기독교·이슬람 등 유일신을 받드는 3대 계시종교啓示宗敎(일명 아브라함계 종교)는 모두 메마른 중동 사막에서 태어났다. 사막에서 사람이 살 수 있는 곳은 오아시스뿐이고, 사람이 걸어다닐 수 있는 길도 오아시스와 오아시스를 이어 주는 대상로隊商路뿐이다. 오아시스와 대상로를 벗어나면 온통 죽음의 세상이다. 유다교·기독교·이슬람은 이런 삭막한 풍토의 영향을 받아서 아집과 배타로 똘똘 뭉쳐 있다.

1) 유다교

유다교는 본디 예언자들의 종교로서 경천애인敬天愛人을 기본 덕목으로 삼는 생기발랄한 종교였다. 그러나 기원전 597~81년 이스라엘 민족 중·상류층이 신바빌로니아로 끌려가서 강제 노역에 시달리다가 539년 페르시아 제국의 시황제 고레스의 포고령으로 귀환하는 경험을 하면서 유다교는 차츰 율법주의 종교로 탈바꿈했다. 거기다가 유다교는 선민 중심의 민족주의 종교인 까닭에 세계 어디에고 유다인들이 사는 곳이면 민족적 알력이 끊이지 않는다. 최근의 사례로 2001년 9월 11일 미국 테러 참사를 꼽겠는데, 1948년 이스라엘 건국 전후해서부터 오늘날까지 미국이 일방적으로 이스라엘 편을 들고 팔레스타인 아랍인들을 홀대한 정책이 참사의 한 가지 원인이다. 아랍인들이 얼마나 원한에 사무쳤으면 자살조를 만들어 미국을 공격했겠는가, 미국민들은 자성해 마땅하다. 오늘날 유다인들은 미국에 6백만, 이스라엘에 5백만, 기타 여러 나라에 1백만 명 정도가 살고 있다.

2) 기독교

예수(기원전 7? ~ 후 30) 귀천 후 그 제자들이 창교한 기독교는 가톨릭 10억 명, 정교회 2억 명, 개신교 5억 명을 거느린 지상 최대의 종교 집단이다. 기독교의 원초적 기원인 역사적 예수는 예언자들의 경천애인 정신을 부르짖고 이룩하신 분으로서 예나 이제나 많은 이들을 사로잡을 만큼 매력적이다. 그러나 신앙적 그리스도는 지금도 그렇거니와 앞으로 점점 문제시될 것이다. 일례로 요한계 그리스도인들이 예수를 너무 존경하고 사랑한 나머지 그분을 하느님으로 받든 신앙은 점점 도전을 받을 것이다. 철저히 유일신을 받드는 유다인 및 무슬림은 기독교의 삼위일체 교리를 비판하여 기독교는 다신교라고 단정하곤 한다. 그래서 미국의 종교다원주의자 스위들러 Leonard Swidler는, 예수 그리스도는 참으로 신이며 참으로 인간이라는 칼케돈 공의회 교리(451)를 재해석하여, 예수 그리스도는 참으로 신적이며 참으로 인간적인 분이라고 풀이하였다. 문제는 기독교인 절대다수가 역사 비평과 해석학적 성찰을 외면하기 때문에 이런 재해석을 용납하지 않는 데 있다. 다석 유영모는 서구의 신학자·종교학자들보다 훨씬 앞서서 1957·1960년 종로 YMCA 연경반에서 다음과 같이 파격적인 선언을 했다. "내가 참으로 마지막까지 영원히 잊을 수 없는 이는 예수 그리스도이다. 훌륭한 스승, 곧 덕사德師를 택하는 데도 마찬가지다. 내게 선생이라고는 예수 한 분밖에 없다. 그러나 예수를 선생으로 아는 것과 믿는 것은 다르다"(박영호 엮음 『씨알의 메아리. 다석 어록』 홍익재 1993, 138쪽). "사람을 숭배해서는 안 된다. 그 앞에 절을 할 분은 참되신 한아님뿐이다. 종교는 사람을 숭배하는 것이 아니다. 한아님을 바로 한아님으로 깨닫지 못하니까 사람더러 한아님 돼 달라는 게 사람을 숭배하는 이유다. 예수를 한아님 자리에 올려놓는 것도 이 때문이고 가톨릭이 마리아를 숭배하는 것도 이 까닭이다"(위의 책 278쪽).

3) 이슬람

무함마드(570~632)가 창교한 이슬람은 아랍 세계는 물론 인도네시아와 필리핀 민다나오 섬에까지 전파되었으며 신도 수가 12억이나 된다. 무슬림은 쿠란에 따라 개인 생활과 사회 생활을 영위하는데, 기본 계율로 오행五行을 지켜야 한다.

① 알라는 유일신이며 무함마드는 알라가 보낸 가장 위대한 예언자임을 선서한다(사하다).
② 하루 다섯 번 메카를 향해 예배를 드린다. 예배는 혼자서 할 수도 있으나 이슬람 모스크에서 함께 하는 것을 장려한다. 금요일 정오에는 모스크에서 집단 예배를 드린다.
③ 종교세(자카트)를 바친다.

④ 이슬람력 9월 라마단 한 달 동안 매일 해가 떠서 해가 질 때까지 먹고
　마시고 담배 피는 일을 삼간다.
⑤ 일생에 한 번 이상 메카로 순례한다.

　이슬람 근본주의자들은 위의 오행에 성전聖戰(지하드)을 보태서 기본 계율
육행六行을 주창하곤 한다. 이슬람의 신앙고백과 계율은 본디 단순 명료했
으나, 모든 종교 신앙과 계율이 그렇듯이 시대가 지나면서 세분화되었는
데, 그중에는 부적절한 것들이 적지 않아 재해석이 절실히 요구된다. 그러
나 이슬람은 불행히도 쿠란에 대한 역사 비평과 해석학적 성찰을 허용하지
않는다. 일제 시대 만주에서 이슬람을 받아들인 동포 몇 명이 한국전쟁 때
참전한 터키군 부대에서 금요예배에 참석하다가 1955년 한국이슬람협회를
결성했다. 2001년 현재 한국인 무슬림은 2만 명 정도이다.

　중동 사막에서 유일신 계시종교들이 생긴 것과는 대조적으로 인도와 중
국 평원에선 인간과 우주의 이치와 법칙을 깨친 여러 이법종교理法宗敎가 태
어났다.

4) 불교

　석가모니(기원전 6세기 ~ 483?)는 35세쯤에 깨달음(보디)을 얻어 부처, 즉 각자
覺者가 되었다. 그의 가르침은 중국을 거쳐 372년(소수림왕 2년) 고구려에, 384
년(침류왕 원년) 백제에, 눌지왕(417~458 재위) 때 신라에 전래되었는데, 2001년
현재 한국의 불자는 1천3백만 명쯤 된다. 우리 겨레의 종교심성을 가꾸어
온 한국 불교는 고려 시대 보조국사 지눌知訥(1158~1210)과 조선 시대 서산대
사 휴정休靜(1520~1604)의 영향을 받아 "선을 주로 하고 교를 종으로 하는 불
교, 혹은 교로 시작하여 선으로 들어가는 사교입선적捨敎入禪的 불교가 되었
다". 불교는 세계 어느 종교보다도 고정관념을 깨는 부정의 논리가 강함에
도 불구하고, 석가모니의 설법 핵심인 사성제와 팔정도에 대한 해석학적
반성이 보이지 않는다. 그리고 불자들이 타종교를 대수롭게 여기지 않는
탓인가, 타종교를 진지하게 연구하는 우리나라 불자가 보이지 않는다. 어

쩌다 불자가 기독교에 관해 쓴 글을 보면 역사 비평과 해석학적 반성을 거친 건실한 기독교를 논하기보다 유치한 통속적 기독교를 비판하기 일쑤이니 안타까울 뿐이다. 아울러 불자들은 개인 성불에 치중한 나머지 사회 구원을 소홀히 하지 않았는가, 자성할 일이다.

5) 유교

공자(기원전 551~479), 맹자(기원전 372~289)의 가르침을 따르는 유교는 이미 삼국시대 이전에 우리나라에 들어와서 사회윤리 확립에 크게 기여했다. 중국 한 무제 때의 재상이었던 동중서(기원전 179년경~104년경)가 공맹의 사회윤리를 집약한 삼강오륜三綱五倫이 중국과 우리나라의 사회질서 확립에 큰 영향을 끼쳤다. 삼강은 임금과 신하, 어버이와 자식, 남편과 아내가 지켜야 할 도리를 가리킨다. 오륜은 『맹자』「등문공편」에 나오는 덕목으로서 부모와 자녀의 도리는 친밀한 데 있고, 임금과 신하의 도리는 의리에 있으며, 남편과 아내의 도리는 분별 있게 처신함에 있고, 어른과 어린이의 도리는 서열을 지킴에 있으며, 친구들 간의 도리는 신의를 지킴에 있다는 것이다. 우리 겨레는 누구나 삼강오륜에 젖어 부모를 섬기는 효심과 자식을 돌보는 사랑이 세계 어느 민족보다 강하다. 그런가 하면 초면에도 곧잘 본관을 묻고 나이를 묻는 것 역시 유교적 대인 관계에서 비롯하는 관행이다. 유교를 통치 이념으로 삼은 조선조가 사라지자 유교의 영향력도 급속히 줄어 지금은 화석화되다시피 되었다. 그래서 1995년 당시 성균관 관장 최근덕 교수가 유교를 활성화시키고자 만든 『유교헌장』에서 「유교의 종교화 선언」을 했지만 그가 퇴임하면서 유야무야되고 말았다.

6) 천도교

천도교는 원불교·증산교와 더불어 우리나라에서 생긴 3대 신종교이다. 1860년 수운 최제우(1824~1864)가 창도한 동학을 모태로 하여 제3대 교주 의암 손병희(1861~1922)가 1905년에 천도교를 창교했다. 최제우가 초월적 인격신 천주를 섬긴다는 뜻으로 시천주侍天主 사상을 내세운 데 이어, 제2대 교주 해월 최시형(1827~1898)은 사람을 하늘처럼 받든다는 뜻의 사인여천事人如天 사상을 피력했다. 마침내 제3대 교주이자 천도교를 창교한 손병희는 사람이 곧 하늘이라는 뜻의 인내천人乃天 사상을 정립했으니 여기서 "하늘"(天)은 사람 안에 내재화되었다. 손병희와 천도교는 1919년 3·1운동에 적극 참여한 데 이어 일제시대에 문화활동·농촌활동·항일운동을 벌였다. 이처럼 화려한 과거에도 불구하고 2001년 현재 교세는 미미하며 젊은이들을 확보하지 못해 미래가 매우 어두운 형편이다.

7) 원불교

원불교는 1916년 전남 영광군 백수면 길용리에서 소태산 박중빈(1891~1943)이 일원상一圓相 진리를 깨닫고 창교한 신종교이다. 종지宗旨는 불교에서 따왔지만 창교 초창기부터 교화와 더불어 산업부를 두어 생산 활동을 활발히 펼친 게 특이하다. 남녀를 차별하지 않고 교무를 선발하는 모습, 종교간의 대화와 화해를 위해 헌신하는 모습이 돋보인다.

8) 증산교

증산 강일순(1871~1909)은 31세 되던 1901년 전북 모악산에 자리잡은 대원사에 들어가 수개월간 수도하던 중 7월 5일 홀연히 천지대도天地大道를 깨달았다고 한다. 이후 그는 1909년 8월 화천化天할 때까지 7년간 모악산 일대에서 전도하며 여러 차례 천지공사天地公事를 수행했다. 천지공사란 구천상제九天上帝인 강일순이 하늘에서 이 세상에 내려와 인간계와 신명계의 모든 원한들을 해원시키고 후천선경의 토대를 마련하는 종교 의식이다. 일제시대에 증산교의 교파는 100여 개나 되었고 지금은 60여 개 교파로 갈라져 있는데 주요 교파들로는 증산교 본부·태극도·증산진법회·증산도·대순진리회 등이 있으며 서로 맹렬히 반목한다. 1958년 태극도 도주 조철제가 사망하자 제2대 도주로 선출된 박한경과 조철제의 아들 조영래 사이에 알력이 생겼는데, 1969년 박한경은 자신의 추종자들을 이끌고 서울 성동구 중곡동으로 옮겨 교단 명칭을 대순진리회로 바꾸었다. 기인 강일순을 하느님으로 받들다니 도무지 납득이 가지 않는 신앙 행태다.

4. 종교 체험담

이제까지 사유의 선상에서 종교를 논했다. 그러나 종교는 인간의 사유를 훌쩍 뛰어넘는 초월적인 면을 가지고 있는 까닭에 사유만으로는 종교를 깊이 이해할 수 없다. 이와는 달리 하느님이나 예수를 뵌 이들, 곧 신비 체험을 한 분들의 말은 더없이 진솔하고 간절하기에 네 분의 체험담을 옮겨 적는다.

1) 블레즈 파스칼(1623~1662)

수학자·물리학자·철학자·문인으로 천재의 명성을 누리다가 39세로 요절한 파스칼은 서른에 접어들면서 한편으로는 신앙에 대한 불가지론으로, 또 한편으로는 세속에 대한 환멸로 영적 시련을 겪었다. 그러다가 31세 되던 1654년 11월 23일 한밤중에 신 체험을 하고 신앙의 길로 정진하게 되었다. 그는 일생일대 가장 극적인 체험을 양피지에 적어서 손수 웃저고리 안쪽에 꿰매고 혼자 보곤 하였다. 그의 누님 질베르트가 염을 하려고 옷을 벗기다가 발견했다던가, 후세인들이 「비망기」*memorial*라고 이름 지은 신 체험담을 우리말로 직역해 본다.

은총의 해 1654년 11월 23일 월요일 …
저녁 열 시 반쯤부터 열두 시 반쯤 사이에.
불. 철학자들과 지식인들의 하느님이 아니로다.
아브라함의 하느님, 이사악의 하느님, 야곱의 하느님이로다.

확신, 확신, 느낌, 기쁨, 평화.

예수 그리스도의 하느님이로다.

나의 하느님이요 여러분의 하느님이로다(요한 20, 17 라틴어 인용문).

당신 － 예수 － 의 하느님은 또한 저의 하느님이로다.

하느님을 빼고는 세상만사를 죄다 잊으리.

오직 복음이 가르치는 길을 따라서만 님을 찾을 수 있으리라.

인간 영혼의 위대함이여.

의로우신 아버지, 세상은 당신을 알아보지 못했지만 저는 알아보았나이다.

기쁨, 기쁨, 기쁨의 눈물.

저는 당신을 떠나 살았습니다.

사람들은 생수의 샘인 나를 저버렸도다(예레 2, 13 라틴어 인용문).

저의 하느님, 저를 버리시렵니까?

저는 당신을 영원히 떠나지 않으렵니다.

오직 한 분 참 하느님이신 당신을 알고 당신이 보내신 예수 그리스도를 아는 게 영생이옵니다(요한 17, 3).

예수 그리스도

예수 그리스도

저는 그분을 떠나 살았고 피했으며 저버리고 십자가에 못 박았나이다.

이제 다시는 그분을 떠나지 않으렵니다.

오직 복음이 가르치는 길을 따라서만 그분을 얻을 수 있으리라.

전적인 포기, 기꺼운 포기 …

2) 수운 최제우(1824~1864)

수운 최제우는 36세 되던 1860년 음력 사월 초닷샛날에 겪은 득도 체험을 「용담유사」(용담가) 제삼절에서 다음과 같이 적었다. 수운은 이 체험으로 말미암아 시천주侍天主를 교지로 삼는 동학을 창시했다.

처자妻子 불러 효유曉諭하고, 이러그러 지내다니, 천은天恩이 망극하여 경신庚申 사월 초닷샛날에 글로 어찌 기록하며, 말로 어찌 형언할까. 만고 없는 무극대도無極大道 여몽여각如夢如覺 득도得道로다. 기장하다. 기장하다. 이내 운수 기장하다. 한울님 하신 말씀, 개벽 후 오만 년에 네가 또한 첨이로다. 나도 또한 개벽 후 노이무공勞而無功하다가서, 너를 만나 성공하니 나도 성공, 너도 득의得意, 너의 집안 운수로다. 이 말씀 들은 후에, 심독희心讀喜 자부自負로다. 어화 세상 사람들아, 무극지운無極之運 닥친 줄을, 너희 어찌 알까 보냐, 기장하다, 기장하다, 이내 운수 기장하다, 구미산수龜尾山水 좋은 승지勝地 무극대도 닦아 내니, 오만년지운수로다. 만세일지장부萬世一之丈夫로서 좋을시고, 좋을시고, 이내 신명 좋을시고, 구미산수 좋은 풍경 물형物形으로 생겼다가, 이내 운수 맞혔도다.

3) 다석 유영모

동방의 성인 다석 유영모는 52세 되던 1942년 1월 4일 하느님을 깊이 깨닫고 나서 중생重生의 열락悅樂 가운데 여러 시편을 지어 『성서조선』(157호 1942년 2월호, 33-8쪽)에 발표했는데, 그중 「믿음에 들어간 이의 노래」에서 하느님 체험을 이렇게 읊었다.

나는 시름없고나
인제부터 시름없다.
님이 나를 차지(占領)하사
님이 나를 맡으(保管)셨네
님이 나를 가지(所有)셨네

몸도 낯도 다 버리네 내 거라곤 다 버렸다.
"죽기 전에 뭘 할까?"도
"남의 말은 어쩔까?"도

다 없어진 셈이다.

님 뵙잔 낯이요

말씀 읽을 몸이라

사랑하실 낯이요

뜻을 받들 몸이라.

4) 이경식 박사_(1943~)

강남 성모병원에서 말기 암 환자들을 돌보는 이경식 박사는 미국에서 10여 년간 말기 암 환자들을 진료하면서 현대 의학의 한계를 절감했다. 그는 암 환자들이 세상을 떠날 때마다 심한 좌절감과 낭패감에 사로잡혔다. 그런 가운데서도 담담히 죽음을 받아들이는 그리스도인들에게서 감명을 받아서, 그때까지 멀리했던 신앙을 되새기곤 했다. 그러다가 미국 생활을 마무리하기 전해인 1980년 생전 처음으로 성령 세미나 모임에 참석해서 선교사의 강론을 듣고 크게 깨쳤다. 그 후 선생은 인생관을 달리했다. 그 암울한 죽음에서 돌파구를 찾았던 것이다. 죽음은 부활에 이르는 통과 의례라는 묘리를 깨쳤던 것이다. 그의 회심담은 다음과 같다(이경식, 암 전문의 호스피스 진료 수기 1권 『사랑 이야기』 바오로 딸 1987, 58쪽).

강론 중에 나는 계속해서 흐르는 눈물을 막을 수 없었으며, 내 가슴은 칼로 찌르듯이 아파 오기 시작했다. 그 강론이 끝나고 많은 사람이 제대 앞으로 나갈 때 나에게 갑자기 하늘 위에 있는 불덩이가 보였다. 마치 오순절에 성령의 불길이 나타나듯 내 눈앞에 성령의 불길이 나타나더니 그 중 하나가 혀같이 갈라져 내 머리에 떨어졌다(사도 2,3). 그 불길은 내 몸속에 빨려 들어가듯 들어갔고, 나는 심연에 빠지듯 그 자리에 쓰러졌다. 정신은 말짱한데 몸은 가눌 수가 없었다. 주위 사람들이 나를 부축하여 의자에 앉히자 나는 흐느껴 울면서, 내 혀가 저절로 움직이며 소리 내는 것을 내 귀로 들었다. 나는 "주여, 제 생명을 가져가소서" 하며 반복하여 크게 소리치며 말하고

있었다. 내 혀가 저절로 움직이는 데 놀랐으나 나는 그때 내 앞에 하느님이
서 계신 느낌을 받았으며 거룩한 분의 성령이 나를 휩싸고 있음을 느꼈다.
조금 후, 내 눈앞에 찬란한 빛이 비쳐 왔으므로 나도 모르게 "아, 빛이 보
인다" 하고 소리쳤다.

참고 문헌

김승혜 편저『종교학의 이해』분도출판사 1986.

윌프레드 캔트웰 스미스 (길희성 옮김)『종교의 의미와 목적』분도출판사 1991.

게라르두스 반 델 레에우 (손봉호 - 길희성 옮김)『종교현상학 입문』분도출판사 1995.

베른하르트 벨테 (오창선 옮김)『종교철학』분도출판사 1998.

정재현『티끌만도 못한 주제에 — 사람됨을 향한 신학적 인간학』분도출판사 1999.

정태현『성서 입문』상권, 일과 놀이 2000.

이찬수 - 유정원『종교신학의 이해』분도출판사 1996.

오강남『예수는 없다』현암사 2001.

서공석『예수 - 하느님 - 교회』분도출판사 2001.

최영길『꾸란의 이해』성천문화재단 1995.

케네스 첸 (길희성 - 윤영해 옮김)『불교의 이해』분도출판사 1994.

줄리아 칭 (임찬순 - 최효선 옮김)『유교와 기독교』서광사 1993.

줄리아 칭 (변선환 옮김)『유교와 기독교』분도출판사 1994.

한스 큉 - 줄리아 칭 (이낙선 옮김)『중국 종교와 그리스도교』분도출판사 1994.

최준식『한국의 종교, 문화로 읽는다』전2권, 사계절 1998.

이찬수『생각나야 생각하지』다산글방 2001.

차옥숭『한국인의 종교경험 — 무교』서광사 1997.

차옥숭『한국인의 종교경험 — 천도교 대종교』서광사 2000.

정양모

종교간의 대화

1. 대화는 필요하다

기독교와 타종교 간의 대화라는 관점에서 종교간의 대화를 다루고자 하는데 우리나라에선 기독교와 불교 간의 대화가 특히 중요하다. 21세기에도 우리 겨레가 신봉하는 대표적 종교는 불교와 기독교이기 때문이다. 기독교 내 교파들 간의 대화는 "교회일치 운동"ecumenical movement에 속하는 주제이므로 여기서는 논의하지 않는다.

제2차 바티칸 공의회는 1965년 10월 28일자로 「비그리스도교에 관한 선언」*Nostra aetate*을 반포했는데, 이것이 오늘날 가톨릭 교회의 공식 입장이다.

> 가톨릭 교회는 비그리스도교에서 발견되는 옳고 성스러운 것은 아무것도 배척하지 않는다. 그들의 생활과 행동 양식뿐 아니라 그들의 규율과 교리도 거짓 없는 존경심으로 살펴본다. 그것이 비록 가톨릭에서 주장하고 가르치는 것과는 여러 면에서 다르다 해도 모든 사람을 비추는 참 진리를 반영하는 일도 드물지 않다. 그리스도는 "길이요 진리요 생명이시며"(요한 14,6) 그분 안에서 사람들이 종교 생활의 풍족함을 발견하고, 그분 안에서 하느님께서 모든 것을 당신과 화해시키셨음을(2고린 5,18-19) 교회는 선포하고 있으며 또 반드시 선포해야 한다. 그러므로 교회는 타종교 신봉자들과 더불어 지혜와 사랑으로 서로 대화하고 서로 협조하면서 그리스도교적 신앙과 생활을 증거하는 한편, 그들 안에서 발견되는 정신적·윤리적 선과 사회적·문화적 가치를 긍정하고 지키며 발전시키기를 모든 자녀들에게 권하는 바이다(2항).

개신교계도 세계교회협의회에서 그 비슷한 문헌을 반포했지만 개신교계는 워낙 분열을 거듭한 탓에 그 영향력은 가톨릭의 「비그리스도교에 관한 선언」에 훨씬 미치지 못한다.

제2차 바티칸 공의회에 이어서 교황청 종교간 대화위원회는 1991년 「종교간의 대화 방향」이란 지침서에서 종교간의 대화 양상 네 가지를 제창했다. 만남의 대화, 협동의 대화, 학문의 대화, 영성의 대화가 그것이다. 아래 2-4항에서 우리나라 종교간의 대화 실상을 살펴보겠다.

우선 대화가 절실히 필요한 까닭부터 살펴보자.

인간은 종교뿐 아니라 모든 분야에서 홀로 걸어가는 독보적 존재가 아니라 서로 보완하면서 살아가는 상보적 존재이다. 인간人間이란 한자 자체가 인간의 상보성을 가리킨다. 인간의 인人은 서로 기댄 모습이요, 간間은 서로 섞인다는 뜻이다. 그러니 인간은 닫힌꼴로 독백만 해선 자신을 이룩할 수 없고 열린꼴로 대화를 하게 마련이다. 대화를 깊이 하다 보면 타인의 개입으로 나의 고정관념이 깨지면서 이해 지평이 새로워지는 체험을 한다. 대화로써 내가 깨지면서 참을 깨치게 되는 것이다.

기독교에선 사람은 누구나 원죄를 뒤집어쓰고 태어난다고 하는데, 요즘 말로 표현하자면 사람은 누구나 유한성을 타고난다고 하겠다. 따라서 인간의 사유도 한정적일 수밖에 없다. 신앙이라는 것도 일리—理는 있겠지만 온전한 진리眞理는 아니다. 우리는 진리를 소유하는 것이 아니라 진리를 향해 나아갈 뿐이다. 다석 유영모多夕 柳永模(1890~1981)는 1957년 종로 YMCA 연경반에서 인간 사유의 유한성을 다음과 같이 언표했는데 옳은 말이다.

선생과 제자 사이에도 모순이 있다. 선생도 제자도 완전하다는, 이런 것은 없다. 사상의 끄트머리가 어디며 언제 완전하겠는가. 미정고未定稿로 가르치는 선생과 제자 사이에 모순이 없다는 것은 말이 안 된다. 모순이 있다. 이 미정고는 인류가 계속하는 날까지 계승할 사상의 줄이다. 일반적으로 선생을 하늘과도 같이 대단하게 생각하는데, 대가大家 선생이라고 모순이 없는 것은 아니다. 원고를 마치려면 마침내 한아님이 마칠 것이다. 그것은 왜 그러냐 하면 시작이 한아님이기 때문이다. 그래서 어떤 의미로는 사람은 한아님의 빛의 끄트머리 또는 붓의 끄트머리로 있는 것인지 모르겠다. 이 시간까지 한아님의 붓끝의 역할을 우리가 하고 가는 것이다.

예수가 말하기를 이다음에 너희가 나보다 더 큰 일을 할 것이라 하였다. 이것이 알 수 없는 말 같으나 예수 당신이 해 놓고 간 것이 미정고이니까 이것을 계승하는 후대의 사람이 더 큰 일을 할 수 있다는 뜻이다. 당신이 가까이하신 "하나"의 존재를 후대後代가 더 가깝게 마침내 보고 이르는 견지 見地에까지 갈 것이라는 말이다.

"나에게 오라, 나의 신조만이 여러분을 구원하고 여러분이 사는 길이다." 마치 마호메트교에서 한 손에 코란을 들고 한 손에 칼을 들고 권유하듯 한다. 이런 짓이 다 자기가 미정고라는 것을 모르고 있기 때문에 그러하다. 무엄하게도 하늘 자리까지 뺏어 앉겠다는 것이다(박영호 엮음, 『씨알의 메아리 ─ 다석 어록』, 홍익재, 1993, 257쪽).

기독자가 타종교인들과 대화할 때 배타주의나 우월주의에 사로잡히지 말고 자성부터 해야 한다. 지금의 기독교가 기독교 본연의 실상에 많이 못 미친다는 것을 간파하고 스스로 회개하는 자세가 필요하다. 미국 캘리포니아에서 목회하는 글로즈토드랜크Stephen Glauz-Todrank 목사는 심사숙고한 끝에 기독교 개혁 10개조를 만들었는데, 이대로만 된다면 기독교는 새로 태어날 것이다(오강남, 『예수는 없다』, 현암사, 2001, 31-4쪽).

 1) 배타주의에서 다원주의로
 2) 상하 구조에서 평등 구조로
 3) 저 위에 계신 하나님에게서 내 안에 계신 하나님으로
 4) 교리 중심주의에서 깨달음 중심주의로
 5) 죄 강조에서 사랑 강조로
 6) 육체 부정에서 육체 긍정으로
 7) 현실 야합에서 예언자적 자세로
 8) 종말론에서 환경론으로
 9) 분열에서 연합으로
 10) 예수님에 관한 종교에서 예수님의 종교로

2. 만남의 대화는 있으나 아직 협동의 대화는 없다

4,800만 남한 국민 중 불자가 1,300만, 개신교도가 950만, 가톨릭이 400
만이므로 국민 4명 중 1명은 불자이고 또 1명은 기독자이다. 우리나라 개
신교인들 절대다수는 배타주의에 젖은 나머지 타종교인들을 만나려고 하지
않고 어쩌다 만나면 일방적으로 자기 신앙만 내세우기 일쑤다. 필자가 최
근에 몸소 겪은 일이다. 2001년 6월 21일 "그리스도와 겨레문화 연구회"
가 대한성서공회 성서교육 문화센터에서 "천주교와 개신교의 성서 번역사"
라는 주제로 세미나를 열었는데, 전 장신대 신약학 교수 나채운 목사와 필
자가 발제를 하고 이어 질의응답에 들어갔다. 어느 목사가 일어서더니 대
뜸, 도대체 개신교 신학자와 이단인 천주교 신학자가 동석한 것 자체가 잘
못이라고 일갈했다. 한국 개신교인 다수의 정서를 드러내는 반응이라, 안
타깝고 한심하다는 느낌을 지울 수 없었다. 광복 이후 불자들은 이루 헤아
릴 수 없을 만큼 많은 훼불 사건을 겪었는데, 불자들은 이를 개신교인들의
소행으로 본다. 그렇지만 만남의 대화가 이루어지는 사례도 있어 다행이
다. 일례로 한국 종교인 평화회의는 2001년 8월 "다름이 아름답다"라는 주
제로 4박 5일 동안 제4회 종교청년 평화 캠프를 열었는데, 여기에 7개 종
단 청년 60여 명이 참석하여 진지하게 대화를 나누었다. 그런가 하면 원불
교의 정녀들과 불교의 비구니 스님들과 가톨릭의 수녀들이 삼소회三笑會를
만들어 매년 한 차례 함께 합창 공연을 하는 것도 흥겹고 반가운 일이다.
그리고 수년 전부터 천주교 서울 대교구장은 부처님 오신 날 조계종 종정
과 총무원장에게 축전을 보냈으며, 이에 화답하여 2000년 성탄절엔 조계사
에서 "예수님 오신 날을 축하합니다"라는 현수막을 내걸었다. 이 기회에
한국 가톨릭 신도 대중의 불교관을 집약하면 다음과 같다.

  1) 제2차 바티칸 공의회 이후 한국 가톨릭 신도 대중은 불교에 대해 호
    감을 가지고 있다.

2) 불교와 가톨릭은 수행과 의례에 유사한 점이 많다.

3) 불교는 종교이기보다는 심오한 철학 같다. 예로 사성제 팔정도는 지극히 논리적이다.

4) 불교의 교리 가운데서 윤회사상은 공감하기 어렵다.

불교계와 기독교계가 우리 겨레의 공동선을 위해 함께 힘을 모으는 협동의 대화는 아직 시작되지 않았다. 앞으로 기독교와 불교가 애덕행愛德行·자비행을 함께 실천하는 날이 빨리 오기를 합장 간구한다. 양 교단이 연민의 정을 품고 인류의 고통·모든 생물의 고통·지구의 고통을 줄이는 일을 함께 하지 못할 까닭이 어디 있겠는가?

3. 학문의 대화도 시작되었다

일본과 미국에선 불교와 기독교 비교 연구가 활발한 데 비해서, 세계에서 유일하게 불자와 기독자 인구가 엇비슷한 우리나라에선 뜻밖에도 지지부진하다. 그렇지만 1990년대에 이르러서 몇몇 기독교계 학자들이 불교와 기독교 비교 연구 논문을 발표했는데 길희성과 김승철의 노력이 돋보인다. 우리나라 불자들 가운데 기독교 신앙과 신학을 깊이 연구한 분이 전무한 현실이 안타까울 따름이다. 불교와 기독교 비교 연구 성과를 정리하기란 너무 벅차기 때문에, 신학자의 입장에서 불교를 대할 때 떠오르는 단상 몇 가지만 적시하겠다.

1) 인간의 유한성과 우연성

그리스도교에선 인간의 비극적 현상을 가리켜 사람은 누구나 원죄를 타고난다고 한다. 불교에서는 원죄 대신 무명無明이란 말을 쓸 것이다. 원죄나 무명을 현대적으로 표현한다면 인간은 근본적으로 유한하고 역사와 사회의 영향을 받아 생각하고 말하고 행동하는 존재라 하겠다. 유한성과 우연성은 인간의 떨칠 수 없는 두 가지 성품이라는 말이다. 그러므로 인간이 유한성 대신 무한성을 표방하거나 우연성 대신 필연성을 주장하는 것은 분수에 어긋나는 짓이다. 그것은 인간의 자만·오만에 지나지 않는 것이다. 너무나도 뻔한 이야기이지만 인간은 자만·오만에 빠지기 십상이다. 특히 종교인들이 그렇다. 종교인들 가운데서도 유다교·그리스도교·회교를 믿는 아브라함계 종교인들, 곧 유일신을 믿는 계시종교인들의 독선과 배타는 지독하다. 불교·유교·도교를 믿는 이법종교인理法宗敎人들은 좀 덜하다고 하지만 그들도 종교인인 이상 독선과 배타가 있다고 생각된다.

따라서 종교인들이 우선 취할 자세는 지적 겸손이다. 인간은 근본적으로 유한하다. 그래서 우리는 하느님이나 진여眞如의 실상을 언감생심 꿰뚫어 볼 수 없고 그 뒷모습을 살짝 엿볼 수 있을 뿐이다. 인간은 누구나 진리의 부스러기를 먹고산다고 해도 좋다. 아울러 우리는 역사와 사회가 물려준 문화유산을 물려받아 나날을 살아간다. 서구인들은 그리스도교 전통사회에서 성장하는 까닭에 자연스레 그리스도인이 된다. 극동 아시아인들은 불교 전통사회에서 자라나는 까닭에 불자들이 많다. 그러니 어느 누구의 종교가 더 낫다거나 어느 종교인이 더 깊이 깨달았다거나 하는 말은 하기 어렵다. 제각기 역사와 환경의 영향을 받고 산다고 보면 무방하다.

2) 긍정의 논리와 부정의 논리

이제 불교와 그리스도교의 논리적 성향을 살펴보면 퍽 대조적이라는 느낌이 든다. 그리스도교는 만상을 신과 인간으로 가르는 이원론에 집착하고, 불교는 만사를 연기사상으로 설명하는 일원론을 내세운다. 이런 차이점보다 더 유의할 차이점은 그리스도교는 신과 인간과 우주의 실체를 강조하는 긍정의 논리를 펴는 데 비해서, 불교는 삼법인(諸行無常, 諸法無我, 涅槃寂靜)에서 보듯이 부정의 논리를 즐겨 구사한다. 그렇지만 곰곰이 살펴보면 그리스도교에도 부정의 논리가 없지 않다. 성서에선 한결같이 인간이 하느님을 볼 수 없다고 한다. 인간이 하느님의 진면목을 보면 즉사한다고 한다(이

사 6,4-5). 인간은 하느님의 흔적을 볼 수 있을 따름이라고 한다. 하느님은 떨기 가운데 이는 불꽃으로 나타나신다(출애 3,2). 하느님은 모세에게 다음과 같이 말씀하셨다. "내가 너에게 나의 얼굴을 보이지 않겠다. 나를 본 사람은 아무도 살 수 없기 때문이다. … 너는 나의 등을 보게 될 것이다. 그러나 나의 얼굴은 볼 수 없을 것이다"(출애 33,20-23). 그리스도교 신학계에선 신에 대한 모든 언설은 단의적單義的이 아니고 유비적類比的이라는 말을 자주 한다. 인간의 언어로는 신의 실상을 도저히 표현할 길이 없다는 것이다. 신과 관련해서 말문이 막히는 언어도단言語道斷의 경지를 가장 깊이 체험한 그리스도인들을 꼽는다면 그리스도교 역사상 불쑥불쑥 나타나서 언어 유희에 경종을 울린 신비주의자들이다. 6세기 시리아의 신비주의자 가假디오니시우스, 고딕 시대 독일 신비주의자 마이스터 에크하르트Meister Eckhart(1260년경~1327), 바로크 시대 폴란드 신비주의자 안젤루스 실레시우스Angelus Silesius(1624~1677) 같은 이들 말이다.

바라건대, 공空·무無 등 부정의 논리를 즐겨 펴는 불자들도 불경과 전승을 면밀히 천착하면 긍정의 논리도 발견할 수 있을 것이다. 대자대비하신 부처님, 천수천안을 지니신 부처님이라고 하지 않는가. 인간은 편식하는 동물이 아니고 잡식 동물인지라, 부정의 논리를 즐긴다고 해도 가끔은 긍정의 논리를 펴게 마련이기 때문이다. 다석 유영모 선생은 있음과 없음의 논리를 아우를 줄 아는 대덕이었다. 그는 하느님을 일컬어 "없이 계시는 분"이라고 했다. 하느님은 있음(有)과 없음(無)을 넘어서는 초월자라는 뜻이겠다. 기독자의 입장에서 볼 때 하느님은 불교에서 말하는 공空조차 넘어서는 절대초월이라 하겠다. 긍정과 부정의 논리는 상극이 아니고 상보적이다. 맹자의 성선설과 순자의 성악설이 인간의 양면을 갈파한 것처럼 말이다. 신학자의 견지에서 말하건대 하느님은 부정의 논리보다 더 깊숙이 숨어 계시고, 긍정의 논리 저 너머에 숨어 계시다.

다석 선생은 서양 사상을 다음과 같이 비평했는데 한국의 그리스도인들이 꼭 명심해야 할 말씀이다.

서양 사람은 없을(無)을 몰라요. 있(有)만 가지고 제법 효과를 보지만 원대한 것을 모르고 그래 보았자 갑갑하기만 하지요. 서양문명은 벽돌담 안에서 한 일이에요. 없는 것은 가장 있는 것입니다. 무극이태극 태극이무극無極而太極 太極而無極의 요묘는 여기 있어요. 시작과 끝점은 둘이 아니고 하나입니다. 성경에는 허공에 대한 이야기가 없어요. 아버지 맘이 허공이에요. 참(眞)은 없(無)에 가야 있습니다. 허공보다 큰 것은 없습니다. 허공관감자만족虛空觀感自滿足입니다(박영호 저, 『씨알·다석 유영모의 생애와 사상』, 홍익제, 1985, 307쪽).

4. 영성의 대화도 시작되었다

독일인 예수회 신부 후고 에노미야 라쌀Hugo Enomiya Lassalle, 일본인 예수회 신부 가도와키 가키치門脇佳吉, 프랑스인 예수회 신부 스네칼 베르나르(한국명 서명원),. 미국인 스님 폴 뮌젠(한국 법명 현각)은 가톨릭인으로서 참선 수행에 정진한 이들인데, 한결같이 참선이 하느님과 예수님을 체험하는 데 큰 도움이 되었다고 한다. 가도와키 가키치 신부는 좌선을 시작한 다음부터 성경을 온몸으로 읽게 되었다고 한다(身讀). 서명원 신부의 선 체험담도 퍽 긍정적이다(『성서와 함께』 1998년 8월호 65쪽).

무념의 경지에 도달하려고 화두에만 집중하는 사람은 예수님뿐만 아니라 하느님에 대한 모든 생각까지도 멈춰 버려야 한다. 이렇게 묵상을 하는 것은 높고 높은 절벽에서 허공으로 뛰어내리는 것과 같다고 해도 과언이 아닐 것이다. 그럼에도 예수님과 멀어져 그에 대한 믿음이 약해지기보다는 그 반대로 자꾸만 믿음이 강해지는 것을 보면, 좌선하는 내 자신 안에서 하느님이 계속해서 역사하고 계심을 알게 된다. 그뿐만 아니라 좌선을 통하여 예수님과 더욱 깊이 사귀면서도 부처님으로부터 비롯된 불교의 전통에 관한 존중심과 관심이 더욱더 크게 생기게 된다. 이런 체험을 함으로써 예수 그리스도를 통하여 계시된 하느님의 신비란 폐쇄적이고 배타적인 것이 아니라 오히려 "열림"과 "맞이함"이라는 것을 엿볼 수 있게 되었다.

현각은 미국 뉴저지 주의 독실한 가톨릭 집안 출신으로서 하버드 대학교 신학대학원에서 비교종교학을 전공하던 중 우연히 한국 선승 숭산 스님의 강연을 듣고 한국에 와서 스님이 된 분이다. 현각 스님은 참선으로 예수님을 떠난 것이 아니라 예수님의 가르침에 더욱 충실하게 되었다고 한다. 그런가 하면 감리교 출신 이현주 목사와 천주교 안동교구 소속 정호경 신부는 기독교·불교·노장을 자유롭게 넘나드는 소요유를 즐긴다. 두 분은 겉모양조차 신선을 닮아 가고 있다. 국제적으로 불교·기독교의 경계선을 자유로이 넘나드는 분으로서는 베트남 출신 틱냐트한 스님이 있다. 영성의 대화에 관심이 있는 이들은 이분들의 영적 체험담을 참고하기 바란다.

참고 문헌

종교간 대화의 필요성에 관한 참고 문헌

홍정수 『다종교와 기독론』 조명문화사 1990.

R. 파니카 (김승철 옮김) 『종교간의 대화』 서광사 1992.

웨슬리 아리아라자 (김덕순 역) 『성서와 종교간의 대화』 감리교신학대학 출판부 1992.

김경재 『종교다원시대의 기독교 영성』 다산글방 1992.

한국종교학회 편 『종교들의 대화』 사상사 1992.

변선환 전집 1 『종교간의 대화와 아시아 신학』 한국신학연구소 1996.

최준식 『한국의 종교, 문화로 읽는다』 전2권, 사계절 1998.

김진 편저 『피할 수 없는 만남·종교간의 대화·파니카의 종교신학』 한들 1999.

크리스천 아카데미 편 『열린 종교와 평화 공동체』 대원출판사 2000.

오강남 『예수는 없다』 현암사 2001.

W. Strolz - H. Waldenfels, *Christliche Grundlagen des Dialogs mit den Weltreligionen*, Freiburg 1983.

— H. Küng u.a., *Christentum und Weltreligionen*, München 1984.

— L. Swidler, *After the Absolute*, Minneapolis 1990.

불교와 기독교 간 학문의 대화에 관한 참고 문헌

마쓰다니 후미오 (이종택 옮김) 『불교와 기독교의 비교 연구』 고려원 1989.

레너드 스위들러 「불교와 그리스도교의 대화」 아시아 종교인 평화회의 서울평화교육센터 편 『종교간 대화와 인류의 평화』 원화 1992, 121-67.

한스 발덴펠스 (김승철 역) 『불교의 공과 하나님』 대원정사 1993.

길희성 『포스트모던 사회와 열린 종교』 민음사 1994.

야기 세이이치 – 레너드 스위들러 (이찬수 옮김) 『불교와 그리스도교를 잇다』 분도출판사 1996.

김승혜 – 서종범 – 길희성 『선불교와 그리스도교』 바오로딸 1996.

김승혜 – 석재문 – 진 토마스 『그리스도교와 불교의 수도생활』 바오로딸 1998.

김승철 『해체적 글쓰기와 다원주의로 신학하기』 시공사 1998.

정양모 「오늘과 내일의 기독교」 『불교문화연구』 동국대학교 불교사회문화연구원 2000, 269-308.

불교와 기독교 간 영성의 대화에 관한 참고 문헌

후고 에노미야 라쌀 (이남영 – 정은순 옮김) 『선도 — 깨달음에로의 길』 분도출판사 1974.

가도와키 가키치 엮음 (김윤주 옮김) 『선과 성서』 분도출판사 1985.

서명원 「은총의 신비」 『성서와 함께』 1998년 9월호 64-5쪽.

현각 스님 『만행 — 하버드에서 화계사까지』 전2권, 열림원 1999.

정호경 『가자 가자 함께 가자 깨달음의 저 언덕으로』 햇빛 1997.

이현주 『이 아무개 목사의 금강경 읽기』 호미 2001.

틱냐트한 (오강남 옮김) 『살아 계신 붓다, 살아 계신 그리스도』 한민사 1997.

틱냐트한 (오강남 옮김) 『귀향 — 예수님과 부처님은 한 형제』 모색 2001.

정양모

종교 다원주의

종교 다원주의宗敎多元主義(religious pluralism)는 세계의 다종교 현상을 매우 긍정적으로 보려는 주의주장으로서, 1980년대부터 신학계에 이런 주의주장이 등장했는데 이는 20~21세기 신학계의 가장 중요한 화두이다.

구미 신학계에서는 1980년대에, 세계의 다종교 현상에 대한 가치 판단을 보류하고 종교의 다원성을 있는 그대로 인정하자는 뜻으로 종교 다원주의라는 표현을 만들었다. 그 역사적 배경인즉 첫째, 교통 · 통신 · 정보의 발달로 지구촌이라는 신조어가 생긴 것과 관련이 있다. 인류는 이제 거저 병존하지 않고 공생하는 세기를 맞은 것이다. 둘째, 세계 곳곳에서 벌어지고 있는 무자비한 종교간의 알력을 들겠는데, 바야흐로 인류는 종교 전쟁을 반인권적 야만행위로 간주하기 시작했던 것이다. 팔레스타인에선 유다교와 이슬람과 기독교가, 레바논에선 이슬람과 기독교와 드루즈교가, 필리핀 민다나오 섬과 보스니아와 인도네시아에선 기독교와 이슬람이, 북아일랜드에선 개신교와 가톨릭이, 인도에선 힌두교와 이슬람과 시크교와 기독교가, 스리랑카에선 소승불교와 힌두교가, 이라크에선 이슬람 수니파와 시아파가 서로 적개심을 품고 살육을 일삼는 짓을 오늘의 인류는 죄악시한다. 이런 맥락에서 1965년 제2차 바티칸 공의회는 「비그리스도교에 관한 선언」에서 종교간의 이해와 관용을 촉구했다. 그리고 1993년 인도 방갈로르와 미국 시카고에서 열린 세계 종교회는 "종교 평화 없이 세계 평화 없다"는 표어를 내걸었다. 이런 역사적 배경에서 종교학계는 종교 다원주의라는 신조어를 만들었고, 마침내 신학계도 1980년대부터 그 신조어를 수용했다. 종교 다원주의는 인류의 영적 진화에 큰 획을 긋는 획기적 사상이다. 이 글에서는 기독교의 관점에서 종교 다원주의를 논하겠는데, 여기서 "기독교"는 가톨릭 교회 · 정교회 · 개신교회를 아우르는 총칭임을 밝혀 둔다. 그리스도인들의 타종교관을 대별하면 배타주의 · 포괄주의 · 다원주의로 나뉜다. 이제 하나씩 개관코자 한다.

1. 배타주의

예수 그리스도 홀로 인류의 구원자시고 기독교회만이 구원 공동체라고 하는 주의주장을 배타주의라고 한다. 중세와 근세에는 가톨릭 교회에서 곧잘 이런 주장을 폈다. 일례로 통산 제17차 바젤-페라라-피렌체 공의회에선 1442년에 다음과 같이 장엄하게 선포했다.

> 거룩한 교회는 다음과 같이 믿고 고백하며 선언한다. 가톨릭 교회 밖에 있는 이들은, 이교도들뿐 아니라 유다인·이단자·열교자 들 모두는, 그들의 생명이 끝나기 전에 가톨릭 교회 안으로 들어오지 않으면 영원한 생명에 참여하지 못하고 "악마와 그 심부름꾼들을 위해 마련된"(마태 25,41) 지옥불로 갈 것이다(가톨릭 교의 집성문 DS 1351).

지난날에는 가톨릭이 배타주의에 사로잡혔는데, 요즘엔 한국 개신교가 "예수 천당, 불신 지옥"이라는 구호를 남발한다. 반드시 예수를 믿어야만 구원받는다, 그것도 개신교 식으로 믿어야만 구원받는다는 말을 예사로 한다. 우리나라 개신교인 절대다수는 이른바 축자영감설에 사로잡혀 『성경전서 개역 한글판』(1961)만을 하나님의 말씀으로 받드는 나머지, 가톨릭과 개신교가 함께 번역한 『공동번역 성서』(1977)를 배척할 뿐 아니라, 개신교 성서학자들이 9년 3개월 동안 심혈을 기울여 원문에서 새로 번역한 『성경전서 표준 새번역』(1993)조차 예배 때 거의 사용하지 않는 형편이다.

우리나라 개신교의 배타주의로 말미암아 해괴한 일들이 속출한다. 광복 이후 불자들은 훼불 사건을 무수히 겪었는데 불자들은 이를 광신적 개신교도들의 소행으로 보고 있다. 십수 년 전에는 원주 어느 목사가 설교하기를 "부처는 예수를 믿지 않았기 때문에 2천5백 년째 지옥불에서 지글지글 타고 있는데, 너무 괴로워서 '아이 뜨거워, 아이 뜨거워' 고함을 지른다"고

해서 불교계에 큰 소동을 일으킨 적이 있다. 그런가 하면 "가톨릭은 마리아교라서 성당에 다니면 구원 못 받는다"는 말을 개신교 배타주의자들은 예사로 한다. 배타주의자들이 늘어날수록 종교계나 사회는 불협화음에 휩싸일 것이다. 우리나라 종교 분포를 일별하면 대충 불교 1,200만, 개신교 900만, 가톨릭 400만인데, 이는 황금분할이라 하겠다. 만일 배타주의 종교인들이 국민의 2분의1 또는 3분의2를 넘어섰다면 우리나라는 끔찍한 사회 불안에 휩싸였을 것이다. 배타주의의 신학적 맹점인즉, 하느님의 구원 은총은 예수 그리스도와 기독교에 한정된다는 것인데, 이는 무한하신 하느님을 일정한 한계 안에 가두는 지극히 불경스런 신앙 행태라 하겠다.

2. 포괄주의

포괄주의자들은 배타주의자들보다는 타종교에 대해서 관용적인 입장을 취한다. 이들은 성당에 다니지 않으면 구원받지 못한다, 예배당에 나오지 않으면 구원받지 못한다는 말을 하지 않는다. 오히려 기독교회 밖에 있는 비그리스도인들도 구원받을 수 있다고 한다. 그 신학적 논리인즉, 비그리스도인일지라도 자기 양심에 따라 성실히 살면 자기도 모르는 사이에 예수 그리스도를 신봉하는 셈이며, 따라서 예수 그리스도로 말미암아 구원받는다는 것이다. 이는 예수 그리스도의 영향력을 교회 밖으로 확대한 사상이다. 비그리스도인이 날뛰어봤자 결국은 부활하여 현존하시는 그리스도의 손바닥 안에서 놀아난다는 사상이다. 20세기 가톨릭 교의신학계의 거성 라너Karl Rahner(1904~1988)가 양심적으로 사는 비그리스도인들을 "익명의 그리스도인들"이라고 이름 지은 이래 가톨릭 신학자들 대부분이 그 비슷한 말을 한다.

제2차 바티칸 공의회는 1965년 10월 28일자로 「비그리스도교에 관한 선언」Nostra aetate을 반포했는데 이는 오늘날 가톨릭의 공식 입장이다.

가톨릭 교회는 비그리스도교에서 발견되는 옳고 성스러운 것은 아무것도 배척하지 않는다. 그들의 생활과 행동 양식뿐 아니라 그들의 규율과 교리도 거짓 없는 존경심으로 살펴본다. 그것이 비록 가톨릭에서 주장하고 가르치는 것과는 여러 면에서 다르다 해도 모든 사람을 비추는 참 진리를 반영하는 일도 드물지 않다. 그리스도는 "길이요 진리요 생명이시며"(요한 14,6) 그분 안에서 사람들이 종교 생활의 풍족함을 발견하고, 그분 안에서 하느님께서 모든 것을 당신과 화해시키셨음을(2고린 5,18-19) 교회는 선포하고 있으며 또 반드시 선포해야 한다. 그러므로 교회는 타종교 신봉자들과 더불어 지혜와 사랑으로 서로 대화하고 서로 협조하면서 그리스도교적 신앙과 생활을 증거하는 한편, 그들 안에서 발견되는 정신적·윤리적 선과 사회적·문화적 가치를 긍정하고 지키며 발전시키기를 모든 자녀들에게 권하는 바이다(2항).

개신교계도 세계교회협의회·한국교회협의회 등에서 그 비슷한 문헌을 반포했지만 개신교계는 워낙 분열을 거듭한 탓에 그 영향력은 가톨릭의 「비그리스도교에 관한 선언」에 훨씬 미치지 못한다.

포괄주의 신학자들은 삼위일체 교리·그리스도 양성 교리에 바탕을 둔 예수 그리스도의 유일성과 보편성만은 결코 포기할 수 없는 마지노선이라고 주장한다. 만일 예수 그리스도의 유일성과 보편성을 포기하면 이미 그리스도 신앙이 아니라는 것이다. 독일 포괄주의자 라너 및 큉Hans Küng(1928~), 미국의 포괄주의자 캅John Cobb, Jr, 프랑스의 포괄주의자 제프레 Claude Geffré, 한국의 포괄주의자 미국 남가주 클레어만트 대학교 교수 민경석, 서울 신학대학교 교수 최인식, 서강대학교 명예교수 서공석 등은 한결같이 예수 그리스도의 유일성과 보편성을 견지한다. 포괄주의자들은 마치 두 마리 토끼를 쫓는 모습이다. 한편으로는 예수 그리스도의 유일성과 보편성을 견지하면서 또 한편으로는 타종교에 대한 개방성을 추구하는 식이라 도무지 실현 불가능한 일을 도모하는 것 같다. 이 경우 대극합일對極合一은 이루어질 수 없는 것만 같다. 이 곤경에서 빠져 나갈 수 있는 단 한 가지 방편이 있다면 예수 그리스도의 유일성과 보편성에 대해 해석학적 성찰을 시도하는 길뿐이겠는데, 우리나라 포괄주의자로서 해석학적 성찰을 깊이 한 신학자로는 서공석이 단연 돋보인다(『새로워져야 합니다』 83-98쪽).

　타종교인들과 대화하는 데 포괄주의가 무용지물인 사실을 필자는 생생히 체험한 적이 있다. 10여 년 전에 서강대학교 마당에서 선하디선한 진월 스님이 마주 오기에 "익명의 그리스도인을 뵈니 매우 반갑네요" 하면서 슬쩍 농을 걸었더니 대답이 걸작이었다. "신부님 같은 익명의 불자를 뵈니 참 기쁘네요, 손오공이 날뛰어봤자 부처님 손바닥 안에서 놀아났다는 고사도 못 들으셨습니까?" 하고 대꾸하는 것이었다. "스님, 제가 스님을 익명의 그리스도인이라고 하니까 기분 좋지 않으세요" 했더니 "몹시 언짢아요" 하는 것이었다. 이는 무엇을 뜻하는가. 기독자가 포괄주의로써 자신의 타종교관을 정리했다고 자부하는 것은 자유이지만, 종교간의 대화와 화해를 시도할 때 포괄주의는 무용지물이라 하겠다. 포괄주의는 자신의 종교가 타종교보다 질적으로 우수하다는 우월주의에 사로잡혀 있다.

3. 다원주의

1) 신 중심의 종교 다원주의

　종교 다원주의도 다양한데(민경석, 『한국교회 2000』 117-9쪽), 우선 신 중심 다원주의부터 살펴본다. 성공회 출신 영국 신학자 존 힉John Hick(1922~)은 교회 중심·그리스도 중심의 구원관을 버리고 신 중심의 구원관을 내세웠다. 힉은 2천 년 동안 신학이 그리스도와 교회 주위를 맴돌았는데, 이제부터는 하느님을 주축으로 삼아야 한다는 것이다. 힉은 이를 코페르니쿠스적 전환에 비겼는데 그 뜻을 쉽게 풀이하면 이렇다. 구원자는 하느님 한 분뿐이시고 구원의 중보자는 예수·석가·공자·노자·장자 등 여럿이라는 것이다. 하느님께서 높은 산꼭대기에 계시다면 그 꼭대기로 가는 등산로는 여러 갈

래라는 것이다. 포괄주의자들은 예수 신성 교리(325, 451)와 삼위일체 교리
(381)에 근거하여 예수 그리스도의 유일성과 보편성을 주장하는데, 신 중심
다원주의자들은 저 교리들을 신화적 발상이라고 본다. 일례로 하느님이 사
람이 되셨다는 강생 교리降生敎理(= 肉化敎理)를 힉은 다음과 같이 풀이했다.

> 육화는 신화적 개념·비유적인 말·심상의 단편에 지나지 않는다. 그것은
> 예수가 우리의 삶과 초월적 신 사이의 접촉점이 된다는 방편적인 말이다.
> 예수의 현존 속에서 신의 현존을 체험하게 됨을 우리는 안다. … 예수는 신
> 의 아들이다·신의 육화이다·로고스가 육신을 입었다고 말할 때, 우리는
> 실재reality를 신화적으로 표현하고 있는 것이다(『하느님은 많은 이름을 가졌다』 86쪽).

2) 구원 중심의 종교 다원주의

앞 단락에서 약술한 신 중심 종교 다원주의는 유다교·기독교·이슬람·
조로아스터교 등 유일신 종교 또는 유일신 계시종교啓示宗敎 틀 안에서나 통
할 수 있는 사상이다. 신 중심 종교 다원주의는 유일신 또는 인격신을 인
정하지 않는 불가·도가·유가 등 동양의 이법종교理法宗敎를 포함할 수 없
기 때문에 신 중심의 종교 다원주의를 뛰어넘어 이른바 구원 중심의 종교
다원주의가 생겨났는데, 그 대표적 주자가 미국 가톨릭계 종교신학자 니터
Paul Knitter이다. 그의 주장에 관심 있는 이라면 변선환 박사 화갑 기념 논문
집『종교다원주의와 신학의 미래』에 니터가 기고한 글「종교해방신학을 향
하여」를 정독하기 바란다. "구원 중심"이란 표현 대신 실재實在 중심·일기
一氣 중심·원기元氣 중심이라고 하는 이들도 있는데, 우리네 동방인들에게
는 불가의 표현을 빌려 진여眞如 중심이라 하는 게 오히려 더 적절하겠다.

우리나라에선 다석 유영모(1890~1981), 변선환(1927~1995), 홍정수, 김승철
등이 신 중심 또는 구원 중심 종교 다원주의를 제창했다. 변선환과 홍정수
는 종교 다원주의를 주장하다가 김선도·김홍도 형제 목사와 유상렬 장로
등 감리교 보수파의 선동으로 1992년 감리교 신학대학교 교수직을 잃고 목

사직을 박탈당했을 뿐 아니라 출교 처분까지 받았다. 우리나라 개신교계에서 가장 개방적인 교단 가운데 하나인 감리교회가 이 지경이니 다른 교단의 타종교관은 미루어 짐작할 수 있다.

서공석은 포괄주의 입장에서 종교 다원주의를 다음과 같이 비판했다.

> 종교의 유일성과 보편성 주장을 포기하라고 권하는 다원주의 신학은 종교들의 상이함을 교묘히 제거한 후 등가가치들만 골라서 하나의 보편신학과 종교들의 "UN" 같은 것을 만들려는 시도로 보인다. 이런 시도는 각 종교 전통들이 지닌 언어 전통을 파괴하고 각 종교가 발생시키는 종교 체험을 불가능하게 할 것이다. 종교들의 유일성과 보편성에 대한 주장은 그 논리의 끝까지 가도록 두어야 한다. 상이함 안에서 서로를 풍요롭게 하는 관계가 성립되고 서로를 돕는 진리가 나타날 것이다(『새로워져야 합니다』 86-7쪽).

이 비판의 요지인즉 각 종교의 구체적 기원과 역사적 축적 전통을 무시하고 모든 종교들의 공통성·상수常數·등가가치를 찾아내어 선험적·추상적 종교 통일 이념을 만드는 것은 무의미하다는 것이겠는데, 이는 보는 관점에 따라 그럴 수도 있고 그렇지 않을 수도 있겠다. 종교학과 종교철학의 관점에서는 모든 종교들의 공통성을 당연히 추구할 수 있겠지만, 그리스도 신앙과 신학의 관점에서는 예수라는 구체적 기원과 기독교의 역사적 축적 전통 안에서 보편적 구원의 가능성을 찾을 수밖에 없을 것이다. 종교 다원주의가 다분히 지적 유희라면, 그리스도 신앙과 신학은 예수 그리스도와 인연을 맺고 사는 실존적 투신이다. 그리스도인이 보기에 예수는 분명히 한 개성이지만 아울러 온 인류에게 구원의 길을 제시한 분이기 때문에 "보편적 개성"Universel Concret(클로드 제프레의 표현)이라 하겠다. 종교들 간의 이해와 화해를 이룩하는 길은 각 종교의 고유한 기원과 축적 전통에 대해 역사 비평과 해석학적 성찰을 깊이 하여 각 종교 안에 들어 있는 상수와 변수, 특히 신앙의 보편적 가치를 찾아내는 것이겠다.

주요 참고 문헌

K. Rahner, "Die anonymen Christen" in: *Schriften zur Theologie* VI, Einsiedeln 1965, 545-54: idem, "Bemerkungen zum Problem des anonymen Christen", in: *Schriften zur Theologie* X, 1972, 531-46.

H. Küng, *Christsein*, München 1974.

J. Hick, *God has many names*, Philadelphia, 1980 = 이찬수 옮김『하느님은 많은 이름을 가졌다』도서출판 창 1991.

J. Hick (김승철 옮김)『새로운 기독교』나단출판사 1992.

P.F. Knitter, *No Other Name?*, New York 1985 = 변선환 역『오직 예수 이름으로만?』한국신학연구소 1986.

J. Hick - P.F. Knitter (eds.) *The Myth of Christian Uniqueness. Toward a Pluralistic Theology of Religion*, New York 1987.

G. D'Costa (ed.) *Christian Uniqueness Reconsidered. The Myth of Pluralistic Theology of Religions*, New York 1990.

C. Geffré, *Profession Theologien*, Paris 1999.

W.C. Smith, *The Meaning and End of Religion*, London 1978 = 길희성 역『종교의 의미와 목적』분도출판사 1991.

L. Swidler (ed.) *Toward a Universal Theology of Religion*, New York 1987.

변선환 박사 화갑 기념 논문집 간행위원회 편『종교다원주의와 신학의 미래』종로서적 1989.

변선환 학장 은퇴 기념 논문집 출판위원회 편『종교다원주의와 한국적 신학』한국신학연구소 1992.

홍정수「다종교 상황에서의 예수의 유일성」『종교신학연구』5권, 분도출판사 1992, 171-91.

김승철 편저『종교다원주의와 기독교』1-2권, 나단출판사 1993.

최인식『다원주의 시대의 교회와 신학』한국신학연구소 1996, 129-301.

이찬수 · 유정원『종교신학의 이해』분도출판사 1996.

서공석『새로워져야 합니다』분도출판사 1999, 73-103.

민경석『한국교회 2000』분도출판사 2000, 117-41.

이찬수『생각나야 생각하지』다산글방 2001.

배철현

유 다 교

I. 들어가는 글

유다교는 유다인들이 하느님 앞에서 거룩한 삶을 살기 위해 오랫동안 노력해 온 종교적 표현이다. 한편으로 유다교는 시대와 공간을 넘어선 유다인들의 종교적 일관성이기도 하고 동시에 시간과 공간에 여러 모양으로 표현된 종교적 다양성 모두를 의미한다. 유다교는 유다인들을 지난 2,000년 동안 도전하고 지탱해 왔다. 유다교의 핵심은 바로 이런 연속성과 다양성의 긴장 관계에 있다. 유다교의 특징은 유다인들이 어느 시대에 속하든지, 그들의 삶을 성서로 이해하려는 노력이다. 이런 노력들은 대개 문헌으로 남게 되는데, 그 중에서도 가장 대표적인 두 전통을 소개하고자 한다.

II. 두 가지 이야기

한 전통은 기원전 300년경 씌어지기 시작해 서기 5세기에 편집된 고전 유다교 법과 전승을 모은 「탈무드」이다.[1] 탈무드의 몇 문장만 읽어 보아도, 탈무드는 그 논의의 다양성 안에서 일관성을 찾게 된다. 탈무드는 무엇보다도 성서에[2] 기초를 하지만 후대 랍비들의 해석으로 그 내용이 풍부해졌다. 이 풍부해진 내용은 추상적인 주장들로 이루어진 것이 아니라 성서에서 감지할 수 있는 문학적이며 사실적인 이야기로 이루어져 있다.

---

[1] "탈무드"의 축자적인 의미는 "배움" 혹은 "공부"이다. 「탈무드」는 주로 「미쉬나」에 대한 고전 랍비들의 논의를 모아 놓은 책들을 의미한다. 「미쉬나」는 유다교의 법이 모아지고, 편집되어 3세기 랍비 유다(Rabbi Judah the Prince)에 의해 개정된 법령집이다. 이 법령집은 6개의 장과 63개의 세부 조항으로 되어 있다. 이 작품은 초기 현자들의 권위 있는 법령집이며 후에 「탈무드」의 법령에 대한 논의의 기초 자료가 된다.

[2] 여기서 "성서"라고 지칭하는 책은 물론 그리스도교의 구약성서를 의미한다.

1. 「바빌로니아 탈무드」(메나호트 29b) 이야기: 모세와 아키바[3]

탈무드 본문의 시작은 「탈출기」에 기록된 대로 시나이 산에서 모세가 십계명과 몇몇의 다른 법들을 받는 사건에서 시작한다. 이 사건은 고대 이스라엘의 역사와 종교의 가장 중요한 순간으로 고대 이스라엘인들이 하느님을 따르는 종교적인 나라가 되었다. 그러나 성서를 자세히 보면, 이스라엘인들은 시나이 산에서 십계명과 몇몇의 다른 법들을 받았을 뿐, 후대 유다교가 축적하고 지키고 있는 수많은 법령들의 소재는 불분명하다. 이 법령들은 어디에서 왔는가?

탈출기 19장에서 이스라엘인들이 시나이 산 밑에서 기다리는 동안, 모세는 하느님으로부터 법을 받기 위해 "올라갔다"고 전하고 있다. 그러나 탈무드에서 이름이 알려지지 않고 단지 "랍"("선생님")이라 알려진 한 랍비에 의하면, 탈출기 19장의 내용은 모세와 유다인들이 새롭게 태어나는 중요한 순간이라고 주장한다. 그날에 모세가 시나이 산으로 몸이 올라갔을 뿐만 아니라 영적으로 하느님께 "올라간" 날이기 때문이다. 이 전설에 의하면, 시나이 산에서 모세가 하느님을 만났을 때, 하느님은 "토라"의[4] 글자 하나하나에 조그만 글자들을 더하고 계셨다는 것이다. 깜짝 놀란 모세는 하느님께 그 이유를 물으니, 하느님께서는 후대에 아키바 벤 요셉[5]이라는 한 랍비가 토라의 히브리 글자의 점과 획으로부터 유추하여 "수많은 법령"들을 유추할 것이기 때문이라고 설명하셨다. 모세가 시나이 산에서 받은 것은 "쓰여진 법"을 받았지만, 이 법은 새로운 역사적 현실 속에서 수많은 창조적인 해석이 가능한 법이었다.

---

[3] 아키바는 50~135년 동안 팔레스티나에서 활동한 랍비이다. 그는 "브네 브락"에 학교를 세웠고 로마인들에 의해 순교했다.

[4] 토라는 원래 구약성서의 첫 다섯 권을 이르는 용어였다. 그 후에 토라는 광범위하게는 유다의 가르침 전체를 이르는 용어로 쓰이기도 했다.

[5] "아키바 벤 요셉"은 팔레스티나에서 50~135년에 활동한 랍비이다. "브네 브락"에 학교를 세워 랍비들을 교육시켰으며 135년 로마인들에 의해 고문당한 후 순교했다.

그러자 모세는 하느님께 아키바를 보여 달라고 재촉했다. 모세가 뒤돌아보니 아키바는 그의 제자와 함께 천 년 이상 공부하고 있었다. 그래서 모세는 뒤편에 앉아 있는 초보자들과 함께 이들의 성서에 대한 논의를 이해하려고 했지만, 그는 이해할 수 없었다. 그 제자 중 한 명이 아키바에게 그의 첨가한 수많은 법령들의 근거는 무엇인가 하고 질문하자 아키바는 "이것들도 모세가 시나이 산에서 받았다"라고 말했다. 그러므로 이런 아키바가 첨가한 법령들은 모세가 받은 "토라"에 기초한다. 이 말을 듣던 모세가 하느님에게 질문하였다: "우주의 주인이시여! 당신께서는 아키바와 같은 사람을 통하여 토라를 더욱더 정교하게 하였습니다. 그러나 토라는 제게 주신 것이 아닙니까?" 그러자 하느님께서 "조용하라! 내가 그렇게 정했기 때문이다"라고 말씀하셨다.

이 이야기는 유다교의 기원에 대한 하나의 설명이다. 유다교 랍비들의 수많은 성서 이외의 구절들은 유다교의 가장 기본적이며 중요한 문서인 "성서"에 기초한다. 이 이야기는 또한 후대 유다인들에게 돌판에 씌어진 "문전 토라"가 모세에 의해 시나이 산에서 주어진 후에, 하느님께서 새로운 방법으로 유다교 문헌들을 준비시켰는지를 알려 주고 있다. 유다교에서는 모세가 받은 토라뿐만이 아니라 시대에 따라서 방대한 역사적 영적인 해석도 그들의 토라의 일부로 여겼다. 그래서 유다인들은 후대의 "지혜자" 혹은 "랍비"들의 창조적인 해석들은 이미 시나이 산에서 모세에게 주어졌다고 주장한다.

유다교에서는 후대에 와서 유다교의 문헌을 "토라"와 "토라 연구"를 예루살렘에서 드리는 희생 의식이라 생각하였다. 이런 점에서 하느님의 말씀을 연구하는 사람들은 모세가 시나이 산에서 받은 첫 번째 토라를 통하여 새로운 역사적 환경에서 두 번째 토라인 "토라 연구"를 통해서 새롭게 태어난다. 이 전설은 하느님의 율법이 토라와 토라에 대한 해석의 신비한 관계를 말해 주는 것으로 모세는 토라의 각 시대에 살아남기 위해서 아키바가 필요했고, 아키바는 모세를 토라의 가장 권위 있는 랍비로 여겼다. 아키바의 해석이 없이 모세의 토라는 죽은 글자들이 되었을 것이고, 모세의 토라가 없이는 유다교 랍비들의 해석은 권위를 상실했을 것이다.

이처럼 토라의 시나이 산 계시는 유다교와 그 역사에 가장 핵심적인 사건이다: 하느님과 유다인들이 토라의 율법을 기초로 "종교적 관계" 혹은 "계약" 관계를 맺었기 때문이다. 역사적으로 시나이 산 사건은 "단 한 번뿐"인 사건이었지만 이 사건이 토라가 연구되고 해석될 때마다 "항상 그리고 다시" 일어나는 신비한 사건이다. 그러므로 시나이 산의 하느님의 목소리는 끊이지 않고 랍비들의 목소리를 통하여 새롭게 들린다. 이들이 바로 시나이 산 사건을 갱신하고 각 시대 정황에 맞는 율법을 만든다.

유다교에서 인간의 모든 삶의 형태는 하느님에 대한 신앙 표현으로 전환될 수 있다. 토라의 말씀과 랍비들의 설명을 삶에 실천함으로써 유다교는 하느님께서 인도하시는 삶을 살 수가 있고 이 삶을 통하여 하느님과 일치하는 완벽한 길을 걷게 됨을 가르친다. 이런 가르침이 중요하기도 하지만, 유다교는 이와는 겉보기에 정반대의 주장을 하기도 한다. 다시 말해서 유다교 문헌을 충실히 따라 하느님을 만나기도 하기만, 한 순박한 인간이 하느님을 직접 뵐 수도 있다고 한다.

2. 「세페르 하시딤」 이야기: 한 목동의 단순함

하느님을 만나는 길이 항상 문자 안에만 있다면 글을 읽지 못하는 이들에게는 하느님이 알려질 수가 없는 것일까? 13세기 독일에서 씌어진 「세페르 하시딤」에 다음과 같은 전설이 씌어 있다. 한 목동이 기도하는 방법을 배우지 않아 자기 나름대로 다음과 같이 매일 기도하곤 했다: "세상의 주님! 저는 당신께서 저에게 당신의 양 떼를 주시고 돌보게 하셨습니다. 그러나 저는 다른 사람들에게 일당을 받는 것처럼 당신으로부터는 일당을 받지 않습니다. 왜냐하면 제가 당신을 사랑하기 때문입니다." 그 후 한 랍비가 지나가다가 이렇게 기도하는 목동을 보고 놀라 다음과 같이 말했다: "바보야, 그렇게 기도하지 말아라!" 그 랍비는 목동에게 전통적인 기도문과 숙어적인 기도 용어들에 대해 가르쳤다. 그래서 이 목동은 지금까지 해 오던 기도문을 그치고 새로 배운 전통적인 기도문을 외우려고 했다. 그러나 그는 이 기도문이 그에게는 난해하여 그 내용을 잊게 되고 자기가 해 온 기도문을 하기도 두려워서 그 이후에는 전혀 기도를 하지 않았다. 하느님이 이 랍비의 꿈에 나타나 다음과 같이 말했다: "만약 네가 그 목동을 만나지 않아 기도문을 가르치지 않았으면 좋았을 텐데! 너는 그를 내게서 앗아 갔다!" 이 전설은 다음과 같은 내용으로 마치고 있다: "그는 토라를 연구하거나 토라의 율법을 지키려는 이가 아니다. 그러나 그는 선행을 하려는 사람이다. 그는 그것 때문에 상을 받을 것이다."

이 전설은 이전의 바빌로니아 탈무드의 전설을 뒤집는 이야기다. 왜냐하면 배움이나 율법적인 경건만이 하느님과의 일치에 이르는 길이 아니기 때문이다. 하느님은 시나이 산에 계실 뿐만 아니라 여기에도 계시고 안내자 없이, 종교의 가르침 없이 하느님을 따르려는 사람에겐 누구에게나 오시기 때문이다. 이 순진한 목동은 랍비의 모습과는 반대이다. 그는 세련되지도 않고 인공적이지도 않다. 그는 토라도 모르며 그것에 대한 배움이나 실천에 대해서도 무지하다. 그에게 있어서 종교적 열심이란 공통의 상징과 언어를 가진 신앙인들의 공동체나 이 전통을 받아들여 선용하려는 사람들에 의해 형성된 것이 아니다. 그가 전통적인 유다교의 가르침을 배웠지만, 곧 잊어버리고 지킬 수가 없게 되자, 하느님께서는 그 랍비를 나무라신다.

"단순한 사람은 율법을 모르기에 신앙심이 없다"라는 전통적인 랍비의 가르침이 이 순진한 목동 이야기에 의해 도전받는다. 이 이야기에서의 신앙심은 배울 수도 없고 다음 세대에 전달되지도 않는다. 진정한 종교의 핵심은 신앙인들의 마음, 즉 자신의 이기심 없는 겸허이다.

이 두 가지 전설에서 오랜 기간을 거쳐 온 유다교의 두 가지 모습을 볼 수 있다. 이런 긴장감과 균형으로 유다교는 스스로를 개정하거나 비판하여 완전에 이르는 유연성을 가지게 되었다. 시나이 산의 모세와 랍비들의 "엄격한 복종의 신앙심"과 한 목동의 "단순한 순발성의 신앙심"이 유다교를 지켜 온 것이다. 이 상반된 두 가지 전통이 유다교의 역동성이다. 이 두 가지 가치를 상징하는 성서 구절은 신명 6,4 이하, 즉 하느님의 말씀에 대한 복종을 의미하는 "쉐마"(번역하면 "들어라")가 "신앙의 순수성"을 강조하는 문장이 뒤따르고 있다:

> 4절: 이스라엘아, 들어라. 주는 우리의 하느님이시요, 주는 오직 한 분뿐이시다.
> 5절: 너희는 마음을 다하고 뜻을 다하고 힘을 다하여, 주 너희의 하느님을 사랑하라.
> 6절: 내가 오늘 너희에게 명하는 이 말씀을 마음에 새기고.

유다교는 구체적인 역사 안에서 살아 숨쉬는 종교이기 때문에 유다인, 하느님, 토라 그리고 토라 해설, 그리고 전통이 시대에 따라 여러 모습으로 나타난다. 이들은 모두 유다교를 이루는 요소들이다.

III. 유다교의 내용

1. 유다인

유다교는 그것을 구성하는 유다인들의 삶에 기초를 둔다. 성서 시대의 고대 이스라엘인들로부터 현대 유다인들에 이르기까지 모든 이가 유다교를 만드는 사람들이다. "유다인"은 기원전 2세기에서 서기 5세기까지 그리스-로마 시대의 이스라엘의 거주자들을 지칭하는 히브리어에서 유래했다. 성서 전통에 의하면 유다인들의 조상은 기원전 1800년경 "메소포타미아"로부터 "가나안"으로 이주해 온 히브리인들이다. 성서는 이러한 이주를 아브라함이라 불리는 조상을 통해 전개한다. 이 소명을 통하여 아브라함과 하느님 사이에 계약이 성립되었다. 이 계약을 통한 내적인 결속과 할례라는[6] 의식을 통한 외적인 표시로 인해 종교적인 공동체가 되었다. 인류의 신화적인 조상인 아담의 자손이라는 것만으로는 충분하지 않다. 아브라함을 통해 약속하신 자손과 가나안 땅에 대한 약속으로 이 공동체가 태어난 것이다. 이 공동체는 이집트의 압제와 탈출기, 그리고 40년 광야 생활을 통하여 진정한 신앙 공동체로 태어났다. 특히 광야 생활중 시나이 산에서 이스라엘인들을 하나의 민족으로 세우시고, 그들과 그들의 자손들은 "제사장 나라와 거룩한 백성"(탈출 19,6)으로 그들의 운명이 결정되었다.

유다인들은 두 번 선택된 셈이다: 첫 번째는 아브라함의 시대에, 그리고 두 번째는 모세의 시대이다. 그러나 인종, 언어를 막론하고 누구나 하느님과의 계약을 지키고 의무를 행한다는 조건하에 이 민족-종교 공동체의 일원이 될 수 있다. 그러므로 고대 이스라엘은 다음 두 가지 민족의 결합이다. 첫째, 이스라엘 민족은 특별한 종교적 삶을 사는 사람들로, 모세의 계약을 지키는 자들이다. 이들은 이스라엘의 자손으로 혈통의 유다인들이다. 그러나 서기 3세기 유다교가 형성되면서부터 새로운 형태의 "유다인"들이 생겼다. 이들은 혈통에 의한 유다인이 아니라 유다인이 되기 위한 특별한 통과 의례와 개종을 거친 사람들이다. 이러한 개종 형식은 그리스-로마의 종교 의식이나 초기 그리스도교의 개종 의식과 유사하다. 고대 이스라엘인들의 공동체가 이스라엘 여인과 결혼한다든가, 혹은 남자들은 할례를 받은 비이스라엘인들을 포함시켰다. 이런 의미에서 유다교는 닫힌 민족종교일 뿐만 아니라 유다교의 가르침을 따르려는 모든 사람들에게 열린 종교이다.

---

[6] 할례는 사내아이가 8일째 되는 날 남자 성기의 표피를 자르는 행위로 하느님과 인간의 계약 관계를 의미한다.

2. 하느님

앞에서 지적한 대로 유다인들은 자기들이 하느님과 계약을 통해 태어난 독특한 백성이라 여긴다. 그러므로 "하느님"에 대한 개념은 유다교에서 가장 중요하다. 하느님은 "항상 계약을 맺으시고", "토라를 드러내시며", "순종과 거룩한 삶을 요구하시고", "그의 백성의 운명을 이끄시는" 분이시다. 하느님은 "쉐마"에서도 언급된 것처럼 한 분이시다. 그러므로 아브라함을 갈대아 우르에서 부르신 분, 이집트의 압제에서 이스라엘인들을 건져 내신 분, 시나이 산에서 모세를 통하여 토라를 주신 분, 이스라엘인들을 자기 백성으로 만드신 분, 이들 모두가 한 분인 하느님이시다. 물론 하느님의 완벽성에 대한 추상적인 개념은 유다교 철학 문헌들에서, 하느님의 본질에 대한 질문과 대답은 유다교 신비 문헌들에서 찾을 수 있다. 그러나 하느님에 대한 신학적이고 이성적인 논거들도, 이스라엘 백성이 시나이 산에서 하느님과 만난 역사적 사건을 기초로 두고 있다. 그러므로 유다인들의 종교적인 삶은 이론적이거나 유추적이 아니라 하느님의 현존을 가장 개인적으로 구체적인 상황 속에서 만드는 도덕적 책임 이행과 의식 그 자체이다.

유다교는 신이 개인적이며 구체적으로 인간의 삶에 당장 개입하신다고 주장한다. 예를 들어 유다인들의 기본적인 기도문은 다음과 같이 되어 있다:

> 주 우리 하느님, 온 세상의 왕을 송축합니다.
> 땅으로부터 음식을 나게 하시고, 헐벗은 자를 입혀 주십니다.

유다교는 계약과 그 계약의 실행이라는 두 체제가 하나로 어우러진 종교이다. 유다교는 많은 민족 가운데 이스라엘 백성을 통해 토라를 주시며 계약을 맺으신 "계약적 유일신교"이다.

3. 토라와 랍비들의 해설

유다교의 "계약적 유일신교"는 율법을 통해 이루어진다. 모든 것이 토라의 말씀에 의해 엄격히 규정된다. 토라에서 언급이 되지 않은 것들은 토라에 해설을 붙인 랍비들의 해설에서 찾을 수 있다. 유다교의 기초를 이루는 세 가지는 하느님, 토라 그리고 토라에 대한 랍비들의 해설이다. 이론적으로 이 세 요소들은 독립적이나 이들은 서로 연결되어 있다. 하느님은 그의 의지를 토라에서 말씀하시고, 이 의지를 시대의 정황에 맞게 설명하고 적용하는 이는 랍비들이다.

IV. 역사적 유다교

유다교 역사는 성서에서 시작한다. 유다인들의 성서(그리스도인들의 "구약성서")는 고대 이스라엘의 종교와 문화에 대한 모음집일 뿐만 아니라 유다교와 유다인들에게 삶을 밝혀 주는 등불이다. 유다인들은 하느님은 그의 가르침이 담긴 성서를 이스라엘인들에게 주셨고 이스라엘인들은 그것을 지금까지 열심히 공부해 왔다고 믿는다. 그러므로 유다인의 성서는 그리스도인들이 말하는 것처럼 그리스도교의 신약성서와 대비된 "구약성서"가 아니라 유다교의 가장 권위 있는 유일한 책으로, 이 책에 대한 적절한 해석이 유다인의 삶을 지탱해 주는 기준이 된다.

우리가 성서를 유다교의 기초라는 의미는 다음 두 가지이다. 첫째, 유다교는 성서에서 기원을 찾고 있다. 유다인들은 성서에 나오는 인물들을 그들의 조상으로 여기며, 하느님과 고대 이스라엘인들의 계약을 그들의 종교적 의무의 기초라고 생각한다. 고대 히브리인들의 종교 전통은 유다교로 이어졌다. 이러한 유다교의 최초의 형태는 포로기 이후에 활동했던 제사장이며 서기관이었던 에즈라에 의해 갖추어졌다.

둘째, 유다교의 기초 자료는 성서이다. 유다인들의 성서에 기록된 신조들과 계명들은 유다교에 의해 지속·보존되어 왔다. 유다인들 성서의 규율들은 그들의 행동의 모델이다. 랍비 유다교의 해설이 아무리 창의적이라 할지라도 그것은 성서에서 유추된 것이다.

성서는 족장들의 시대(기원전 1500~1350)부터 유다인들이 그리스에 저항하는 시기에 씌어진 다니엘서(기원전 2세기 중엽)까지 1,000년 이상을 기록한 책이다. 여기에 이집트의 압제로부터 탈출, 가나안 정복과 정착, 이스라엘 왕국의 성립과 성전 건축, 예언자들의 도덕적 가르침과 충고, 왕과 이스라엘 백성들의 찬양-기도시, 세상을 살아가는 데 필요한 지혜, 종교적 의례와 시민법 등이 모두 기록되어 있다.

<h2 align="center">1. 고전 유다교의 시작:
바빌론 유수 마지막(기원전 539)~제2 성전의 함락(서기 70)</h2>

고대 이스라엘 전통은 예루살렘과 유다가 바빌론 왕 느부갓네살에 의해 파괴된 기원전 597/6년 새롭게 변했다. 당시 대부분의 이스라엘인은 포로생활 중이거나 흩어져 살았다. 그 결과 다음 세 곳을 중심으로 유다인의 삶이 전개되었다: 이스라엘 땅 유다 지방, 이집트 텔타 지역의 알렉산드리아 주변 지역, 그리고 바빌론을 중심으로 한 주변 지역이다. 바빌론 포로기에서 돌아와 유다에 정착했을 때, 이 세 지역에서 온 이스라엘인이 모두 모인 다양한 사회였다. 이들은 나름대로의 독특한 토라 전통과 의례를 가지고 있었다. 기원전 539년 바빌론을 멸망시킨 페르시아 제국 고레스 왕의 칙령으로 많은 이스라엘인은 예루살렘으로 돌아왔다. 그러나 대부분의 유다인은 세 지역에 그대로 남아 앞으로 천 년 동안 유다교의 다양성을 구축하였다.

기원전 333년 알렉산더의 등장에서 서기 2세기 초기까지, 이스라엘 본토와 알렉산드리아는 중요한 종교-정치 중심지였다. 그러나 이스라엘 본토의 공동체가 중심지였지만 유다교의 전통들이 로마의 지배하에 점점 약화

되었고, 그 중심이 점점 동쪽으로 이동하였다. 이 동쪽으로의 이동은 바빌론이 과거 포로기 공동체가 재건되었을 뿐만 아니라 유다인들의 종교사에 있어서 전환점이 된다.

유다인들이 바빌론 포로기를 마치고 예루살렘으로 돌아왔을 때(기원전 538년 이후), 그로부터 약 50년 전에 파괴되었던 성전을 재건하려 했다. 그들의 종교 의례가 복원되고, 에즈라는 모세의 토라를 중심으로 유다인의 종교생활의 지침을 대대적으로 마련하려 했다. 이때 유다인들은 페르시아 제국의 유화 정책의 최대 수혜자가 된다. 심지어 페르시아 제국은 자신의 국고에서 예루살렘 성전 재건을 지원하기도 하였다. 이 초기 시대에 페르시아 문화, 특히 종교의 영향은 컸다. 실제로 페르시아 제국의 종교인 "조로아스터교"는 유다교에 영향을 주고 도전하기도 하였다.

조로아스터교의 선의 신과 악의 신의 구별은 유다인들에 의해 거절되었지만, 조로아스터 종교의 변형된 형태가 형성되고 있는 유다교에 영향을 주었다. 예를 들어, 유다인들의 종말론·천사론은 조로아스터교의 영향 때문이다. 이와 같은 조로아스터교의 영향은 2세기에 사해 근처에 있던 공동체에서도 발견된다.

유다교 형성기에 대한 정보가 그리 많지 않다. 이집트·이스라엘·시리아는 그리스의 지배하에 있으면서, 고전 유다교는 헬레니즘의 영향하에 있게 된다. 이때 이스라엘에 거주하던 많은 유다인들은 헬레니즘이 유다교와 만나면서 다음과 같은 반응을 나타냈다. 유다인들은 헬레니즘을 동화시키거나, 거절하거나 혹은 헬레니즘을 통해 유다교를 갱신하는 모습이 나타났다.

가. 알렉산드리아의 필로

많은 유다인들은 코스모폴리탄적이며 형이상학적인 그리스의 사고와 정교함에 비해 유다교는 상대적으로 세상 물정을 모르고 지엽적이고 무식한 것으로 보았다. 헬레니즘에 대해 가장 적극적이며 호의적인 사람은 알렉산드리아의 필로(20~50)였다. 그는 플라톤, 아리스토텔레스와 견유철학자의 철학 전통을 받아 정교한 알레고리로 토라 전통을 변화시켜야 한다고 주장한다. 필로는 어떤 유다인도 그리스 철학을 받아들이기 위해 토라를 거절할 필요가 없다고 말한다. 예를 들어 아브라함과 사라는 토라에 나오는 역사적 인물일 뿐만 아니라 그들은 동시에 학문적으로 깊이가 있고 도덕적인 덕을 지닌 사람들이다. 필로는 그리스 철학의 지혜와 히브리 전통의 계시를 결합한 첫 사상가였다.

나. 안티오쿠스 에피파네스 4세

필로의 수준 높은 헬레니즘-헤브라이즘 통합주의와는 달리 오히려 예루살렘에서는 어설픈 통합주의가 만연하였다. 특히 당시 팔레스티나를 지배하던 셀루키드의 왕 안티오쿠스 에피파네스 4세는 예루살렘 성전에 우상 제단을 만들어 유다인들의 배교를 강압적으로 유도하였다. 이들은 유다교를 헬레니즘의 한 분파로 만들려고 노력했다. 이에 대항하여 "마따디아"와 그의 아들인 "유다 마카베오"는 이스라엘인들의 지지를 받아 셀루키드 왕가와 친그리스파 유다인 사제들을 몰아냈다. 이들은 기원전 165년 키슬레브(11월~12월) 달, 25일째 되던 날 예루살렘 성전을 재봉헌한다. 이 봉헌식이 지금도 8일 동안 지켜지는 "봉헌의 축제"(봉헌절)인 "하누까"이다.

다. 바리사이주의

필로나 예루살렘의 친그리스 유다인들과는 달리, 헬레니즘에 반응하여 유다교 내부의 자기 변화를 시도한 이들이 "바리사이"들이다. 바리사이인들은 헬레니즘을 헤브라이즘화하여 유다교의 일부로 만들었다. 초기 바리사이주의의 특징은 토라를 중심으로 한 신앙심과 일반인들의 민주적인 과정을 거쳐 추려 낸 성서의 해석이다. 바리사이들은 문전literary text인 토라와 구전oral text인 랍비들의 해설서와의 관계를 새롭게 정의하였다. 그들은 랍비들의 해석 전통이 토라에 종속되는 전통이 아니라, 해석 전통 그 자체가 토라에 대한 진정한 의미 전달의 매개체라 주장하였다.

그 후 토라에 대한 연구는 바리사이인들에 의해 이루어졌다. 바리사이인들은 토라 연구를 그들의 신앙으로 여겼다. 바리사이주의의 이상형은 바리사이인들의 학교를 세운 "힐렐"과 같은 사람들이었는데, 힐렐의 토라 해석은 랍비 율법에서 "프로쯔불"이라 불린다. 이 단어는 그리스어 "프로스 불레", 즉 "회중들 앞에서"라는 의미를 가지고 있다. 이것은 바리사이주의 토라 해석이 민주주의 절차인 "회중들 앞에서" 토론을 통하여 그 해석의 진위를 결정함을 보여 준다.

2. 랍비 유다교 형성기:
제2 성전의 함락(70년)~두 탈무드 편집(6세기)

유다교 문화유산과 중요성을 "의인 시몬"은 미쉬나 네찌킨 I.2에서 다음과 같이 요약하였다:

> 이 세상은 다음 세 가지, 즉 토라, 예배 의식(아보다), 그리고 사랑의 행동에 기초를 둔다.

"의인 시몬"은 이 문장을 통해 첫째 유다교의 중심은 토라와 토라 말씀을 따르는 것이라고 주장하였다. 둘째, 성전에서의 예배와 예배 의식의 수행이다. 셋째, 동료 인간의 안녕에 대한 관심이다. 이 세 요소는 성서 전통에서 토라, 성전 그리고 사회정의를 요약한 것이다. 유다교가 이제는 문화적이며 우주적인 체계로서 유다교의 사회적인 기능을 강조하기 시작했다.

가. 성전이 대치됨

예루살렘 성전이 70년에 파괴되고 로마인들에 의해 더럽혀진 사건은 유다교 역사의 분기점이었다. 성전이 유다인들에게는 거룩함과 하느님께 접근할 수 있는 가시적인 통로였고, 제사장들은 성전 의식을 거행하고 유다인이 거룩한 삶을 살 수 있도록 관장하는 사람들이었다. 그러나 성전이 파괴되었다는 것은 하느님-인간 관계의 파기를 의미하고, 제사장들의 부재는 유다인들의 죄를 사할 의식을 행하지 못하여, 하느님-인간의 관계 회복이 불가능하게 되었다.

유다인들이 바빌론 포로 생활을 마쳤을 때, 이들은 성전을 대치할 새로운 형태의 기관이 필요했다. 유다인들은 기도를 위한 "시나고그"와 토라를 배우고 재해석하는 "공부의 집"을 세웠다. 그러므로 예루살렘 성전이 파괴되었을 때, 성전에서의 희생 제사와 이를 관장하는 제사장 없이 유다교가 살아남을 수 있는 새로운 대체 기관들이 나왔다. 그것이 "베이트 테필림"이라고 불리는 "기도의 집"과 "베이트 미드라쉬"라고 불리는 "공부의 집"이다. 이들은 그들의 신앙을 새로운 경지로 승화시켰다.

나. "기도의 집"

"기도의 집"에서는 탄원과 찬양의 기도가 정형화된다. 기도는 "마음의 아보다"라고 불리며, 기도 순서는 예루살렘 성전의 희생 제사와 연관이 있다. 유다인들은 하루에 세 번씩 기도를 한다. 기도는 예루살렘 성전에 대한 기억과 새 예루살렘 성전에 대한 간구의 기도와 "제사장의 축복"(민수 6,24-26)과 같은 제사장들의 암송으로 이루어져 있다. "기도의 집"이 생기면서 기도의 내용들이 정형화되었다.

다. "공부의 집"

토라에서 발견되는 제사 규정에 대한 공부가 포로기 이후에는 제사를 대신하게 되었다. 이들은 마치 제사를 예루살렘에서 실제로 드리는 것처럼 제사에 관한 규율을 공부하였다. "배움의 집"이 출현하자, 토라는 예루살렘 성전을 대신하고 토라 연구는 제사를 대신하게 되었다.

유다 역사에서 성전에서 희생 제사와 제사장들이 사라지자, "현자의 제자들"과 그들의 문헌들이 희생 제사와 제사장들의 빈 공간을 채운다. 예루살렘 성전이 다시 파괴된 70년, 두루마리들로 존재해 왔던 성서의 낱권 책들이 한 권의 책으로 되면서 성서의 책들 간의 순서가 정해지고 정경이 되었다. 그러면서 랍비 유다교의 새로운 장이 열렸다. 이 시기의 위대한 현자들 중 하나는 랍비 요하난 벤 짜카이이다. 랍비 요하난은 야브네(잠니아라고도 알려짐) 해변가에 바리사이 랍비 학원을 세웠다. 랍비들은 야브네에서 정신적·국가적 재난에 빠진 유다인들과 유다교를 재생시킨다. 아카데미는 새로운 성전이었고, 현자들은 새로운 제사장들이며, 토라를 연구하는 것은 바로 제사였다.

토라에 주를 달고 그 가르침을 삶에 적용시키려는 랍비들의 프로젝트가 시작됐다. 하느님의 의지를 알려는 "공부"("탈무드 토라")와 그 내용을 실천하려는 "행동"("마아세")은 유다교의 두 기둥이었다. 70년 이후 힐렐과 샴마이 랍비 학교의 가르침과 규율들이 모아지고 야브네와 우샤, 그리고 티베리아에 세워졌다. 이들 학교에서 새로운 규율들이 정해지고 유다인의 삶을 반영하는 신학적이며 설교적인 내용들이 집대성되었다.

토라를 해석하려는 시도를 "미드라쉬"라고[7] 부르며, "할라카"[8]라고 불리는 새로운 규율들을 만들기 위한 토라 해석을 "미드라쉬 할라카"라 부른다. 미드라쉬 할라카가 초기 유다교 문헌에서 많은 부분을 차지하지만, 이 당시 가장 중요한 문헌은 미쉬나이다.

라. 「미쉬나」

미쉬나는 고대 유다교의 법령을 모은 책이다. 랍비 마이어와 랍비 아키바의 초기 작품을 기초로 할라카 자료들을 오랫동안 첨가한 법령집이다. 미쉬나의 마지막 편집은 랍비 유다Rabbi Judah the Prince가 1세기 말에서 2세기

---

[7] 미드라쉬는 축자적으로 성서의 언어, 사상, 문장들을 연구함을 이른다. 특히 미드라쉬에는 성서의 법률을 주로 다루려는 "미드라쉬 할라카"와 문법적 해석, 신학, 윤리, 전설 등을 포함한 "미드라쉬 아가다"가 있다.

[8] 할라카는 유다인의 법, 관습, 행위를 총체적으로 이르는 용어이다.

초까지 하였다. 여기 나오는 법령집은 여러 랍비 학교 학자들의 의견이 포함되어 있고 얼마 후 "거룩한 책"으로 인정을 받았다.

미쉬나는 여섯 개의 주제들 ― 씨앗, 축제, 여자, 상해, 거룩한 것들, 정결 ― 로 구성되어 있고 각 장은 작은 단위의 법령(모두 63개)으로 되어 있다. 특히 「상해」 부분은 『선조들의 어록』과 같은 도덕적 금언집도 포함되어 있다. 미쉬나에는 기원전 200~서기 200년까지 ― 타나임 기간이라 불림 ― 의 모든 법령이 포함되어 있지는 않다. 미쉬나의 부록쯤 되는 "토세프타"와 탈무드에 있는 베라이토트 등이 있다.

마. 「탈무드」

미쉬나는 2세기 이후 이스라엘과 바빌론에서 "아모라임"이라 불린 현자들에 의해 법령에 대한 토론을 한다. 이러한 토론의 결과물이 3세기 이스라엘에서 편집된 것을 「예루살렘 탈무드」, 바빌론에서 5세기 각주를 포함한 것을 「바빌로니아 탈무드」라 부른다.

탈무드는 타나임 시대의 미쉬나에 대한 실제적인 그리고 추상적인 의미를 논의한다. 특히 미쉬나와 성서와의 관계를 결정하고 많은 전설, 설교 그리고 신학적인 내용까지 포함한다. 이후 탈무드는 전통적인 유다교 연구의 중심이 되었다. 이 두 탈무드는 미쉬나의 「축제」, 「여자」, 「상해」 부분의 토의 내용과 겹친다. 바빌로니아 탈무드에서는 「씨앗」에 대한 토의가 없고 예루살렘 탈무드에서는 「거룩한 것들」이 빠져 있다. 「정결」에 대한 토의가 두 탈무드에 거의 남아 있지 않다.

바. 그밖의 문헌들

할라카가 본질상 법으로 구성되어 권위적인 형태를 취하지만, 또한 삶의 현실에 적용할 수 있는 구체적인 행동이다. 「미드라쉬 아가다」는 타나임과 아모라임 시대를 거쳐 랍비들의 사색적인 신학 논쟁이나 안식일이나 축제에 임하는 유다인들을 위한 설교로 이루어져 있다.

아가다는 성서의 이미지와 주제들 재설정하고, 유다인들의 회개와 예배의 순수성, 하느님 앞에서 인간의 도덕적 완성을 추구하는 신학적인 목적을 달성한다. 그러므로 할라카는 아가다에게 사회적이며 공적인 표현이고 아가다는 할라카에게 순발성을 제공한다.

아모라임 시대는 435년 로마의 황제 테오도시우스 2세가 유다인들에게 허락했던 자치정이 팔레스티나에서는 끝이 난다. 그러자 유다 종교의 중심이 바빌론으로 건너가 수라, 품베디타, 네하르데아 같은 도시에 학교가 세워졌다.

V. 나가는 글

유다교는 시나이 산에서 모세에게 계시하신 유일신 하느님에 대한 유다인들의 신앙 표현이다. 그리스도교, 이슬람교와 함께 하느님은 한 분이시며 이 세상의 법칙이나 자연의 법칙 위에 계신 신으로 고백한다. 유다교는 하느님의 계시가 "히브리 성서"에만 있다는 점에서 그리스도교와 다르며, 모세를 여러 예언자 중 가장 위대한 예언자로 여기는 점이 이슬람교와 다르다. 우리는 유다교를 그리스도교나 이슬람교와 다른 점을 부각시킴으로 정의하는 편이 쉽다. 왜냐하면 지난 2,000년 동안 유다교는 변화에 변화를 거듭했기 때문이다. 나라와 성전을 빼앗긴 이스라엘 백성이 토라와 토라 연구를 통하여 하느님을 만나는 종교를 이루었다.

참고 서적

레온하르트 고펠트 『예수 바울 그리고 유대교』 크리스챤 다이제스트 1998.
조철수 역주 『선조들의 어록: 초기 유대교 현자들의 금언집』 성서와 함께 1998.
E.P. 센더스 『예수와 유대교』 크리스챤 다이제스트 1995.
빌리발트 보젠 『예수 시대의 갈릴레아』 한국신학연구소 1998.
요아킴 예레미아스 『예수 시대의 예루살렘』 한국신학연구소 1992.

박태식

그리스도교의 어제와 오늘

1. 들어가는 말

그리스도교라는 종교는 언제부터 시작되었을까? 당연히 역사의 예수부터라고 답할 수 있을 것이다. 하지만 그런 답에 이견을 내놓을 사람이 어딘가 있을지도 모른다. 왜냐하면 창조주 하느님의 계시가 예수 그리스도로 완성되었으니까 그리스도교란 실은 하느님의 천지창조 때부터 시작되었다고 말할 수 있을 테니 말이다. 그렇다면 "그리스도 교회는 언제부터 생겼을까?"라고 슬쩍 질문을 바꾸어 보면 어떨까? 그때는 더 분명한 답을 찾을 수 있을 텐데, 그리스도 교회는 30년경 예수가 부활·승천한 직후 오순절 성령 강림 사건(사도 2,1-12)으로 탄생했기 때문이다.

그렇게 시작한 교회는 사도 시대를 지나 속 사도 시대, 헬라·라틴 교부 시대, 교회와 세속이 충돌했던 중세교회 천 년, 그 사이에 있었던 동방교회의 분리, 르네상스와 발맞춘 종교개혁으로 시작된 개신교, 그리고 바야흐로 전 세계적인 규모를 가진 거대하고 다양한 모습의 오늘날 교회로 이어졌다. 그 사이에 특히 기억할 만한 사건들을 몇몇 꼽아 보라면 313년 콘스탄티누스의 밀라노 칙령으로 그리스도 교회가 종교의 자유를 얻게 된 일, 십자군 전쟁, 30년 동안 유럽 전체를 황폐화시켰던 가톨릭-개신교의 종교 전쟁, 제국주의 시대 식민지 개척에 앞장섰던 교회, 타종교와의 만남이라는 맥락에서 주어지는 갖가지 도전들이 있겠다. 어디 그뿐인가? 최근에는 전대미문의 2001년 9·11 뉴욕 테러로 그리스도교 세계 전체와 이슬람 세계 전체가 정면충돌하게 될 일촉즉발의 위기에까지 상황이 이르게 되었다.

물론 그 모든 그리스도 교회의 역사를 여기에서 거론할 수는 없는 노릇이다. 지면이 제한된 이유도 있겠지만, 필자의 능력 부족, 그리고 과연 그리스도교의 어제와 오늘을 이야기하는 데 역사적인 사건들을 반드시 하나하나 살펴볼 필요가 있을까? 하는 의문이 생기기 때문이다. 그보다는 그리스도 교회에서 내·외부적으로 갈등을 야기시켰던 문제들의 원형原型을 점검하는 게 오히려 그리스도교를 이해하는 데 도움이 될 것이다. 말하자면 독자들이 이 글에서 간추린 교회사나 그리스도 교회의 (호교론적인) 입장 정리를 기대하지 말아 주면 좋겠다는 뜻이다.

2. 나자렛 예수

역사의 예수는 27/8~30년경, 유다 땅에 살면서 "하느님 나라" 운동을 펼친 분이다. 예수가 누구였는지 알기 위해서는 무엇보다도 먼저 예수를 바라보던 당시의 시각을 회복하는 일이 필요하다. 예수는 당시 사람들의 눈에 과연 어떤 인물로 비쳐졌을까?

어느 날 예수가 제자들에게 다음과 같이 물어본 적이 있었다. "사람들이 나를 누구라 하느냐?" 제자들이 대답한 바에 따르면 항간에서 예수를 두고 "세례자 요한", "엘리야", "예언자" 등으로 불렀다고 한다(마르 8,27-28). 또한 헤로데가 예수에 관해 수소문하자 "엘리야"니, "예언자"니 하는 보고가 올라왔고, 헤로데는 예수가 환생遷生한 "세례자 요한"이라며 몹시 두려워했다는 보도가 나온다(마르 6,14-16). 그리고 예수가 예루살렘에 입성하자 사람들이 "이분은 갈릴래아에서 오신 예언자 예수요"라고 부른다(마태 21,10-11). 예수에게 붙여졌던 그 같은 호칭들은 역사적으로 상당한 신빙성을 가지고 있다. 즉, "세례자 요한"이나 "엘리야"나 "예언자"는 주변의 사람들이 예수를 경험하고 느낀 대로 붙인 호칭이었다는 뜻이다.

① **세례자 요한**: "세례자 요한"은 예수와 비슷한 시기에 등장해 강력한 세례 운동을 펼침으로써 유다 땅 전역에서 엄청난 관심을 불러일으킨 인물이었다(요세푸스, 『유다고사』, 18,116-9 참조). 그는 장차 다가올 심판 — 혹은, 장차 오실 분 — 을 앞두고 "종말이 다가왔으니 회개하라"는 선포를 했고 그 징표로 세례를 주었다(마르 1,2-8). 그가 했던 심판 설교의 중심에는 역사의 종말에 거는 강력한 기대감이 들어 있으며 세례는 종말을 겨냥한 상징적 행

위였다. 그의 행동거지나 생활양식은 구약성서의 예언자들, 특히 엘리야를 연상시키는 구석이 있다(마르 1,6; 2,8; 마태 11,8 등. 1열왕 1장 참조).

복음서에 나와 있는 대로 예수의 공생활은 세례자 요한에게 받은 세례로 시작된다. 이 사건의 외형적인 모습을 있는 그대로 따르면, 예수가 세례자 요한이 펼치던 "세례 운동"에 참여했음을 의미한다. 공관복음의 보도처럼 사람들이 예수를 "세례자 요한"으로 불렀던 시기가 이미 세례자 요한이 헤로데의 수중에 넘어가 공개적인 활동을 하지 못하던 때라는 점을 감안한다면, 세례자 요한이 벌였던 세례 운동 — 혹은, "대회개 운동" — 을 예수가 이어간다는 인상을 주변 사람들에게 주었을 가능성이 높다.

② **엘리야**: 메시아의 등장과 관련하여 구약성서에는 다음과 같은 구절이 나온다. "이 야훼가 나타날 날, 그 무서운 날을 앞두고 내가 틀림없이 예언자 엘리야를 너희에게 보내리니. … 그래야 내가 와서 세상을 모조리 쳐부수지 아니하리라"(말라 3,23-24; 집회 48,10-11 참조). 이 구절에 따라 예수 당시의 유다인들 사이에는 종말의 날이 들이닥쳐 세상이 심판당하기 전에, 반드시 살아서 승천했던(1열왕 2장) 엘리야가 먼저 도래해야 한다는 믿음이 있었다(마르 9,11). 따라서 예수에게 엘리야라는 호칭이 붙여졌다는 것은 그분이 종말론적인 인물로 받아들여졌음을 암시하는 증거가 된다.

③ **예언자**: 예언자라는 호칭은 예수가 구약성서 시대에 등장했던 예언자들의 연장선상에 서 계신 분으로 받들어졌다는 사실을 보여 준다(마르 6,4; 8,27-30). 예언자들은 이스라엘 역사에서 언제나 재야 종교 세력을 대변하는 자들이었다. 예수 역시 제도권 종교와 결별하고 광야를 전전하며 하느님의 말씀을 선포했으니 예언자 대열에 낄 수밖에 없었을 것이다. 그러나 더 중요한 공통점은 예수 역시 예언자들처럼 임박한 하느님의 종말 심판을 선포했다는 사실이다. 따라서 예수 역시 당연히 종말 심판을 선포하는 예언자로 간주될 수 있었던 것이다.

이제까지 살펴본 호칭들은 모두 종말론적인 성격이 강하며, 이는 예수를 따르던 이들이 직접 보고 읽어 낸 모습들이다. 말하자면, 주변 사람들의 눈에 예수는 무엇보다도 하느님의 분노와 종말 심판을 선포하는 이로 비쳐졌다는 뜻이다. 외형적인 모습으로 볼 때, 예수는 당시 유다 땅에 우후죽순 격으로 등장했던 종말-묵시적인 예언자 군#에 넣을 수 있을 것이다. 그 시절의 대표적인 종말-묵시적인 예언자로 세례자 요한을 꼽을 수 있다. 하지만 예수의 "심판 설교"는 여느 예언자들과는 구별되는 것이었다. 그의 가르침은 갈릴래아에서 놀라운 반향을 불러일으켰을 뿐 아니라 하느님의 성전이 있는 예루살렘에까지 그 여세를 몰아갔다. 그 바람이 얼마나 거셌는지 예루살렘의 종교 지도자들이 예수를 제거하지 않고는 못 배길 지경에까지 이르렀다. 다시 말해, 제도권 유다교에서 예수에게 느꼈던 위기의식이 예수를 처형한 직접적인 이유라 하겠다.

예수는 십자가에서 비참하게 숨을 거두었다. 그러나 예수의 역사는 거기에서 그치지 않았다. 부활·승천 이후 예수의 제자들로 구성된 교회가 탄생하면서 그리스도교는 새로운 국면을 맞게 된다.

3. 문화의 충돌

1세기 그리스도 교회의 구성원은 크게 세 부류로 나눌 수 있다. 우선 예수의 공생애 시절부터 동행했던 본토 유다계 그리스도인, 유다 땅 밖에 살았던 국외 거주 유다인(디아스포라), 그리고 이방계 그리스도인이 있었다.

최초의 그리스도 교회, 그러니까 1세기 그리스도 교회의 상황은 오늘날과는 무척 달랐다. 아직 체계적으로 통일된 교회가 성립되지 않았고, 예수가 부활·승천한 직후 많은 그리스도인들이 각각의 목소리를 내던 시절이었다. 그 시대의 역사를 담은 경전인 『신약성서』에 보면 바울로는 바울로대로, 베드로는 베드로대로, 요한은 요한대로, 야고보는 야고보대로, 각각의 그리스도관과 교회관, 율법관과 구원관을 가지고 있었음을 알 수 있다. 그리고 이들 사이에 심각한 충돌이 벌어질 때면 당시 교회의 지도자들이었던 사도들과 유랑 선교사들이 모여 회의를 열곤 했다. 그런 회의에 관해 비록 성서에는 단 한 차례만 보도되어 있으나(갈라 2,1-10; 사도 15장 참조), 아마 다수의 알려지지 않은 크고 작은 회의들이 있었을 것이다. 그러나 회의 한 번 열었다고 해서 갈등이 즉시 해결되는 것은 아니었다. 회의에서 바람직한 합의가 이루어졌음에도 불구하고 여전히 자신들의 주장을 굽힐 줄 몰랐고 급기야 위험한 사태가 빚어지기까지 했다(갈라 2,11-14). "사람 사는 곳은 어디나 마찬가지다"라는 말이 어김없이 들어맞는 시절이었던 것이다.

당시에 벌어졌던 갈등의 핵심에는 그리스도교와 유다교의 관계 설정이 있었다. 그때는 아직 그리스도교와 유다교 사이에 선이 분명히 그어져 있지 않아, 설혹 예수의 복음을 받아들인 사람이더라도 자신을 유다교 내 어느 지파支派의 일원쯤으로 생각하던 시절이었다. 살아생전 예수가 유다 땅에서 활동했고 야훼 신앙의 핵심을 지적하는 "하느님 나라" 운동을 펼쳤으니 그렇게 생각하는 것도 무리는 아니었다. 물론 본토 유다계 그리스도인들과 디아스포라 그리스도인에게는 이런 식의 자기 정체 설정이 어쩔 수 없었는데, 어차피 율법을 지키면서 복음을 받아들인 처지였을 테니 말이다.

그러나 이방계 그리스도인의 상황은 전혀 달랐다. 그들은 율법 없이 예수의 복음부터 접했던 사람들이었으니만큼 율법도 덩달아 지켜야 할지, 아니면 율법을 지킬 의무에서 벗어났는지, 뚜렷한 판단이 서지 않은 상태였다. 자신들에게 복음을 전한 바울로의 말을 들으면 율법이란 그리스도가 나타난 이후로 그 효력이 급격히 감소했기에 당연히 지킬 필요가 없었다. 그러나 본토에서 나온 전도사들의 말은 달랐다(갈라 1,6-10; 2고린 10-13장). 틀림없이 그들은 예수 역시 율법을 존중하고 따랐다는 사실을 강조했을 것이고, 그 위에 예수 직제자들의 권위가 겹쳐지면서 그들의 주장은 훨씬 무게를 실을 수 있었을 것이다(2고린 3,1). 이렇게 이방계 그리스도인을 두고 율법에 대한 상반된 입장이 첨예하게 대립되자 바야흐로 예루살렘 모교회에서 사도 회의가 열렸고(49년경), 이방 지역에서 활동하던 유랑 전도사들 ― 바울로, 바르나바, 디도 ― 이 참가하기에 이른 것이다.

바로 그 사도 회의에서 그리스도교 이천 년 역사에 이정표가 된 위대한 결정이 도출되었다: "(바울로를 포함한) 우리는 이방인들에게 가고 그들 — 예루살렘 교회의 지도자들 — 은 할례받은 사람들에게 가기로 했습니다"(갈라 2,9). 이 합의에는 두 가지 중요한 내용이 담겨 있는데, 하나는 "전도 대상의 구분" — 열두 사도-유다인/바울로-이방인 — 이고, 다른 하나는 전도 대상의 구분으로 말미암아 이방인은 율법의 의무에서 벗어났다는 점이다. 즉, 이방인에게는 바울로가 원하는 방식대로 복음을 전해도 좋다는 뜻이었다.

유다인들에게는 전통적으로 개체個體가 전체全體를 대변한다는 사고방식이 자리잡고 있다. 떡의 한 부분이 전체 떡 반죽을 거룩하게 만들고(로마 11,16), 한 사람이 백성을 대신해서 죽을 수 있는 것이다(요한 11,49-50). 율법도 마찬가지였다. 비록 613가지나 되는 세부 규정들이 있지만 그 중 우선 한 가지만 지켜도 "전체 율법을 따르는 자"가 되겠다는 증거로 간주될 수 있었다. 할례를 주장하는 유다계 유랑 전도사들은 틀림없이 이방인들을 교묘하게 설득했을 것이다: "일단 할례부터 받고 봅시다. 율법이야 차차 지켜 나가면 되는 것 아니겠습니까? 아, 예수님도 할례는 받았잖아요! 그것도 모르세요?"

그러나 바울로는 그런 논리 뒤에 숨은 함정을 똑똑히 보았다. "그러나 나는 할례받은 이에게 한 번 더 다짐하는데, 그는 모든 율법을 지킬 의무가 있습니다"(갈라 5,3). 할례라는 표시를 일단 몸에 남긴 자들은 누구나 율법의 노예가 되어 그리스도와 인연을 끊게 되는 것이다(4절). 마치 비에 옷이 젖을까봐 처음에는 이리저리 피해 다니다가, 일단 바짓가랑이가 젖으면 "이왕 버린 몸" 하면서 빗속을 텀벙텀벙 걷게 되듯이, 할례는 율법으로 빠져 들게 만드는 맛보기 구실을 한다는 뜻이다.

만일 사도 회의에서 바울로가 적당한 선에서 타협했다면, 그래서 자기가 이방인 전도의 전권을 부여받는 대신 할례 정도는 허용했다면 오늘날 어떤 일이 벌어지고 있을까? 모든 남성 그리스도인들은 난 지 팔 일 만에 할례를 받아야 할 것이고, 매년 한 차례씩 예루살렘을 순례하느라 인천 공항이 북새통이 되었을 것이다. 게다가 매주일 양이나 비둘기를 제물로 바치고 목사님·신부님들은 그 짐승들을 도륙屠戮 내느라 정신이 없었을지도 모를 일이다. 율법으로부터의 자유는 바로 신앙의 자유를 얻는 길이었다.

4. 정통성의 충돌

1세기 그리스도 교회에는 크게 보아 대략 세 갈래의 그리스도 운동이 있었던 것으로 보인다. 여기서 "교회"라는 말보다 "운동"이라는 용어를 선택한 것은 당시는 아직 "제도권 교회"라는 정착된 체계나 조직이 정립되기 전이었기 때문이다. 생각과 삶의 방식, 혹은 지역에 따라 다양한 공동체들이 형성되었던 시기, 즉 "예수를 통한 구원"이라는 궁극적인 가치 외에는 모든 것이 상대화되던 시기였다.

세 갈래의 그리스도 운동은, 베드로를 수장으로 하는 그리스도 운동, 바울로를 수장으로 하는 그리스도 운동, 그리고 요한 — 혹은, 애愛제자 — 을 수장으로 하는 그리스도 운동이다. 그렇게 분류할 수 있는 근거는 온전히 신약성서에서 발견된다. 우선 공관복음서와 사도행전에서는 철저히 예수의 수제자였던 베드로가 중심적인 역할을 담당한다. 다음으로 바울로를 수장으로 하는 그리스도 운동을 보여 주는 작품들로 로마서, 고린토 전·후서, 갈라디아서 등 바울로의 편지들이 있다. 이 편지들에서는 베드로의 역할이나 비중이 베드로 계열의 작품들에 비하면 현저히 후퇴해 있다. 심지어 바울로는 베드로나 그 계열의 유랑 전도사들을 두고 "소위 지도자라는 사람들"(갈라 2,2.6), "그 특출나다는 사도들"(2고린 11,5; 12,11)로 은근히 비아냥거리기까지 한다. 그런가 하면 요한복음 — 혹은, 요한계 문헌 — 에서는 베드로와 애제자를 비교하는 장면이 종종 등장한다(요한 13,23-26; 18,15-16; 19,26-27; 20,2-10; 21,7; 21,20-23). 한결같이 베드로보다 애제자가 여러 면에서 훨씬 뛰어나다는 사실을 강조한다.

앞의 관찰에서 끌어낼 수 있는 자연스러운 결론은, 세 부류로 진행된 그리스도 운동들 사이에 정통성 논쟁이 있었다는 것이다. 지상에서 활동하시던 때의 예수 수제자이며 천국의 열쇠까지 받아 명실 공히 장차 생겨날 교회를 이끌어 나갈 지도자였던 베드로(마태 16,17-20), "하느님께서는 내가 나기 전에 이미 은총으로 나를 택하셔서 불러 주셨고 당신의 아들을 이방인들에게 널리 알리게 하시려고 기꺼이 그 아들을 나에게 나타내 주셨습니다"(갈라 1,15-16)라는 자부심이 있었던 바울로, 예수의 어머니인 마리아를 모시는 영광까지 차지하게 된(요한 19,25-27) 애제자의 후예들, 그들 각각은 자신들이 예수 그리스도의 진정한 후계자라는 사실에 신앙 생명을 걸었던 것이다.

세 부류의 그리스도 운동, 거기서 빚어졌던 정통성 논쟁은 필연적으로 제각기 다른 그리스도론이 구축되는 단계로 이어졌다. 우선 베드로 계열의 교회에서는 유다교적인 설명 체계를 동원해 예수 그리스도가 가지는 의미를 부각시키려 했다. 예수가 탄생하던 즈음에 유다 땅에는 이른바 "메시아 비밀 사상"이라는 것이 있어 대중적인 공감대를 형성했다. 그 메시아는 반드시 다윗의 동네인 베들레헴에서 태어나야 하고, 다윗의 가문에서 나와야 했으며, 메시아가 등장하기 전에 그의 출현을 알리는 선구자를 필요로 했다. 공관복음에 그려진 예수의 모습을 보면 앞의 세 가지 메시아 성립 조건에 잘 부합한다(마태 1,7; 2,1; 17,12-13; 마르 9,11; 루가 2,1-7; 3,31). 다시 말해서, 예수 그리스도 — 메시아 — 는 구약성서로 대변되는 유다교 전통의 연장선상에서 하느님의 구원 계획을 완성시킨 분이라 할 수 있다.

바울로 계열의 그리스도 운동에서는 예수 그리스도에 대한 이해가 베드로 계열과는 무척 달랐다. 예수가 가지는 궁극적인 의미는 그의 출신 성분이나 유다교 전통보다는 오히려 그분의 마지막 모습, 즉 죽음·부활·재림이라는 십자가 사건으로 정립되어야 마땅했다. 바울로에게는 십자가가 바로 하느님의 구원 의지가 극명하게 드러난 장소여서 십자가의 의미만 찾기에도 바빴던 것이다. 바울로의 편지들에서 예수의 공생애가 단편적으로 언급되어 있는 이유는 거기에 있다. 그러나 유랑 전도사들이나 복음서 작가들 중 어느 누구도 다음과 같은 고백을 한 이는 없었다. 복음서 작가 요한은 "한 처음 천지가 창조되기 전부터 말씀이 계셨다. 말씀은 하느님과 함께 계셨고 하느님과 똑같은 분이었다"(1,1)는 단정적인 말로 복음서의 처음을 장식했다. 예수 사건의 시작은 천지창조 이전인 태초였으며 예수는 곧 하느님이라는 말인데, 실로 엄청난 정체 설정이었다. 그들은 그리스도를 비단 하느님의 뜻을 올바로 실천한 분이라든가, 구원사의 중심 인물이라는 차원을 넘어서서 하느님과 같은 분으로 이해했다. 그처럼 요한계 문헌들에서는 예수 그리스도의 의미를 찾아가는 논의 자체가 바뀌었음을 알 수 있다. 1세기에서 2세기로 넘어가던 무렵에 그리스도 신앙의 현주소를 보여주는 생생한 증거라 하겠다.

5. 그리스도 교회의 어제와 오늘

앞절에서 우리는 교회가 시작되던 시절, 즉 1세기 교회의 핵심 문제 두 가지를 살펴보았다. 이 두 가지 문제가 그리스도 교회의 과거와 현재를 분석하는 데 중요한 틀로 작용한다.

그리스도교가 전 세계로 퍼져 나가면서 다른 문화와의 갈등은 필연적이었고, 그 과정에서 그리스도교는 계속 새로운 옷으로 갈아입게 된다. 유다 땅을 넘어 지중해권으로 그리스도교가 퍼져 나가던 때에는 (율법 같은) 유다교 전통과의 관계 설정이 중요했고, 유럽 대륙에서는 각 지방의 고유 종교 전통과 대립하게 되었다. 비록 지금은 그 흔적조차 찾기 힘들지만 켈트 종교, 게르만 종교, 슬라브 종교, 발틱 종교, 핀란드 종교 등등의 저항을 경험했다. 그러면서 그리스도교는 다분히 유럽화된다. 일례로 부활절 달걀이라는 것도 그리스도교 전통으로 간주되지만 실은 유럽의 민간신앙에서 온 것이고, 성인 숭배나 마리아 공경도 유럽 종교의 자취를 보여 준다는 점은 이미 잘 알려진 사실이다. 그리스도교가 북미·남미·아시아·아프리카로 전해지면서도 같은 일이 벌어졌다. 흑인 여성이 최후의 만찬을 주례하는 그림이 등장하거나, 그 나라 전통 가옥 형태의 성당이 세워지기도 했다. 제2차 바티칸 공의회의 결정으로 미사를 자기 나라의 말로 드릴 수 있게 된 것도 그리스도교가 다른 문화와의 관계 설정에서 새롭게 옷을 갈아입은 대표적인 예라 할 수 있다.

오늘날 한국 교회에서 지키고 있는 그리스도교 전통 중에 과연 예수의 공생활 시대를 반영하는, 순수하게 역사적이라고 할 수 있는 부분이 얼마나 될까? 아마 그리 많지 않을 것이다. 개신교 찬송가들의 대부분은 미국 선교사들이 가져와 전해 준 것이고, 추수감사절도 미국 교회의 절기를 본뜬 것이다. 어디 그뿐인가. 성직자·수도자의 복장도 예수가 살았던 유다 땅의 전통 복장과는 아무런 상관도 없는 옷들이다. 모두 그리스도교가 여러 대륙을 거치면서 그 지역의 특성으로 토착화된 모습이 한국에 전해졌을 뿐이다.

그리스도교의 역사를 살펴보면 정통성 시비가 끊이지 않았음을 알 수 있다. 아니 지난 2천 년간 하루도 편한 날이 없었다고 하는 게 옳을지 모르겠다. 1세기 그리스도교의 세 가지 그리스도 운동은 후에 베드로 계열을 중심으로 뭉쳐져, 하나의 교회가 등장했다. 그러나 그 후로도 정통성에 관한 논쟁이 줄을 이었고 많은 사상들이 이단으로 규정되었다. 그러다가 중세를 지나면서 우상숭배 여부를 발단으로 하여 서방교회와 동방교회가 분리되면서 정교회가 등장했고, 르네상스 이후로는 로마 가톨릭 교회로 대변되는 그리스도교 전통에 반기를 든 개혁자들이 나오면서 개신교가 등장했다. 교회가 분리될 때면 언제나 정통성 문제가 그 중심을 차지했다. 오늘날 한국 그리스도교의 상황을 보면 마치 세계 모든 그리스도 교회의 정통성 싸움을 도맡아 수행하고 있다는 느낌마저 받게 된다. 슬픈 일이 아닐 수 없다.

6. 전통과 정신

이제까지 지난 그리스도 교회의 역사를 "역사의 예수"와 "문화의 충돌"과 "정통성의 충돌"이라는 기준으로 점검해 보았다. 이제 그 기준들을 한 번 더 축소시켜 보자.

그리스도 교회의 역사는 2천 년이 되었고, 그 사이에 엄청난 변화를 겪었다. 만일 시간을 뛰어넘어 살 수 있는 사람이 있다면 1세기 교회와 오늘의 교회를 보고 완전히 다른 신앙을 가진 집단으로 치부해 버릴지도 모를 일이다. 누구도 예측하지 못했던 방향으로 교회의 역사가 진행되었기 때문이다. 그 과정에서 수많은 새로운 전통들이 탄생했다. 시공을 뛰어넘어 튼튼한 맥을 유지해 온 만찬례 같은 전통도 있지만, "제 나라 말로 미사 드리기" 등 타 문화권과 접촉하면서 새롭게 수립된 전통도 있다. 그러나 어떤 전통이 되었든, 그것이 등장할 때는 "이 전통으로 그리스도의 숭고한 정신을 지켜 나간다"는 대전제를 내세우지 않은 경우는 없었다.

전통이란 그처럼 철저히 그리스도의 정신에 그 존립 근거를 둔다. 그런데 만일 전통의 껍데기만 남고 정신이 사라져 버렸다면 어찌할까? 평신도의 믿음을 부추겨 주고 그들의 신앙 생활을 굳건히 지켜 주기 위해 수립된 성직 전통이, 그 고유 기능은 사라지고 다만 평신도 위에 군림하는 지도자로서의 권위權威만 남아 있다면 어떻게 해야 할까? "하느님"과 "하나님"이라는 호칭을 두고 목숨을 거는 풍토는 언제쯤 사라질까? 사실 그분은 원래부터 이름이 없는 분인데 말이다. 제철에 맞지도 않는 미국의 추수감사절을 지내느라 이미 철 지난(?) "햇과일"을 제단에 바치는 한국 교회의 코미디는 어떻게 설명할까? 세계에서 가장 큰 성당과 예배당을 지으면 전 우주가 당신의 집이신 하느님 내지는 하나님께서 과연 크게 기뻐하실까? 이리 보면 한심하기 짝이 없고, 저리 보면 울다가도 웃을 일이다.

정신이 사라진 전통은 마치 짠맛을 잃은 소금과 같아 거리에 내던져져 사람들 발에 밟히고 만다(마태 5,13). 미련을 둘 필요가 없다. 비록 2천 년, 3

천 년을 지켜 온 것이 너무 아까워서 도저히 포기할 엄두가 나지 않더라도, 반드시 포기해야만 한다.

역사의 예수도 비슷한 처지에 놓여 있었다. 당시의 율법은 유다 땅에서 절대적인 힘을 가지고 있어 하느님과 인간의 관계뿐 아니라, 모든 인간사 또한 율법 안에서 판가름 났다. 이는 하느님의 계시로 씌어진 책이며 이스라엘의 유구한 전통을 대변하는 것이기도 했다. 그러나 예수와 동시대의 이스라엘 땅에서는 율법의 정신인 "하느님의 의"(마태 5,20)는 불투명해진 채, 문자 만능주의, 율법 지상주의, 패권주의가 활개를 치고 있었다. 눈에 띄는 범죄만 감시하고 처벌하느라 그 깊은 곳에 숨은 증오와 탐욕은 다스리지 못했고, 율법을 빌미 삼아 사람들을 억누르는 지배 구조가 등장했으며, 구원의 주도권을 하느님 손에서 빼앗는 교만을 범하고 있었다. "전통을 지킨다는 구실로 하느님의 계명을 교묘하게 어기는 것이다"(마르 7,9). 정의가 강물처럼 흘러 마땅한 땅이 시궁창으로 변했다.

예수에게 그 정신이 사라진 율법이란 아무런 쓸모가 없었으며, 사람이 하느님에게 나아가는 데 걸림돌이 된다면 폐기돼야 마땅했다. 이같이 율법의 절대 권위를 상대화시킴으로써 새로운 지평을 열어 준 예수의 신념이 바로 유다교에서 벗어나 그리스도교의 홀로 서기에 밑거름이 되었다.

어느 안식일에 예수와 그의 제자들이 밀밭을 지나가고 있었는데, 제자들 중 몇 명이 밀 이삭을 훑어 손바닥으로 비벼 입에 넣은 적이 있었다. 바리사이들의 예리한 눈길은 제자들이 안식일 법을 범했다는 사실을 놓칠 리 없었다. 왜냐하면 안식일에 금지시킨 노동 중에 겨와 낟알을 분리하는 "탈곡" 작업도 들어가기 때문이었다. "왜 저 사람들은 안식일에 해서는 안 되는 일을 하고 있습니까?" 그 질문에 대한 예수의 대답은 더없이 분명했다. "안식일이 사람을 위해 있지, 사람이 안식일을 위해 있는 것이 아닙니다"(마르 3,27).

필자는 전통과 정신의 관계를 이렇게 잘 표현한 말씀을 이제까지 만나 본 적이 없다.

그리스도교 이해에 도움이 되는 책들

J. 파이너 - L. 비셔 공편 (이경우 - 정한교 공역, 서강대학교신학연구소 - 한국신학연구소 공간)『하나인 믿음』분도출판사 1979.

A. 노울런 (정한교 역)『그리스도교 이전의 예수』분도출판사 1980.

A. 다이슬러 (박상래 역)『세상과 인간을 위하시는 하느님』분도출판사 1981.

J. 스타트『현대 사회의 문제와 기독교적 답변』기독교문서선교회 1985.

그리스도교철학연구소 편『현대 사회와 종교』서광사 1987.

G. 로핑크 (정한교 역)『예수는 어떤 공동체를 원했나?』분도출판사 1985.

H. 큉 - D. 트라시 (박재순 역)『현대 신학은 어디로 가고 있는가?』한국신학연구소 1989.

길희성『포스트모던 사회와 열린 종교』민음사 1994.

S. 미첼『애초에 예수는 사랑만 말씀하셨다』등지 1995.

이제민『교회는 누구인가』분도출판사 2001.

서공석『예수-하느님-교회』분도출판사 2001.

정양모 교수 은퇴기념논총『믿고 알고, 알고 믿고』분도출판사 2001.

김영경

이 슬 람

1. 이슬람

우리나라에서는 요즘도 이슬람을 회교, 무슬림을 회교도라고 부르는 사람이 적지 않다. 심지어 교회 내부에서나 공영방송에서조차 말이다.

중세 독일에서는 이슬람을 "터키교"라고 불렀다. 발칸 반도를 수중에 넣고 동유럽에 압박을 가한 오스만 터키인들의 종교였기 때문이었다. 이런 적대 세력의 종교를 독일인들이 곱게 볼 리 없었다. 그러므로 터키교라는 말 속에는 "터키족의 사교"라는 의미가 함축되어 있었다.

당시 중국에서는 이슬람을 회교回敎 혹은 회회교回回敎라고 불렀다. 중국 접경에 거주하던 회흘回紇족의 종교라는 의미에서 만들어진 말이다. 이 말 역시 회흘족이라는 "오랑캐의 별난 종교"라는 의미를 내포하고 있다. 회회인(무슬림)들이 고려에 진출을 하면서 그들의 종교, 즉 회교는 이슬람을 지칭하는 말로 쓰이기 시작했다.

현재 독일에 거주하는 외국인 중 가장 많은 외국인은 터키인들이다. 주로 전후 "라인 강의 기적"을 뒷받침하기 위해 유입된 노동자들이다. 교회에서는 각종 봉사 단체를 통해 사회적 약자의 위치에 있던 이들을 돕기 위해 노력했다. 자연히 그들의 종교에 대한 이해를 필요로 했고, 또 그 사이 이슬람에 대한 일반적인 계몽도 이루어져 이제 독일에서 이슬람을 "터키교"라고 부르는 사람은 없다.

독일을 비롯한 유럽 사회에서 이슬람에 대한 인식이 변화하게 된 데는 여러 가지 요인이 작용을 했겠지만 제2차 바티칸 공의회(1962~1965)도 빼놓아서는 안 될 것이다. 타종교에 대해 기존의 배타적인 자세를 청산하면서 공의회가 채택한 「비그리스도교에 관한 선언」 속에는 이슬람에 대한 내용도 포함되어 있었다. "교회는 또한 무슬림들을 존경하고 있다"라는 말로 시작한 이 선언은 신학적 이견에 대해선 짧은 언급에 그치는 대신, 두 종교가 공유하고 있는 믿음을 확인했다. 즉, 인류의 역사 속에 자신을 드러내시는 하느님, 아브라함과 예수의 신성함, 부활과 심판에 대한 기대, 윤리적이고 경건한 삶의 추구 등이 그것이다. 더 나아가 교회는 무슬림들에게 과거의 적대감을 청산하고 "사회정의와 윤리적 선, 그리고 더 나아가 평화와 자유"를 옹호하고 촉진시키는 데 있어서 함께 노력하자고 제안했다.

2. 무함마드

이슬람의 창시자 무함마드는 570년경 아라비아 반도 메카에서 태어났다. 그가 태어난 집안은 메카를 지배하고 있던 꾸라이쉬족族에 속한 명문 하쉼가家였다. 그러나 무함마드는 불행하게도 유복자였다. 게다가 여섯 살 때 어머니를, 다시 2년 후엔 자신을 돌보아 주던 조부까지 잃고, 삼촌인 아부 딸립 아래서 외롭게 성장했다. 순탄치 않았던 유·소년기를 보냈음에도 불구하고 그는 훌륭한 인품을 지닌 청년으로 성장했다.

어린 시절 삼촌을 따라나섰던 이래 무함마드는 몇 차례 대상에 합류해 장사도 하고 문물도 넓힐 수 있었다. 25세가 되던 해 그는 자신을 고용한 부유한 과부 사업가 하디자의 마음에 들어 그녀와 결혼을 했다. 15세 연상의 하디자로부터 그는 2남 4녀의 자식을 얻었다. 그러나 아들은 모두 어려서 죽고, 딸들도 파티마 외에는 후손을 얻지 못했다. 파티마는 후에 아부 딸립의 아들 알리와 결혼하여 무함마드에게 두 명의 외손, 하산과 후세인을 안겨 주었다.

경제적으로 안정된 삶을 누리게 된 그는 매년 한 달 정도를 인근에 있는 산에 올라가 지냈다. 그곳 바위 동굴에서 기거하며 명상을 하기 위해서였다. 남부 예멘과 북부 시리아 지방을 오가는 교역을 통해 얻은 재물을 대부분 주색잡기로 탕진하던 도시 부유층의 속된 삶을 잠시나마 멀리하고 조용한 사색의 시간을 가졌던 것이다. 해가 지면 어둠에 묻히는 황량한 산야, 지평선 위에 펼쳐지는 광활한 밤하늘, 밤하늘을 수놓는 무수한 별들,

이러한 대자연의 신비가 몸을 녹여 주는 모닥불과 함께 그를 정신적으로 고양시켜 주었으리란 점은 상상하기가 어렵지 않을 것이다.

그렇게 지내던 어느 날 밤, 낯선 영적 존재가 나타나 그에게 주님의 말씀을 전했다. "만물을 창조하신 그대 주님의 이름으로 읽으시오! 한 방울의 정액으로 인간을 창조하신 분. 그대의 주님은 가장 은혜로운 분이시니라!"[1] 무함마드가 하느님의 사자使者로 선택되는 순간이었다.

이 첫 번째 계시는 이슬람력으로 아홉 번째 달에 해당하는 라마단월에 내려왔다. 서력으로는 610년, 무함마드가 막 40대에 접어들었을 때의 일이었다. 계시는 아랍어로 내려왔으며, 이를 전한 영적 존재는 천사 가브리엘이었다.

예기치 않았던 강렬한 신비 체험은 무함마드에게 무척이나 두려운 것이었다. 이 체험이 무엇을 의미하는지, 혹시 사탄에게 홀린 것은 아닌지, 앞으로 자신의 운명은 어떻게 될 것인지 등에 대한 극심한 불안감이 그를 짓눌렀다. 이때 무함마드를 위로하고 안정시켜 준 사람은 부인 하디자였다.

그러나 첫 번째 계시가 있은 후 한동안 별다른 조짐이 없었다. 무함마드는 다시 회의에 빠졌다. 이전 것이 하느님의 계시였다면, 그사이 그분이 자신을 버렸나? 자신이 무슨 잘못이라도 저질렀나? 아니면 전에 본 것이 모두 헛것이었단 말인가?

이런저런 생각으로 번민하던 무함마드에게 드디어 두 번째 계시가 내려왔다. "외투를 뒤집어쓴 자여! 일어나 (사람들에게) 경고하라! 그대의 주님을 찬양하라. 그대의 옷을 정결히 하고, 더럽혀지지 않도록 하라!"[2] 여기에서 "외투를 뒤집어쓴 자여!"라는 말은 그가 천사를 보고 놀라 집으로 도망친 뒤, 담요를 뒤집어쓴 채 어쩔 줄을 몰라 했기 때문에 들은 소리였다.

이렇게 시작된 계시는 무함마드가 운명을 달리한 632년까지 계속되었다. 계시의 종결을 암시하는 내용을 담은 마지막 계시는 그가 유명을 달리하기

---

[1] 쿠란 96;1-3.　　　　[2] 쿠란 74;1-5.

일주일 전에 내려왔다. "오늘 나는 그대들의 종교를 완성시켰고, 나의 은총을 그대들에게 모두 주었으니, 그대들의 종교로 이슬람을 선택했다."[3]

계시는 때로는 비몽사몽 중에, 때로는 다른 사람이 지켜보는 가운데 간헐적으로 내려왔다. 평범한 아랍 상인, 더구나 문맹이었던 무함마드에게 내려온 계시를 무슬림들은 "히브리인들에게 보낸 편지"의 저자가 제1장 1절에서 피력한 가르침의 연속선상에 있는 은총으로 인식하고 있다. "하느님께서 예전에는 예언자들을 시켜 여러 번 여러 가지 모양으로 우리 조상들에게 말씀하셨습니다."

그렇다면 계시는 구체적으로 어떠한 형태로 내려왔을까? 이것이 궁금하기는 무함마드 당시 그를 가까이했던 사람들도 마찬가지였던 모양이다. 하루는 알-하리쓰 이븐 히샴이 그에게 물었다. "하느님의 예언자이시여, 하느님의 계시가 어떻게 임臨하는지요?" 이에 대해 무함마드는 다음과 같이 답했다. "어떤 때는 종소리처럼 들린다네. 나에게 가장 견디기 힘든 종류의 계시이지. 그 소리는 내가 계시된 내용을 다 알아들으면 그친다네. 때로는 사람의 형상을 한 천사가 나타난다네. 그가 나에게 (하느님으로부터 계시된 내용을) 말하면, 나는 그 말씀을 새겨듣는다네."[4]

무함마드가 총애했던 부인 아이샤는 이와 관련해 다음과 같은 말을 했다. "언젠가 나는 계시가 막 내려오고 있을 때, 하느님의 예언자를 본 적이 있답니다. 그날은 매우 추웠습니다. 그럼에도 불구하고 계시가 끝날 즈음 그분의 이마엔 땀방울이 흘렀습니다." 그는 육체적 고통을 남에게 보여 주지 않으려고 앞에서 언급했듯이 외투나 이불을 뒤집어쓰기도 했다.

또 다른 하디스에 따르면, 천사 가브리엘은 매년 두 번씩 특별한 목적을 위해 무함마드를 찾았다. 계시된 내용을 바르게 기억하고 있는지 확인하기 위함이었다. 특히 라마단월에는 매일 밤 찾아와 그 내용을 가르치고 암기를 도와주었다고 한다.

---

[3] 쿠란 5;3.　[4] 더 구체적으로는 『경전으로 본 세계종교』 전통문화연구회 2001, 820 참조.

쿠란 속에는 계시 현상 자체에 관한 언급도 있다. "영감을 통해서, 베일 뒤에서, 또는 사자를 보내 (그로 하여금) 그분의 허락을 받아 그분이 원하는 것을 (사람들에게) 밝히도록 하는 이외에 하느님께서 사람들에게 말씀하시는 일은 없다."[5]

3. 쿠 란

단편적으로 내려온 계시의 내용은 주변의 교우들에게 전달되었다. 그들은 무함마드의 지시에 따라 그 내용을 공부하고 암기했다. 글을 아는 사람들은 양의 뼈나 나뭇조각 등에 적어서 보관하기도 했다. 계시된 내용을 모두 암송할 수 있는 사람도 적지 않았다.

계시 내용은 무함마드가 세상을 떠난 후 정리되었다. 6,200여 소절에 달하는 쿠란은 114개의 수라, "장"으로 분류되었고, 첫 번째 장을 제외한 모든 장이 그 길이에 따라 배열되었다. 마지막 장은 단 여섯 개의 구절로 구성되어 있고, 가장 긴 두 번째 장은 286개의 구절로 이루어져 있다.

인쇄술은 고사하고 필기도구도 귀한 시절이었고, 또한 대부분 무함마드처럼 문맹이었으므로 쿠란은 구전을 통해 유포되었다. 그러나 시간이 지남에 따라 그 내용에 대한 사소한 이견이 생기면서 정경正經의 필요성이 대두하게 되었다. 이러한 요구에 부응하여 제3대 칼리프 우스만은 기왕에 정리되어 보관 중이던 쿠란을 필사시켜 각 지역에 보내는 한편, 개인적으로 지니고 있던 여타의 쿠란 필사본은 모두 파기토록 했다. 653년의 일이다.

쿠란의 내용을 주제별로 분류하면 크게 네 가지이다. 첫째, 하느님의 속성, 하느님의 사자使者들, 천사의 존재, 심판의 날에 대한 경고 등 형이상학적인 가르침. 둘째, 라마단월에 행하는 단식, 메카로의 성지순례, 예배 등

---

[5] 쿠란 42;51. 4;163 참조.

의례에 관한 가르침. 셋째, 혼인, 유산, 절도, 간통, 살인, 분쟁 등 민·형사상의 문제 해결을 위한 사회적 가르침. 그리고 넷째, 일반적인 예의범절에 관한 가르침이 그것이다.

독실한 무슬림들에게 쿠란은 일종의 기적이자 성물聖物이다. 그리스도인들이 십자가를 함부로 다루지 않듯이 무슬림들은 쿠란을 함부로 취급하지 않는다. 인쇄술이 이슬람 세계에 도입되었을 때도 쿠란은 예외로 해야 한다는 주장이 있었던 것도 이 때문이다. 요즘도 쿠란은 번역을 해서는 안 된다든가, 비무슬림은 쿠란을 지닐 수 없다고 생각하는 무슬림들이 있다. 독실한 사람은 예배 전에 하듯 몸을 깨끗이 한 연후에만 쿠란에 손을 댄다. 일반 가정집에서도 쿠란은 서가의 가장 높은 곳, 혹은 시렁 위에 "신주단지 모시듯" 보관한다.

무슬림들에게 쿠란 다음으로 중요한 것은 하디스이다. 하디스는 무함마드가 남긴 순나, 즉 전승傳承을 수록한 책으로 무함마드 사후 2세기가 지날 즈음 본격적으로 수집·정리되었다. 세월이 지나면서 그 내용이 부풀려지기 일쑤였고, 심지어는 모작에 위작까지 나돌았으므로 시중에 유포된 하디스의 신뢰성에 문제가 생기게 되었다. 부하리, 무슬림 등의 학자는 평생을 바쳐 신뢰성이 있는 하디스의 선별 작업을 했다. 오늘날 우리가 접하는 하디스는 이들에 의해 선별·정리된 하디스들이다.

하디스는 쿠란 속에 단편적으로 언급된 가르침의 배경이나 그것이 어떻게 실생활에 적용되었는지를 밝혀 주었으므로 경전 연구에 필수적이었다. 그러나 무슬림들에게 무함마드의 언행이 중시된 것은 무엇보다도 쿠란에 명시된 가르침 때문이었다. "매사 하느님께 의지하고, 항상 최후의 심판을 염두에 두고, 자나 깨나 하느님을 생각하는 모든 사람에게 하느님의 예언자는 실로 훌륭한 사표이니라."[6]

---

[6] 쿠란 33;21.

4. 하느님

위에 적힌 소제목을 보고 왜 "알라"라고 하지 않았는지 의아해하는 사람이 있을지도 모르겠다. 그 이유는 간단하다. 아랍계 유다인들, 그리스도인들도 모두 "알라" 곧 "그 신"에게 예배를 올리고, 그분의 이름으로 기원을 하기 때문이다. 그리스도인들이 믿는 분과 무슬림들이 믿는 분이 적어도 개념적으로는 동일하다는 말이다.

이에 대해 다시 이렇게 따지는 사람이 있을 수도 있다. 비록 개념적으로 동일하다 하더라도 내용이 다를 수 있지 않은가! 달리 말해, 무슬림들이 믿는 하느님과 그리스도인들이 믿는 하느님은 명칭만 같을 뿐 그 실체에 있어서는 서로 다른 존재일 수도 있지 않을까?

이슬람 신학에 따르면, 하느님의 명칭은 아흔아홉 가지나 된다. 자비로운 분, 정의로운 분, 유일한 분, 창조주, 모든 것을 아시는 분, 전능한 분 등등이 그것이다. 그래서 무슬림들이 사용하는 염주, 타스비의 구슬은 아흔아홉 개이다. 무슬림들은 명상을 할 때, 이 염주를 세며 하느님의 명칭을 하나하나 가슴에 새긴다. 열한 개 혹은 서른세 개의 알을 엮어 만든 휴대용 염주도 모두 그분의 아흔아홉 개의 명칭을 염두에 두고 만든 것이다.

실은 하느님의 명칭이 하나 더 있다고 한다. 이 미지의 백 번째 명칭은 최후심판의 날 밝혀질 것이다. 이와 관련된 우스개 일화로 하느님의 백 번째 명칭을 이미 알고 있는 존재가 있다고 한다. 사막의 영물인 낙타가 바로 그 주인공이다. 그래서 낙타는 항상 목을 뻣뻣이 세우고 길을 간다는 이야기이다. 얼마나 자랑스럽겠는가, 기라성 같은 무슬림 학자들도 모르는 그분의 명칭을 자신들만 알고 있으니!

하느님의 속성 중 그분이 창조주이고 유일하다는 말은 인류가 모두 그분의 피조물로서 "동등하다"는 논리적 귀결을 낳는다. 차이가 있다면, 하느님을 믿는가 믿지 않는가, 또 하느님을 믿는다면 무함마드를 통해 믿는가, 아니면 다른 예언자를 통해 믿는가 하는 차이가 있을 뿐이다.

쿠란에 따르면 한 명의 남성과 한 명의 여성으로부터 피부색이 다르고, 언어가 다르고, 역사적·문화적 배경이 다른 집단이 출현하게 되었으니, 이는 그들이 "서로 알고 사귀도록" 한 하느님의 배려이다.[7] 그들 사이에 우열을 가린다면, 그 기준은 오직 믿음에 있을 뿐이다.

인간의 생명이 모두 그분에게서 왔듯이, 숨을 거두면 모두 그분에게로 돌아갈 것이다.[8] 그리고 최후심판의 날이 되면 하느님은 그들을 모두 무덤에서 불러내어 심판할 것이다. 이는 믿음을 가지고 선한 일을 행한 사람이 그렇지 않은 사람과 같지 않기 때문이다.[9] 심판 결과 전자에 속한 사람은 천국으로, 후자에 해당하는 사람은 지옥으로 갈 것이다.

이렇듯 구원은 그리스도인들에게처럼 무슬림들에게도 궁극적인 주제이다. 약간의 차이가 있다면 그것은 지옥에 대한 두려움의 강도일 것이다. "자비로운 분, 자애로운 분이라는 하느님의 속성과 정의로운 분이라는 그분의 속성은 서로 어떤 관계를 가지고 있을까?" 무슬림 학자들은 이 문제와 씨름을 했다. 일단 지옥에 떨어진 사람들이 쿠란이나 하디스에서 가르치는 것처럼 혹독한 곤욕을 치러야 할 것이다. 그러나 무슬림들은 겨자씨만 한 믿음이라도 가슴에 지니고 있는 사람은 언젠가 지옥에서 구출될 것이라고 믿는다. 하느님의 정의보다 그분의 자비가 더 클 것이라는 믿음 때문이다. "하느님의 용안 외에는 모든 것이 사라진다"고 했으니, 지옥도 언젠가는 사라지지 않겠는가!

알라와 야훼, 혹은 무슬림과 그리스도인들 사이의 관계와 관련하여 가장 의미 있는 하느님의 속성은 그분의 초월성이다. 쿠란은 하느님의 초월성에 대해 다음과 같이 말하고 있다. "땅 위에 있는 나무가 (모두) 펜이 되고, 일곱 개의 바다가 (모두 먹물로) 변한다 할지라도 하느님의 말씀은 다 적을 수가 없느니라."[10] 한마디로 하느님은 불가사의한 존재란 말이다.

---

[7] 쿠란 49;13. 또 4;1, 35;27-28, 3;195 참조.   [8] 쿠란 10;56.   [9] 쿠란 40;58.

[10] 쿠란 31;27.

윌프레드 C. 스미스는 이와 관련해 대단히 중요한 지적을 했다.[11] 그리스도인들도 하느님을 믿고, 무슬림들도 하느님을 믿는다. 이 점에 있어 두 종교에 속한 사람들은 일치한다. 그러나 그리스도인들이 하느님에 대해 지니고 있는 생각과 무슬림들이 하느님에 대해 지니고 있는 생각은 일치하지 않는다. 이러한 차이는 이 두 종교 공동체를 분리시킨다. 그러나 탐구자는 한 걸음 더 나아가야 한다. 그러면 드러나는 것은 다음과 같은 사실이다. 그리스도인들도 무슬림들도 하느님의 초월성을 믿는다. 즉, 그분은 그들이 각각 그분에 대해 생각하는 것보다 훨씬 위대한 존재이다. 이러한 사실이 이들 사이의 벽을 허물 수 있을까? 이는 순전히 그들의 선택에 달린 일이다.

5. 움 마

비록 하느님이 보낸 예언자에 의해 수립된 종교라 할지라도 그 공동체는 역사의 질곡으로부터 자유로울 수가 없다. 이는 유다교, 그리스도교의 역사가 증명하는 바와 같다. 무슬림 공동체, 움마도 예외가 아니었다.

이슬람 초창기 수십 명밖에 되지 않던 무슬림들은 박해와 탄압의 대상이었다. 무함마드의 가르침이 기존의 다신교적·부족 중심적 전통에 배치될 뿐만 아니라, 메카의 경제적 이해 관계에도 역행하는 것이었기 때문이다.

무함마드가 그나마 목숨을 건질 수 있었던 것은 메디나 주민의 개종 덕분이었다. 그들은 무함마드와 그의 추종자들을 따뜻하게 맞아들여 새로운 공동체의 초석이 되었다. 이슬람력은 이 헤즈라, "이주"가 이루어진 622년을 기념하여 원년으로 삼았다.

메디나 공동체는 막강한 메카를 상대로 일련의 전쟁을 치렀다. 수적인 열세 속에서 무함마드는 죽을 고비를 넘기기도 했다. 그러나 630년 무함마

---

[11] 윌프레드 캔트웰 스미스 (김승혜, 이기중 옮김) 『지구촌의 신앙』 분도출판사 1989, 122.

드가 이끈 메디나군은 드디어 메카에 무혈입성을 할 수 있었다. 카바 신전 주위에 안치되었던 360개의 우상은 주민들이 지켜보는 앞에서 모두 파괴되었다. 신전 내부에 그려진 각종 신상도 성모 마리아와 아기 예수상을 제외하고는 이때 모두 지워졌다고 한다.

무슬림 공동체가 겪은 정치적 시련 중 가장 어려웠던 시련은 무함마드의 타계와 함께 찾아왔다. 예언자가 자신의 후계자 문제를 명확히 하지 않은 채 세상을 떠났기 때문이다.

하긴 비록 명확한 조처는 아니었다 해도, 무함마드가 남긴 가르침 속에는 이 문제의 해결을 위한 열쇠가 없지 않았다. 그것은 중대 사안을 결정할 때 슈라, 즉 "협의"를 하라는 쿠란의 가르침이었다.[12] 무함마드도 정치적으로 주요한 사안을 결정할 때는 항상 원로들과 협의했다.

그러나 이 원칙은 제대로 지켜지지 않았다. 그 결과 661년, 무함마드가 유명을 달리한 지 불과 30년도 지나지 않아 정통 칼리프 시대는 막을 내리게 되었다. 이슬람 세계의 통수권은 제4대 칼리프 알리에게 반기를 들었던 무아위야와 그가 속한 우마이야가家에 귀속이 되었다. 우마이야가는 무함마드의 박해에 앞장섰던 메카의 유력 호족으로서 대부분 메카 정복 후 궁여지책으로 개종을 한 집안이었다.

칼리프의 보위가 우마이야가에 세습되는 과정 속에서 무슬림 공동체는 다시 치명적인 상처를 입었다. 알리의 아들이자 무함마드의 손자인 후세인이 그들의 손에 참수를 당하는 참극이 벌어졌던 것이다. 680년 유프라테스 강변에 위치한 카르발라에서의 일이다. 이로 인해 알리와 그의 후예들의 정통성을 주장하는 소수 시아파와, 비록 유감스럽고 비통한 일이긴 하나 역사적으로 주어진 현실을 인정한 다수 순니파 사이에는 메울 수 없는 괴리가 생겨 오늘에 이르고 있다.

우마이야 칼리프조(661~750)는 1세기를 넘기지 못하고 멸망했다. 그를 무

너뜨린 것은 이란, 이라크 지방에 근거를 둔 혁명 세력이었다. 이들은 "무함마드 가문을 위해" 궐기를 했으나 정작 이슬람 세계의 새로운 패자로 등장한 것은 무함마드의 삼촌 압바스의 후손들이었다. 압바시야 칼리프조(749~1258)는 수도를 다마스커스에서 바그다드로 옮기고 한때 태평성대를 구가할 수 있었다. 그러나 이도 오래가지 못했다. 제9대 칼리프 와틱(842~847)을 끝으로 압바시야 칼리프조의 영광은 추락하기 시작했다. 화근은 칼리프의 권력 유지와 신변의 안전을 위해 양성한 터키계 노예 출신 근위대에 있었다. 칼리프의 측근에서 권력을 키운 이들은 오히려 칼리프들을 자신의 꼭두각시로 만들었던 것이다. 이후 이슬람 세계의 통치권은 군사적 실권을 지닌 가문에 의해 계승·세습되었다. 음모와 야합, 반란 혹은 혁명을 통한 보위 찬탈과 왕조의 교체라는 정치 과정은 비이슬람 세계의 그것과 별반 다를 바가 없었다.

무슬림 학자들에게 주어진 과업은 이러한 냉혹한 정치 현실 속에서 어떻게 하면 이슬람 사회의 이상을 실현시키느냐 하는 것이었다. 그들이 믿고 의지할 수 있는 규범은 무함마드가 남긴 규범뿐이었고, 그것은 더없이 귀중한 유산이었다는 사실은 시간이 지나면서 차츰 드러났다.

이슬람 초창기 무함마드는 젊은 장수를 예멘 지역의 총독으로 파견한 적이 있다. 무아드를 임지로 보내기 전 무함마드는 그에게 물었다. "주요 사안에 대해 어떻게 결정하겠느냐?" "하느님의 성서에 적혀 있는 대로 결정하겠습니다." 그러자 그는 다시 물었다. "하느님의 성서에 적혀 있지 않으면 어떻게 결정하겠느냐?" "하오면, 하느님의 사자께서 보여 주신 길, 순나에 따라 결정하겠습니다." "하느님의 사자가 보여 준 길에도 답이 없으면 어떻게 하겠느냐?" "하오면, 소인이 스스로 판단을 해 결정하도록 하겠습니다." 그러자 무함마드는 만족해하며 말했다. "하느님의 사자에게 승리를 주신 하느님께 찬미 있을진저!"

이는 이슬람 초기, 국가 운영의 경험이 전무하다시피 한 군사령관들이 정복지의 국정을 어떠한 원칙에 따라 운영했는지를 보여 주는 대표적인 일화이다. 무슬림 학자들도 이 규범에 따라 쿠란과 순나, 그리고 이성적 판단에 기초한 이슬람 특유의 율법 체계, 샤리아를 완성시켰다. 일종의 사법 전문 집단을 이루게 된 이들은 한편으론 샤리아에 대한 지식, 다른 한편으론 종교적 이상주의와 도덕적 청렴성을 통해 일반 대중의 절대적인 신뢰를 얻어 낼 수 있었다.

어떠한 전제군주도 백성의 지지가 없이는 나라를 통치할 수 없는 법이다. 위정자들은 자연히 무슬림 율법학자, 울라마들의 비위를 건드리지 않으려 노력할 수밖에 없었다. 울라마들 역시 위정자들이 이슬람 근본 정신을 크게 거스르지 않는 한, 그들을 도와 사회를 안정시켰다. 그러나 그들은 통치자들과 일정한 "안전거리"를 확보해야 한다는 사실을 잊지 않았다.

이슬람 세계가 천 년 가까이 번영을 누릴 수 있었던 것은 바로 이슬람 율법학자들이 "빛과 소금"의 역할을 했기 때문이었다.

전성기 이슬람 문명은 위대한 것이었다. 군대는 싸우면 이겼고, 드넓은 지역을 무대로 한 국제 교역은 번성했으며, 상인들은 저울눈을 속이지 않았고, 울라마들은 하느님과 심판의 날을 두려워했다. 모스크·학교·병원·궁전 등의 건축물은 웅장했고, 종교적 영감에 찬 수피, "이슬람 신비주의자"들에 의해 꽃핀 시문학은 화려했으며, 학자들은 그리스·인도·중국 등 그 연원을 가리지 않고 지식을 습득해 발전시켰다. 중국인 포로들이 전한 기술로 제조된 종이는 이슬람 세계에서 신학·법학·수학·철학·화학·물리학·의학·천문지리학 등의 발전에 지대한 공헌을 했고, 유럽 대륙은 그 수혜자였다.

위대한 문명의 특징은 포용력에 있다. 이슬람 세계에 거주하는 유다인과 그리스도인 등 "성서의 백성"들은 무함마드가 남긴 규범에 따라 샤리아의 틀 속에서 보호를 받았다. 이들은 딤미, 즉 "피보호민"으로 분류되어 재산권·생명권을 비롯한 일체의 사회적 권리와 함께 신앙의 자유를 보장받았다. 이들에겐 병역의 의무가 면제되는 대신 일정한 액수의 인두세가 부과되었다.

711년 서고트 왕국을 멸망시키고 스페인을 손에 넣은 무슬림들이 800년 가까이 그곳을 통치하면서 찬란한 문명을 꽃피울 수 있었던 것도 바로 그들이 현지 그리스도인들과 유다인들을 포용했기 때문이었다. 유럽 대륙이 중세 "암흑시대"의 긴 터널을 통과하는 동안 피레네 산맥 서편에서는 헬레니즘을 비롯해 이슬람 세계 각지의 학문을 접목·발전시킨 첨단 학문과 문학과 예술이 라틴 세계에서 온 상인과 귀족들, 학자와 유학생들을 매혹시켰다.

오늘날의 "아메리칸 웨이 오브 라이프"에 비견할 수 있는 당시 "이슬람식 삶의 방식"의 흡인력은 알바로라는 코르도바 주교가 쓴 다음과 같은 편지 속에 잘 나타나 있다. "수많은 동료 교인들이 아랍인들의 시와 동화를 읽고, 무슬림 학자들이 쓴 신학서와 철학서를 읽습니다. 그것도 그들을 논박하기 위해서가 아니라, 어떻게 하면 아랍어를 좀 더 정확하고 유창하게 구사할 수 있을까 해서 말입니다. … 재능 있는 그리스도교 젊은이들도 모두 아랍어, 아랍 문학에 대해서만 알고자 합니다. 그들은 불철주야 아랍 서적을 읽고, 엄청난 돈을 아랍 서적을 사 모으는 데 쓰고, 또 기회만 있으면 이런저런 아랍 책이 얼마나 훌륭한지에 대해 소리 내어 떠들어 대곤 합니다!"

그러나 역사는 항상 변화를 동반하고 다닌다. 쿠란에서도 이렇게 말했다. 하느님은 사람들 앞에 혹 좋은 일, 혹 궂은 일을 마련하여 그들을 시험한다고 말이다. [13]

앞서 언급했듯이 이슬람 세계의 외형적인 번영 속에서 그 중심에 선 압바시야 칼리프조는 유명무실해졌고, 지방에선 군벌 세력이 각자의 세습 왕국을 건설하여 영토를 나누어 가지기 시작했다. 이슬람 세계를 강타한 또 하나의 시련이 찾아온 것은 이 시기였다. 중앙아시아를 거쳐 파죽지세로 몰려온 몽골 침략군은 1258년 초, 바그다드를 포위했다. 그리고 얼마 후

---

[13] 쿠란 21;35.

훌라구에게 항복한 압바시야조의 제37대 칼리프, 알-무스타심(1242~1258)은 양탄자에 둘둘 말린 채 죽음을 맞아야 했다.

비록 정치적 실권은 각 지방의 통치자들에게 빼앗겼지만, 하느님의 사자 무함마드의 후계자임을 자처했으며, 이슬람 세계의 수장으로 인정받던 인물이 야만적인 몽골군의 발길에 채여 죽었던 것이다. 인간사가 예외 없이 모두 전지전능하고 자비로운 하느님의 뜻에 달렸으며, 무슬림 공동체, 움마야말로 인류사에 나타난 공동체 중 가장 훌륭한 공동체[14]라고 믿던 무슬림들에게 이는 하늘이 무너지는 듯한 충격이 아닐 수 없었다.

그러나 이슬람 사회는 지배자가 누구이든 이슬람 특유의 질서를 유지할 수 있는 제도적 장치, 샤리아를 이미 구축해 놓고 있었다. 또한 훌라구의 후손들도 차츰 무슬림으로 개종했으므로 이슬람 세계가 몽골의 악몽으로부터 벗어나는 데 걸린 시간은 그리 길지 않았다.

몽골군이 휩쓸고 간 중앙아시아 지역을 통일하며 이슬람 세계의 새로운 패자로 등장한 것은 터키계 오스만 제국이었다. 이들은 1453년 5월 동로마 제국의 천 년 사직에 종지부를 찍었다. 제국의 수도이자 비잔틴 교회의 보루였던 콘스탄티노플은 새로운 주인을 맞아 이스탄불로 그 명칭을 바꾸었다. 그들은 여세를 몰아 1516년 이집트 맘룩 정권도 무너뜨렸다. 이로써 오스만 제국은 광활한 영토와 지중해의 제해권을 장악한 당대 세계 최강국으로 부상하게 되었다. 오스만 제국은 페르시아의 사파위조, 인도의 무갈 제국과 함께 이슬람 사회의 우월성을 다시 한 번 대내·외에 과시할 수 있었다.

그러나 오스만 제국도 노화 현상은 피할 수 없었다. 1529년 비엔나 공략은 실패로 끝나고, 1571년 레판토 해전에선 스페인·베니스 연합 함대에게 무참히 패하고 말았다. 무엇보다도 큰 문제는 이슬람 사회에서 목탁 역할을 했던 울라마들이 그 사이 재력과 권력을 겸비한 기득권 계층으로 변했

---

[14] 쿠란 3;110.

다는 사실이었다. 거기에다 종교적 자만에 빠진 이들은, 조선朝鮮 말 유림들이 그랬듯이, 시대의 변화, 특히 서유럽 사회의 비약적인 발전을 백안시했다. 자연 민심은 그들을 떠났고, 비판적인 지식인들은 이슬람 사회의 쇠퇴 원인을 오히려 그들의 시대착오와 타락에서 찾았다. 울라마들로부터 등을 돌린다는 것은 쿠란과 순나에 기초한 샤리아, 더 나아가 이슬람 전통 전체로부터 등을 돌린다는 것을 의미했다. 이러한 비판과 반성에도 불구하고 이슬람 사회의 침체는 막을 수가 없었다. 1798년에 있었던 나폴레옹의 이집트 정복은 이슬람 세계에 대한 서구 열강의 우위를 상징적으로 보여준 사건이었다. 이를 전후하여 이슬람 세계는 차츰 그들의 식민 치하에 놓이게 되었다.

터키, 이집트 등지에서도 우리나라에서처럼 동도서기東道西幾식 개혁을 위한 노력이 없지 않았다. 그러나 그러한 노력은 모두 수포로 돌아갔다. 이를 지켜본 이슬람 세계의 지식인들이 선택한 것은 서구화였다. 이는 신의 계시가 아니라 인간의 이성, 원로들의 슈라가 아니라 민주주의, 종교적 정체성이 아니라 민족적 정체성, 전통이 아니라 합리성, 움마가 아니라 국가에 그들의 희망을 거는 것을 의미했다.

그러므로 2차 세계대전을 전후하여 독립한 "이슬람 국가"들은 몇몇 나라를 제외하고는 한결같이 민족주의나 사회주의를 기치로 내걸었다. 그러나 정치적 역량의 부족인지, 동서 냉전 체제의 여파인지, 아니면 세속적인 이념 속에 내재된 모순 때문인지 위정자들은 "답"을 내놓지 못했다. 국민들에게 약속했던 경제적인 번영도 정치적인 자유도 제공하지 못한 것이다. 이러한 실패는 정치적 변혁으로 이어졌다. 여기에는 팔레스타인 문제를 둘러싼 국제 사회의 이중성에 대한 실망과 환멸도 한몫을 했다. 리비아, 이란, 수단이 차례차례 이슬람 전통으로 선회했다. 다음은 아프가니스탄이 차례를 기다리고 있었다. 9·11테러가 아니었으면 탈레반 정권의 꿈은 실현되었을지도 모른다.

그들이 내세운 이념을 사람들은 흔히 "이슬람 근본주의" 혹은 "이슬람 원리주의"라고 부른다. 그러나 그 내용을 놓고 볼 때, 이슬람주의라는 말이 더 적합할 것이다. 그들은 이슬람이 추구하는 하느님보다는 역사적 산물인 이슬람 전통을 더 소중히 하는 듯 보이기 때문이다. 이슬람주의라고 부르든, 이슬람 근본주의라고 부르든 그를 추종하는 무슬림은 소수에 불과하다. 위정자들이나 지식인들은 변화된 현실을 직시하고 있으며, 가족의 의식주를 해결하기 위해 동분서주해야 하는 일반 대중에게 이념은 부차적인 문제이다. 단 강대국들이 그들의 종교적·민족적 자긍심에 상처를 주지만 않는다면 말이다. 인샤알라! 민주주의든, 사회주의든, 이슬람주의든 "하느님이 뜻하신다면" 그리될 것이고, 아니면 아무리 기를 써도 그리되지 않을 것이다.

물론 이슬람주의자, 이슬람 근본주의자들은 단호하게 말한다. 무함마드는 마지막 예언자이고, 쿠란은 영원하고, 샤리아는 완벽하고, 움마는 최상의 공동체이고, 이슬람만이 대안이라고. 하지만 무궁무진한 분의 섭리를 누가 알며, 또 누가 있어 역사의 수레바퀴를 묶어 놓을 수 있겠는가? 오히려 쿠란은 분명히 못 박지 않았던가? "모든 공동체에는 정해진 기한이 있으니, 때가 되면 그 기한은 조금도 앞당겨지거나 늦추어짐이 없이 닥칠 것이다."[15]

---

[15] 쿠란 10;49.

오지섭

힌 두 교

1. 힌두교의 정의

힌두교를 이해하는 데 있어 우선 "힌두교"라는 말이 어떤 의미를 지니는 것이며, 동시에 그 이해의 대상을 어떻게 설정할 것이냐의 문제가 중요하다. 힌두교의 개념 정의를 어떻게 할 것인가의 문제인 것이다. 힌두교라는 말은 경우에 따라 다음 네 가지 의미로 이해될 수 있다.

첫째, 가장 넓은 의미로 사용하는 경우에는 "인도 문화의 총칭"을 뜻한다. 인더스 강을 중심으로 고대 인더스 문명이 형성된 이래 수천 년에 걸쳐 이어져 온 인도인들의 생활방식, 사고방식, 풍습 그리고 그들의 다양한 신앙 형태 등을 모두 포함하는 총체적 의미이다. 이렇게 힌두교라는 말에 총체적 문화의 내용을 포함시킬 수 있는 것은 인도인들의 문화 전체가 그대로 종교적 특성을 지니고 있기 때문이다. 인도인들에게 있어 삶과 종교는 서로 구분 지을 수 없을 정도로 하나를 이루고 있는 것이다.

둘째, 힌두교란 말은 "인도인들이 믿는 다양한 신앙 형태들의 총칭"을 뜻하기도 한다. 인도인들의 신앙 형태는 기원전 30~20세기경에 인더스 문명을 형성한 원주민들의 신앙으로부터 출발한다. 이후 수천 년의 역사를 거치면서 인도인들은 다양한 신앙 형태들을 형성했다. 힌두교란 말은 인도인들이 형성한 이들 모든 신앙 형태들을 총칭하는 개념으로 사용되기도 한다. "인도인의 신앙"이라는 의미인 것이다.

셋째, 좀 더 좁은 의미로 힌두교라는 말을 사용할 때에는 기원전 3~2세기경에 전통 신앙을 재정비하여 등장한 새로운 신앙 형태를 지칭한다. 인도에서는 기원전 6세기경에 이전까지의 전통적인 신앙이 누려 왔던 권위에 도전하는 신흥 종교 운동들이 일어났다. 이전까지 전통 신앙이 지나친 형식화形式化와 형이상학화形而上學化로 인해 소수 사제司祭 계층들만을 위한 종교가 되면서 일반 대중들은 더 이상 전통 신앙으로부터 종교적 충족을 얻을 수 없었다. 이런 상황에서 기원전 6세기경부터 새로운 종교 사상가들이 등장하여 기존의 전통 신앙을 비판하고 일반 대중들의 종교적 욕구에 부응할 수 있는 신흥 종교 운동들을 전개했다. 이 같은 새로운 움직임에 자극을 받아 기원전 3~2세기경부터 전통 신앙도 대중적 신앙 요소를 강화하는 방향으로 자체적인 혁신革新을 이루게 되고, 그 결과로 재정비된 전통 신앙 형태가 등장하게 되었다. 좁은 의미에서 힌두교라는 말을 사용할 때는 바로 이렇게 새롭게 출발한 인도 전통 신앙 형태를 지칭한다.

넷째, 가장 좁은 의미에서의 힌두교는 서기 8~9세기경부터 본격화된 종파 중심의 신앙 형태를 의미한다. 세 번째의 힌두교 개념에서 언급했던 것처럼 기원전 3~2세기경부터 인도의 전통적인 신앙은 대중 신앙의 성격을 강하게 지니는 방향으로 발전하게 되는데, 이러한 대중 신앙적 성격이 서기 8~9세기에 이르러 그 절정에 이르게 되었다. 이 시기에는 대중적인 인격신人格神에 대한 절대적인 사랑과 헌신을 특징으로 하는 신앙 형태가 주류를 이루게 되고, 인도인들이 사랑하는 몇몇 인격신들을 중심으로 중요한 종파들이 형성되었다. 가장 좁은 의미에서 힌두교라는 말을 사용할 때에는 이 시기 이후의 종파 신앙 형태를 의미하는 것이다.

이처럼 힌두교라는 말을 여러 가지 의미로 이해할 수 있는 것은 기본적으로 인도의 종교 전통이 너무나 다양한 요소들을 지니고 있기 때문이다. 수천 년의 오랜 기간 동안 인도의 종교 전통 안에는 다원론多元論적인 자연신自然神 신앙도 있었고, 철저한 형이상학적 일원론一元論도 있었으며, 인격적 유일신唯一神 신앙도 있었다. 유심론唯心論도 있었고, 유물론唯物論도 있었다. 현세 중심적인 신앙도 있었고, 철저하게 현세를 부정하는 신앙도 있었다. 한마디로 말해, 현대의 서구 중심적 종교 개념으로는 힌두교를 단일한 종교 전통으로 인정하기 어려울 정도이다.

힌두교의 영어 표기는 Hinduism이다. Hindu는 "인도" 혹은 "인도인"을 뜻하고, ism은 사상이나 이론 체계를 뜻한다. 그러나 위에서 설명한 것과 같은 다양성을 고려하면 ism이라는 말을 붙이는 것이 힌두교의 본래 성격에 적합하지 않다는 사실을 알게 된다. 사실 Hinduism이라는 용어는 근대 이후 서구인들이 자신들의 기준에서 임의로 붙인 부적합한 이름이다. 인도 종교 전통이 지닌 다양성, 그리고 인도인들의 삶과 종교가 하나라는 특성을 적합하게 표현하기 위해서는 Hinduism이라든지 Hindu Religion이라는 표현으로는 부족하고, Hindu way of Life라고 표현하는 것이 올바를 것이다. 인도인들에게는 삶과 종교가 굳이 구분되지 않았다. 그리고 인간의 삶에 다양한 특성들이 한데 섞여 있듯이 인도인들의 삶 그 자체인 힌두교에는 다양한 요소들이 모두 포함되어 있다. 우리가 굳이 "힌두교"라는 이름을 붙이고 있는 인도인들의 종교적 전통에 대한 올바른 이해는 이처럼 그들의 삶 전체를 이해하는 방향으로 이루어지는 것이 적합한 것이다.

힌두교, 즉 인도인들의 종교적 삶을 이해하는 데 있어 중요한 또 하나의 문제는 그처럼 다양성을 띠는 인도 종교 전통을 과연 단일한 종교 전통으로 인정할 수 있느냐의 문제이다. 이 문제에 있어 우선 중시해야 할 것은 실제로 인도인들은 자신들의 종교 전통을 단일한 전통으로 인식하고 있다는 사실이다. 그리고 그들은 그 하나의 전통을 수천 년 동안 자신들의 삶의 지침으로 삼고 살아왔다. 이 사실을 놓고 볼 때 표면적으로는 혼란스러울 정도의 다양성을 띠고 있는 인도 종교 전통이지만, 내면적으로는 그 모든 다양성들에 통일성을 부여해 주는 하나의 특성이 존재한다고 해야 할 것이다. 표면적인 다양성 속을 일관—貫하는 하나의 특성이 있다는 것이다. 과연 그 하나의 특성이 무엇일까? 그 하나의 특성이야말로 인도인의 종교적 삶을 근본적으로 가장 적합하게 특징짓는 내용일 것이고, 이런 점에서 힌두교에 대한 이해는 전체적으로 그 하나의 특성이 무엇인지를 파악하는 방향으로 초점을 맞추어야 할 것이다.

이 글에서는 인도 종교 전통의 다양한 흐름들을 역사적 흐름에 따라 살펴보면서 인도인들의 종교적 삶을 특징짓는 근본적인 특성이 어떤 것인지를 파악해 보고자 한다.

2. 힌두교의 역사적 흐름

1) 고대 인도인의 문명과 신앙

인도인의 역사와 문화는 아리안족族이 그 주인공이다. 그러나 아리안족은 기원전 1500년경부터 중앙아시아에서 인도의 서북부 지역으로 오랜 기간에 걸쳐 침입해 들어왔고, 그 이전에 인도 지역에는 원주민들이 살고 있었다. 인도는 오랜 옛날부터 여러 종류의 다양한 이주移住 민족들이 들어온 땅이다. 그래서 인도 문화는 기본적으로 복합複合 민족에 의한 복합 문화의 형태를 취하고 있다. 아리안족이 인도로 침입하기 이전에도 인도에는 이미 여러 민족들이 살고 있었다. 인도의 문화는 이들 원주민들에 의한 문화와 이후 아리안족에 의한 문화가 융합하여 형성된 것이라고 할 수 있다.

아리안족은 기원전 2000년을 전후해 동유럽과 중앙아시아에 걸친 고원 지대에서 주로 유목 생활을 하고 있었다. 그러다가 아마도 인구의 증가 혹은 가뭄 등의 기후 변화로 인해 새로운 목초지를 찾아 다른 지역으로 이주를 시작한 것으로 추측한다. 그 일부는 서쪽으로 향하여 유럽의 여러 민족이 되었고, 다른 일부는 동쪽으로 향하여 서西아시아로 들어왔다. 다시 이들 중 일부는 현재의 이란으로 들어갔고, 다른 일부가 서북 인도로 들어가 이른바 인도 아리안족을 형성하였던 것이다.

아리안족의 침입이 있었다고 해서 문화적인 변동이 갑작스럽게 일어나지는 않았을 것이다. 어느 기간 동안은 원주민의 문화와 아리안족의 문화가 공존하다가 점차적으로 아리안족이 정치적인 주도권을 잡으면서 문화적으로도 아리안족의 문화가 인도의 주류 문화로 자리잡았을 것이다. 그렇다고 해서 아리안족의 문화가 주류를 이룬 후 원주민들의 문화가 완전히 소멸된 것은 아니었다. 아리안족의 문화가 중심이 되면서도 원주민의 문화를 충분히 수용해 서로 융합화와 복합화를 이룬 것이 인도 문화인 것이다. 인도인의 신앙에 있어서도 원주민들의 신앙 형태가 이후의 흐름에 있어 원형적原

型的인 영향을 주고 있다. 특히 기원전 3~2세기경 일반 대중들로부터 멀어진 전통 신앙을 혁신하는 과정에서 원주민 때부터 간직해 왔던 대중 신앙적 요소들을 많이 되살려 내어 수용하게 되었다.

인도 원주민들의 문화는 이른바 인더스 문명(기원전 3000~1500)으로 대표된다. 인더스 문명의 존재는 하랍파와 모헨조다로 유적지가 발견됨으로써 확인되었다. 이 문명의 발견으로 인해 인도 문화에 있어 아리안족 이전의 원주민들 문화가 중요한 의미를 지닌다는 사실이 입증되었다. 이 문명의 문자가 아직도 충분히 해독되지 않아 이 시기의 신앙 형태를 정확히 파악하기는 어렵지만, 이 유적지에서 발견된 유물遺物들을 통해 후기 힌두교와 원주민들의 신앙 사이에 분명한 연관성을 확인할 수 있다. 고행주의苦行主義의 흔적을 비롯해, 후기 힌두교에서 가장 대중적인 인기를 얻은 쉬바 신神과 여신女神 숭배, 그리고 요가Yoga 수행의 원형적인 형태도 이 문명 유적지에서 확인할 수 있는 것이다.

2) 베다의 종교

베다Veda는 아리안족에 의해 형성된 가장 오래된 종교 문헌이다. "베다"라는 말은 본래 "성스러운 지식"을 뜻한다. 인도에서 아리안족에 의해 가장 처음 형성된 전통적인 신앙 형태를 흔히 "바라문Brahman교"라고 하는데, 베다는 바로 이 바라문교의 가르침을 담고 있는 중요한 문헌이다. "바라문"은 의식儀式을 담당하는 사제司祭를 의미한다. 고대 인도인의 전통적인 신앙은 이들 바라문을 중심으로 한 신앙이라는 특징을 지니고 있다.

베다는 오랜 기간에 걸쳐 형성된 방대한 양의 문헌이다. 이 문헌이 얼마나 오래 전에 성립한 것인지에 대해서는 학자마다 의견이 다양하다. 어떤 학자는 기원전 1500~1000년경에 성립한 것이라고 하고, 또 다른 학자는 그보다도 더 오래 전에 성립한 것이라고 주장하기도 한다. 어쨌든 오랜 성립 기간을 거쳐 현재와 같은 형태를 갖추게 된 것은 대략 서기 200년 전후인 것으로 추정한다.

베다는 본래 고대 인도인들에 의해 여러 신神들에 대한 찬양과 봉헌 의식儀式을 목적으로 만들어졌다. 고대 아리안들에 의한 최초의 신앙 형태는 다신적多神的 자연신自然神 신앙이라고 할 수 있는데, 그들은 여러 신들에 대한 찬미의 노래를 문자 기록 이전 시기부터 구두口頭 전승에 의해 이어 오고 있었다. 그러나 신들에 대한 의식儀式이 점차 복잡해짐에 따라 의식을 주관하는 사제司祭의 직분이 네 그룹으로 나뉘어지고, 의식에 관한 여러 전승 내용들도 네 종류로 나뉘어 집성集成되었다. 따라서 베다 문헌은 크게 네 종류로 나눌 수 있다. 「리그베다」는 신을 찬양하는 송가頌歌들이 수록되어 있고, 「싸마베다」는 의식을 주관하는 사람이 부르는 노래들을 모아 놓은 것이다. 「야주르베다」는 여러 가지 의식들에 관한 내용을 담고 있고, 「아타르바베다」는 재앙災殃을 물리치고 복福을 구하는 신비스러운 방법과 주문呪文들을 수록하고 있다. 이 중에서 종교적으로 가장 중요하고 철학적으로도 의미를 지니는 문헌은 「리그베다」이다. 따라서 흔히 "베다의 종교"라고 하면 「리그베다」에 담긴 내용들을 의미한다.

「리그베다」에는 전체적으로 자연 세계에 대한 무한한 신비감과 경외감敬畏感이 표현되어 있다. 「리그베다」를 형성한 사람들은 현대인들과는 달리 자연을 신비스러운 힘이 살아 움직이고 있는 하나의 유기체有機體로 인식했다. 모든 자연 현상들을 이해할 때 그 현상들의 배후에 살아 있는 인격적 힘이 존재한다고 생각했다. 그리고 찬양과 제사를 통해 그 힘들과 원만한 관계를 유지하고자 했다. 「리그베다」에서는 이러한 자연신들을 "데바"deva라고 불렀는데, 이 말은 본래 "주는 자"라는 뜻이다. 즉, 고대 인도인들은 자연신들을 자신들의 현세적인 삶에 좋은 것을 주는 근원으로 숭배했던 것이다.

「리그베다」에서 신과 인간의 관계는 매우 확실하게 상호 주고받음의 관계를 유지하고 있었다. 상호 의존적인 관계였다. 인간은 신에게 찬양과 공물을 바쳐 신의 권위와 힘을 계속 유지시켜 주어야 했고, 신은 자신을 기쁘게 하는 사람들에게 은혜를 베풀어 주었다. 그러므로 어려움과 위험에 직면할 때 인간은 전적으로 신에게 구원을 요청했다.

고대 인도인들은 현세적 삶에 있어 좋은 것들을 추구하는 현세 지향적이
며 낙천적인 기질을 가진 사람들이었다. 그들이 추구하는 바는 삶에서 누
릴 수 있는 최대의 행복이었고, 그 행복을 사후의 세계에까지 연속시키기
를 바랐다. 그리고 이러한 행복을 가져다줄 수 있는 힘을 신들이 지니고
있다고 믿었다. 따라서 신들에게 희생 제의犧牲祭儀(yajna)를 바침으로써 현세
의 실제적인 복을 구하였다. 한마디로 표현해「리그베다」의 종교는 신들에
게 바치는 제의를 중심으로 한 신앙이었다.

베다의 종교는 기본적으로 다신多神 신앙이었다. 그러나 후기에 이르면서
점차 다신교의 성격에 변화가 일어났다. 전체적으로는 다신 체제를 유지하
고 있었지만, 어떤 한 신에 대한 숭배가 이루어지는 동안에는 그 신이 최
고의 신으로 여겨지는 이른바 "교체일신교"交替一神敎(henotheism)의 경향이 나
타났다. 세계의 현상들 배후에는 각각의 힘들이 있고, 다시 그 힘들의 배
후에는 하나의 통일적인 지배 원리가 존재한다는 인식이 형성되기 시작한
것이다. 이것은 우주의 근원인 하나의 실재實在를 인식하는 일원론一元論적
경향으로 이어지는 것이라는 점에서 중요한 의미를 지니는 변화였다. 이처
럼 궁극적인 하나의 원리에 대한 인식은 이후의「우파니샤드」문헌에 와서
그 절정을 이루게 된다.

3) 우파니샤드의 종교

「우파니샤드」Upanishad 문헌은 넓은 의미에서 베다 문헌의 연장선상에 있
는 것으로 평가한다. 고대 인도인들은 오랜 기간 동안 폭넓은 종교적 추구
의 내용을 방대한 베다 문헌에 담아 놓았는데, 이처럼 광범위한 베다 문헌
중에서 특히 철학적 사유思惟의 경향이 강하게 드러났던 시기(기원전 8~3세기)
의 문헌이 바로「우파니샤드」이다. 단순히 제사를 중심으로 여러 신들과의
인격적인 관계를 유지하는 데 주력했던 고대 인도인들은 점차 다양성의 배
후에 있는 하나의 궁극 원리를 철학적으로 사유하게 되었고,「우파니샤드」
는 이러한 일원론적인 사유 경향의 본격적인 모습을 담고 있는 것이다.

「우파니샤드」의 종교는 이전 시대 베다의 종교와 뚜렷한 차이를 보여 주고 있다. 베다 시대에는 인간의 현세적인 행복을 추구하였던 것에 반해, 우파니샤드 시대에는 오히려 현세의 삶을 고통스러운 것으로 평가하고 그 고통의 문제를 해결하기 위한 길을 추구했다. 인간 존재의 고통은 그 원인이 무엇이며, 그 원인을 해결할 수 있는 방법은 무엇인가? 근원적 고통으로부터의 벗어남, 즉 "해탈"解脫의 추구가 「우파니샤드」 종교의 궁극 이상理想이었던 것이다.

「우파니샤드」에서는 현세적 인간 존재의 고통은 우주와 인간 자신의 참된 실재實在를 올바로 깨닫지 못하는 무지無知가 그 근본 원인이라고 한다. 그렇다면 「우파니샤드」에서는 참된 실재에 대해 어떤 설명을 하고 있는가? 「우파니샤드」에서는 모든 존재와 현상들의 궁극적인 근원이자 원리로서의 일자一者를 강조한다. 그리고 그 하나의 궁극적인 실재를 "브라흐만"Brahman(梵)이라고 이름하였다. 「우파니샤드」에는 이 브라흐만 개념을 중심으로 한 철저한 일원론적 사유를 전개하고 있는 것이다. 아울러 「우파니샤드」에서는 우리 인간들이 내면적으로 참된 자아를 간직하고 있다는 사실을 강조한다. 그 참된 자아를 "아트만"Atman(我)이라고 한다. 그런데 「우파니샤드」에서는 인간의 참 자아인 아트만과 우주의 근원적 실재인 브라흐만이 완전히 같다고 한다. 이것이 바로 "범아일여"梵我一如의 진리이다. "네가 곧 그것이다"라는 유명한 구절이 범아일여의 진리를 함축적으로 표현하고 있다. 인간은 소우주小宇宙로서의 자신을 깨달음으로써 대우주大宇宙의 본질을 깨달을 수 있다는 믿음인 것이다.

이처럼 우주의 근본 실재와 동일한 자신의 참 자아를 알지 못하는 무지로 인해 현세적인 인간은 욕망에 의해 구속당하는 고통스러운 삶을 반복하고 있다고 한다. 그 자체로서 이미 완전한 자신의 참 자아를 알지 못한 채 욕망에 의해 지배당하는 불완전한 존재로 살고 있다는 것이다. 따라서 인간은 범아일여의 진리를 깨달음으로써 욕망의 속박에서 벗어나 참 자아를 구현할 수 있다고 한다. 인간의 가장 깊은 내면에 있는 아트만이 모든 존

재의 근원인 브라흐만과 같다는 지혜에 의해 "해탈"을 이룰 수 있다는 것
이다. 결국 「우파니샤드」의 종교는 궁극적 지식에 의한 해탈을 추구하는
특성을 지니고 있었다고 할 수 있다.

4) 새로운 종교 운동

　기원전 7~6세기가 되면서 인도 사회는 커다란 변화를 경험하게 된다.
우선 아리안족과 원주민들 사이의 혼혈이 생기면서 아리안의 전통적인 풍
습과 의례에 대한 엄격성이 해이해졌다. 또한 상공업의 발달로 인해 막대
한 경제력을 바탕으로 한 신흥 자본가 세력들이 도시 내에서 큰 영향력을
지니게 되면서 전통적 신분 제도(카스트 제도)에도 변화가 생겼다. 아울러 이
처럼 물질적으로 풍부하고 안락한 생활을 하게 되면서 물질적 향락에 빠져
도덕적 퇴폐 현상들도 두드러졌고, 반면 이러한 향락적 경향 속에서 인생
의 무상함을 더욱 절실히 느끼게 되는 사람들도 많았다.

　이처럼 혼란스럽고 무엇인가 새로운 것을 추구하는 분위기 속에서 이전
까지의 전통적인 신앙에 대해 회의를 가지고 반발하는 사람들이 생겨났다.
그들은 「베다」가 제시하는 제의祭儀의 엄격한 준수나 「우파니샤드」가 요구
하는 고도의 형이상학적 지식이 일반 대중들의 종교적 욕구와 너무나 멀어
져 있다는 점에 큰 문제의식을 지니고 있었다. 따라서 그들은 전통적인 바
라문 종교의 권위에 과감하게 도전하면서 새롭고 자유로운 종교 운동들을
전개했다.

　이들 새로운 종교 운동가들은 도시를 중심으로 신흥 자본가들의 지원을
받아 여러 대중들의 종교적 욕구에 부응하면서 크게 발전할 수 있었다. 당
시의 수많은 새로운 종교 운동가들 중에서 폭넓은 지지와 확고한 기반을
얻게 된 대표적인 종교가 불교와 자이나교이다. 당시 불교와 자이나교는
모두 그 창시자가 크샤트리야 계급이었고, 전통적으로 엄수되어 온 카스트
제도의 불평등성을 비판했으며, 인간의 근원적 문제를 해결하는 방법에 있
어서도 전통적인 바라문교와 다른 방법을 제시했다.

5) 전통적 신앙의 재정비

기원전 3~2세기경 전통적인 바라문교의 사제들은 불교나 자이나교 등 새로운 종교 운동들에 대응하여 바라문교를 유지하려는 노력을 했다. 이 시도는 정통 바라문교가 당시 인도 사회에 존재하던 다양한 집단들의 욕구를 충족시키기 위해 자신을 적응시키려는 노력이었다고 할 수 있다. 이러한 자기 변화의 노력은 기본적으로 전통적인 바라문교를 대중적인 신앙으로 혁신시키는 방향으로 이루어졌다. 이를 위해 비非아리안 종교 전통 중에서 대중적인 영향력을 지닌 요소들을 적극적으로 수용하였고, 그 결과 대중에 기반을 두는 좀 더 포괄적인 신앙 형태를 형성하게 되었다.

이 시기 인도인의 신앙은 「라마야나」와 「마하바라타」라는 두 문헌에 바탕을 두고 있다. 이 두 문헌은 대 서사시敍事詩의 성격을 지니고 있다. 이전의 「베다」 문헌이 전적으로 아리안족의 신화였던 것에 비해, 「라마야나」와 「마하바라타」는 아리안족과 원주민의 문화가 융합한 더 폭넓고 대중적인 신화라고 할 수 있다. 이 두 문헌에는 이후 인도인들의 절대적인 신앙의 대상이 된 중요한 인격신들이 등장하고 있고, 당시 대중들 사이에 널리 퍼져 있던 다양한 신앙과 관행들이 수용되어 있다. 이 두 문헌은 「베다」와는 달리 누구나 읽고 들을 수 있었고, 따라서 모든 사람들의 사랑을 받으면서 그들 신앙의 바탕이 되었던 것이다.

특히 그중에서도 「마하바라타」의 한 부분으로 수록되어 있는 「바가바드기타」는 이 시기의 새로운 힌두교의 특성을 가장 잘 나타내고 있다는 점에서 가장 중요한 의미를 지니는 경전으로 평가받는다. 본래 「바가바드기타」는 갠지스 강 서부 지역에 살던 바가바타파派가 만든 독립적인 시편이었는데, 바라문교의 사제들이 새로운 힌두교를 형성하면서 중요한 신앙 형태로 수용하여 「마하바라타」 문헌의 일부로 편입된 것으로 추정한다. 바가바타파의 신앙은 크리슈나라고 하는 인격신에 대한 헌신적인 사랑을 강조했다. 이러한 신에 대한 헌신적인 사랑을 "박티"Bhakti(信愛)라고 하였다. 박티 신앙은 이후 힌두교에 있어 가장 중요하고 보편적인 대중들의 신앙 형태가 되었다.

그런데 「바가바드기타」에서는 이러한 신에 대한 사랑뿐 아니라 여러 가지 다양한 "구원"(해탈)의 방법들을 수용하고 있다. 서로 모순적인 것 같은 구원의 방법들을 발전적으로 종합하고 통일시키고 있는 것이다. 특히 주목할 것은 이전까지 심각한 문제가 되었던 현세적인 삶과 은둔隱遁적인 삶을 조화시키고 있다는 점이다. 즉, 주어진 의무를 다하는 현세적인 삶과 현세적인 모든 것을 포기하는 은둔적 삶이 서로 모순되지 않는 것으로 조화를 시도하고 있는 것이다. 「바가바드기타」에서는 실제로 인간을 속박하는 것은 현세적인 삶 속에서의 행위 자체가 아니라 그 행위에 관련한 인간의 성향과 욕망이라고 한다. 따라서 우리가 정상적인 현세의 삶을 살면서도 모든 집착으로부터 자유로운 상태에서 삶의 의무에 충실한다면 그 자체가 곧 구원의 길로 이어질 수 있다고 한다. 욕망으로부터 자유로운 상태에서 행한 행위와 그 결과들은 전혀 인간을 속박하지 않는다는 것이다.

결국 「바가바드기타」에서도 궁극적인 해탈을 위한 인도인들의 바람이 반영되고 있는데, 주목할 점은 해탈의 방법을 어느 하나로 극단화시키지 않고 각자의 처해진 상황에 따른 다양한 가능성을 인정하고 있다는 점이다. 아울러 「바가바드기타」에서 강조하고 있는 "박티 신앙"은 신의 특별한 은총에 의한 구원을 추구하는 것으로, 이후 인도인들의 신앙에서 가장 중요한 의미를 지니는 형태로 발전하게 된다.

6) 종파 신앙의 발전

후기 힌두교에 있어 가장 두드러진 특징은 인격신에 대한 신앙이다. 인도인들이 가장 보편적으로 신앙했던 신은 비슈누 신과 쉬바 신이다. 이밖에도 「바가바드기타」에 등장하는 크리슈나, 그리고 비슈누 신과 쉬바 신의 배우자인 여신女神들이 대중적으로 많은 사랑을 받았다. 특히 서기 8~9세기가 되면서 비슈누 신과 쉬바 신에 대한 신앙은 두드러진 종파로서 발전하게 되었다. 오늘날에도 이 두 신에 대한 종파적 신앙이 힌두교의 핵심을 이루고 있다.

일반적으로 "종파"라고 하면 교리에 대한 해석의 차이가 관련되지만, 힌두교의 경우는 숭배 대상이 되는 신의 차이에서 비롯된다는 점에 주목할 필요가 있다. 또한 서로 다른 종파로서 구분은 되지만 이들 종파 사이에 배타적인 의식은 없다는 점 역시 힌두교의 주목할 만한 특징이다. 개인적인 성향과 계기에 의해 특정 신을 신앙하게 되고 특정 종파에 소속되었지만, 인도인들은 자신이 신앙하는 신과 다른 종파의 신 사이에 배타적인 의식을 지니고 있지 않다. 여러 신들이 비록 서로 다른 이름과 성격으로 묘사되고 있지만, 궁극적으로는 그들 모두가 하나의 근원적인 존재의 다양한 현현顯現이라는 것이 인도인들의 의식이다. 따라서 비슈누 신을 믿든 쉬바 신을 믿든 본질적으로는 차이가 있을 수 없다. 서로 길이 다를 뿐 궁극적으로 하나의 궁극 실재에 이르게 된다는 점에서는 같은 의미를 지니는 것이다.

이러한 인격신에 대한 박티 신앙은 특히 남南인도 지방을 중심으로 한 종교 시인들에 의해 그 절정에 이르렀다. 그들은 음유시인들로서 비슈누와 쉬바 신에 대한 열렬한 사랑과 헌신을 시詩로 노래하면서 여러 지역을 떠돌아다녔다. 그들은 자기 자신을 신에게 바치고 그 신을 무한히 사랑함으로써 궁극적인 구원을 추구하였다.

이 시기에 나타나는 박티 신앙은 이전까지의 고요한 명상과는 다른 면을 보여 준다. 이 시기의 박티 신앙은 신에 대한 사랑을 폭발적인 감정으로 표현한다. 미친 듯이 열광적인 사랑에서 드러나는 현상들을 이 시기 박티 신앙에서 확인할 수 있다. 눈물과 웃음, 춤과 노래, 알아들을 수 없는 중얼거림 등을 통해 자신도 주체할 수 없을 정도로 내면으로부터 솟구쳐 나오는 신에 대한 사랑의 감정을 표현하고 있는 것이다.

이러한 박티 신앙의 특징은 16세기 벵갈 지방의 성자聖者 차이탄냐 (1485~1533)의 삶을 통해 잘 확인할 수 있다. 그는 신을 가장 친한 친구, 가장 사랑하는 사람으로 간주했다. 그의 삶에 있어 가장 중요한 의미를 지니는 것은 연인, 남편, 주님으로서의 신에 대한 사랑이었다. 그는 밤낮으로

신의 이름을 반복하여 부르고 노래하며 보냈다. 그리고 이러한 사랑의 감
정은 너무나 강렬한 것이어서, 그는 종종 무의식의 상태에서 마치 미친 사
람처럼 노래하고 춤추곤 했다. 차이탄냐는 신을 우리 모두의 위대한 통제
자이면서, 언제나 그의 영원한 사랑 안으로 우리를 이끄는 자이고, 우리를
더욱 큰 완성을 향해 끌어올려 주는 자라고 생각했다. 신은 마치 무한한
대양大洋과도 같다고 생각한 차이탄냐는 결국 주체할 수 없는 강렬한 열정
의 폭발로 인해 깊고 푸른 대양 속으로 뛰어들었다. 자신이 나왔던 영원하
고 무한한 사랑의 대양, 곧 신 안으로 다시 합류되어 되돌아간 것이다.

3. 힌두교의 일관하는 특성

이상의 대략적인 개관을 통해서 확인할 수 있듯이 힌두교, 즉 인도인들의
신앙은 역사적으로 다양한 발전을 이루었다. 인도인의 신앙 전통 안에는
여러 가지 요소들이 존재하는 것이다. 우리가 힌두교를 이해하는 데 있어
단순히 이 같은 다양성들을 있는 그대로 나열하는 것만으로는 아무런 의미
가 없다. 힌두교를 인도인들에 의한 단일한 전통으로 이해하기 위해서는
이들 다양성들 안에서 좀 더 내면적인 통일성이나 일관一貫하는 특성을 파
악할 수 있어야 한다.

  이러한 힌두교의 일관적인 특성과 관련하여 우선 지적해야 할 것은 인도
인들이 하나의 궁극적인 실재 내지 원리에 대한 뚜렷한 신앙을 지니고 있
었다는 사실이다. 인도인들의 종교적 사유는 고대로부터 시작하여 역사적
으로 하나의 큰 과정을 이루고 있다. 즉, 인도인들은 현상 세계의 다양성
에 대한 인식으로부터 출발하여 점차적으로 그 다양성의 배후에 존재하는
궁극적인 실재에 대한 인식을 발전시켰다. 인간을 포함한 우주 전체에 궁
극적인 통일성이 존재하는 것으로 파악하고, 그에 대한 확고한 신앙을 지
니고 있는 것이 인도인들의 두드러진 특징이다. 그렇기에 인도인들은 비록

표면적으로는 서로 다른 신앙 형태를 형성했더라도 내면적으로는 하나의 궁극적인 실재에 대한 뚜렷한 신앙이 언제나 바탕을 이루고 있었다. 따라서 인도인들의 모든 신앙 형태는 근본적으로 하나의 궁극적 실재에 대한 추구라는 공통적인 의미를 지니고 있다. 다시 말하자면 인도인들의 종교적 추구는 곧 하나의 궁극적 실재에 대한 추구였다고 할 수 있는 것이다.

그런데 인도인들의 종교적 특성이 더욱 두드러지는 것은 그 같은 궁극적 실재에 대한 추구를 곧 궁극적 실재와의 완전한 합일合一을 통해 이루고자 한다는 점에서이다. 고도의 형이상학적인 사색을 통해서든, 아니면 인격신에 대한 헌신과 사랑에 의해서든, 인도인들은 결국 하나인 궁극적 실재와 완전히 합일되는 것을 추구했다. 이런 점에서 인도인들의 신앙은 기본적으로 신비주의적 특성이 강하다고 평가할 수 있다. 여기에서 말하는 신비주의란 종교적 추구의 궁극적인 단계가 근본적으로 비논리적非論理的이고 언어도단言語道斷적이라는 의미이다. 인도인들이 추구한 궁극적인 완성의 단계는 인간적인 언어와 사유로써 묘사할 수 없는 근원적이고 원초적 차원의 진리, 본래 있는 그대로의 진리, 가장 순수한 상태의 진리, 그래서 궁극적이고 최고인 진리와 완전히 하나가 되는 상태였다. 단순히 "그 진리를 알았다, 깨달았다"는 표현보다는 "그 진리와 합일했다, 그 진리 안으로 녹아 들어갔다"는 표현이 이러한 인도인들의 종교적 추구의 특성을 더 적절하게 나타내 주는 것이다.

이찬수

불 교

불교와 세계

동양의 세계관을 가장 잘 보여 주는 종교는 무엇일까? 중국, 한국, 일본 등 동아시아만을 놓고 보면 유교를 거론할 수 있을 것이다. 그러나 여기에다가 아시아의 또 다른 한 축인 인도와 태국, 미얀마 등 동남아시아까지 염두에 둔다면 단연 불교가 돋보인다. 더욱이 오늘날 불교는 미국, 프랑스 등 서양인들의 정신세계에까지 깊이 파고 들어가고 있다. 곳곳에 사찰과 선방이 늘어 가는 등, 서양 사회에서 불교의 영향은 이제 더 이상 간과할 수 없는 실정이다. 이 불교를 모르고서는 한국을 위시한 동양의 세계를 알 수 없을 뿐더러, 21세기 서양인의 종교적 지형을 예측할 수 없다고 해도 과언이 아니다. 불교를 보면 한국이 보이고 동양이 보이며, 바로 이 땅에 뿌리를 박고 살아가고 있는 우리들 내면의 모습을 더욱 잘 볼 수 있게 된다. 그리고 더 나아가 세계를 보는 것이기도 하다.

불교는 그 종교성 자체가 대단히 포괄적이어서, 이질적일 만큼 다양한 모습들을 하고 있다. 신과 인간, 인간과 자연을 분리시키거나 주종主從 관계에서 파악하지 않으며, 어떤 때는 일신교적인 듯하면서도 어떤 때는 다신교적이고, 어떤 때는 유신론적인 듯하면서 어떤 때는 무신론적이다. 온갖 가르침들이 복합적으로 얽혀 있는 듯하면서도, 인연因緣·무아無我·불성佛性 등의 개념을 중심으로 명확하게 체계화되는 전 인류의 가르침이 바로 불교이다. 좀 더 구체적으로 보자.

옷깃만 스쳐도 인연!

우리가 흔히 내뱉는 말 중에 "옷깃만 스쳐도 인연因緣"이라는 말이 있다. 인연은 "인"과 "연"의 복합어이다. "인"이 어떤 사건의 직접적인 원인이라면, "연"은 그러한 인이 구체화될 수 있게 도와주는 이차적 요인들이다. 씨앗이 나무 한 그루의 "인"이라면 물, 공기, 햇빛은 그 나무의 "연"인 셈이다. 인과 연이 만나야 무슨 일이든 벌어진다. 한 송이 꽃으로 피어나고, 풍성한 열매가 맺어진다. 이것을 "인연생기"因緣生起라 한다.

이 인연법에 따르는 종교가 바로 불교이다. 세상만사를 인과 연의 만남으로 파악하면서, 사건이나 사물 자체의 독자성을 보지 않는다. 이 글을 쓰는 "나" 역시 부모님의 "씨앗들"이 서로 만나(因) 인간의 형태가 이루어진 뒤 온갖 음식을 받아먹으며(緣) 오늘날 이런 모습으로 변해 왔다. 부모님의 "씨앗"은 또 어디서 왔는가? 그것은 하늘에서 내려 주는 빗물과 땅속의 영양분을 빨아들여 자란 논밭의 오곡백과를 먹고 만들어졌다. 그러니 엄마와 아빠의 씨앗 속에, 그로 인해 생겨난 내 안에 삼라만상이 이미 들어 있는 셈이다. 더욱이 수십억 년 세월 동안 비춰고 있던 햇빛과 유유히 흘러온 강물을 받아들여 자란 것들이 내 속으로 들어와 나의 생명이 되었으니, 내 현재 삶 속에는 이미 수십억 년의 세월도 녹아 있는 것이다. 그 엄청난 물 중에 하필 그 물방울을 빨아들인 그 풀잎을 내가 먹고 지금 이렇게 글을 쓰고 있으니, 이것이 바로 인연의 실상이다. 하고많은 사람들 중에 하필 그이와 이 큰길에서 옷깃을 스치다니, 이것이 보통 인연이란 말인가! 이 글을 읽고 있는 독자와의 인연이란 더 말해 무엇하랴.

이러한 것들이 바로 석가모니 부처님(기원전 563~483)의 통찰이다. 오늘 내가 나 된 것은 나 혼자의 힘이 아니라, 부모에, 자연에, 삼라만상에 빚지며 살아온 결과라는 뜻이 인연에는 들어 있다. 세상만사는, "너" 없이는 "나"도 존재할 수 없는, 상호 의존적 관계에 있다는 것이다. 이것은 저것을 조건으로, 즉 "연하여 일어나게"(緣起) 마련이다. 모두 상대적相對的이다. 그래서 붓다는 이렇게 가르쳤다:

> 이것이 있기 때문에 저것도 있는 것이다(此有故彼有), 이것이 생겨나면 저것도 생겨나고(此生故彼生), 이것이 없으면 저것도 없으며(此無故彼無), 이것이 없어지면 저것도 없어진다(此滅故彼滅)(「중아함경」).

"나"는 없다!

이러한 인연법, 연기緣起는 불교 사상의 기초이다. 이것은 "나"라는 실체가 독자적으로 있는 것이 아니라, "너"와의 관계 속에서 상대적으로, 그것도 일시적으로만 존재하는 것일 뿐이라는 가르침을 담고 있다. 그것은 필연적으로 "무아론"無我論과 연결된다. "무아"란 말 그대로 "나"라는 실체는 없다는 뜻이다. 세상만사는 서로 얽혀 존재한다. 어디에든 독자적으로 존재하는 영원한 실체란 없다. "너"가 있으니 "나"도 있는 것이지, 너 없는 나란 있을 수 없다. 부모 없는 자식, 선생 없는 학생, 안 없는 밖, 작음 없는 큼, 어둠 없는 밝음 등등도 마찬가지이다. A 없이 어찌 B가 있을 수 있겠는가? 1 없는 2는? 기둥 없는 지붕은? 세상만사는 이렇게 서로를 조건으로 해서만 존재하고 생겨나고 사라진다.

　이것은 모두 "아"가 없음을 말해준다. 독자적이고 불변하는 영원한 본질, 실체란 없다. 한마디로 무상無常하다. 행복을 추구하지만 행복 자체는 물론 행복을 추구하는 "나"의 실체 역시 따로 있는 것이 아니니, 그 어찌 "괴로움"(苦)이 아니랴! (붓다는 세상만사를 "괴로움"으로 파악했다.) 이것을 모른 채 언제나 "나"를 전제하며 "나"의 욕구를 채우기 위해 아옹다옹하며 살아가는 사람들이란! 바로 이 "나"가 없음을 깨달으면 모든 집착에서 벗어나 대자유의 세계인 열반涅槃에 이른다. 이것을 결정적으로 보여 준 이가 붓다이다.

붓다의 삶과 부처님의 호칭

붓다의 본래 이름은 고타마 싯달타이다. 아주 정확한 수치는 아니지만, 고타마는 기원전 563년 인도 북부 히말라야 산기슭에 있는 사캬(釋迦)족의 왕자로 태어났다. 태어난 지 칠 일 만에 어머니와 사별하고 이모 손에서 자라게 되었지만, 아버지 숫도다나 왕의 보호 아래 온갖 환락과 사치를 누리며 왕궁 안에서 편안하게 살았다. 열여섯 살 때 야소다라와 결혼하여 후에 아들을 하나 두기도 했다. 그는 아들의 이름을 라훌라라고 지었다. 그러나 다행인지 불행인지 그는 왕궁의 호사스런 세속적 생활에 염증을 느끼게 되었다.

무엇보다 그를 괴롭힌 것은 사람이 태어난 뒤(生) 늙고(老) 병들고(病) 결국은 죽게 된다(死)는 당연한 사실이었다. 아주 단순한 듯하지만 그 누구도 쉽사리 풀지 못하는 인생의 근본적인 문제의식에 격정적으로 사로잡히게 되었다. 결국 그는 왕자로서의 안락한 생활을 포기하고 이 문제를 풀기 위해 스물아홉 살 되던 해 왕궁을 박차고 나온다. "위대한 출가"이다.

그후 육 년에 걸쳐 극단적 고행을 하던 어느 날 저녁 그는 명상 속에서 수천 번 이상 계속되었던 자신의 전생의 모습들을 기억해 내게 되었고, 사람들은 스스로 행한 업(業)에 따라 태어나고 죽는다는 사실을 비롯하여, 세상의 괴로움(苦)과 그 원인(集) 및 괴로움이 사라진 상태(滅, 涅槃)와 그 상태에 이르는 여덟 가지 길(道, 구체적으로 八正道) 등을 깨닫게 되었다. 그리하여 "깨달은 이", 즉 "붓다"가 되었다. 이것을 한자로 음역하면 "불타"佛陀이고, 석가족의 성자라는 뜻에서 "석가모니"釋迦牟尼(Sakyamuni) 내지는 석가족 출신 중 세상의 존귀한 이라는 뜻으로 "석가세존"釋迦世尊(줄이면 釋尊 또는 世尊)이라고 불리게 되었다. 그의 깨달음은 왕궁의 편안한 생활을 버리기로 결심한 그 쉽지 않았던 순간에 이미 잉태되어 있었던 셈이다.

열반, 해탈, 입적

붓다는 깨달음을 얻은 뒤 45년 동안 제자들을 키우며 가르쳤다. 그리고 초기 제자단을 이끌었다. 그 무언가를 소유할 "나"가 그 안에는 전혀 없었기에 철저하게 무소유의 삶을 살았다. 그러다가 80세 되던 해 열반에 들었다.

"열반"涅槃이란 산스크리트어 "니르바나"nirvana의 한자어 음역으로서, 타오르던 번뇌의 불꽃이 "꺼져 버린" 상태를 뜻한다. 번뇌와 탐욕이 꺼져 버렸으니 그곳은 고요함의 세계이다. 그래서 "적멸"寂滅이라 번역한다. 흔히 불가에서 죽음의 대용어로 사용하는 "입적"入寂이라는 말 혹은 "열반에 든다"는 말은 이러한 고요함의 상태 속으로 들어갔다는 뜻이다. 물론 그것은 일단 육체의 죽음을 뜻한다. 하지만 종교적 차원에서 보면, 거기에는 육체의 한계로부터 오는 신체적 집착은 물론 일체의 정신적 집착으로부터도 자유로워졌다는 뜻이 들어 있다. 불교는 바로 이러한 열반을 추구하는 종교이다.

이러한 열반의 경험은 사후는 물론 생시에도 가능하다. 살아서 하는 완전한 행복과 평화의 경험을 흔히 생해탈生解脫 혹은 유여열반有餘涅槃이라고도 한다. 이러한 열반은 한마디로 붓다의 깨달음과 같은 것이며, 일체의 속박으로부터 자유로운 상태이다. 신화적 세계관에 따르면, "해탈"은 업業에 따라 돌고 돌던 윤회의 사슬에서 벗어나는 것이지만, 탈신화해서 해석하면, 그것은 살아서든 죽어서든 아무 데도 얽매임이 없는 대자유의 세계를 뜻한다. 그렇게 보면, 깨닫고 난 세계가 바로 열반이자 극락極樂이고, 깨닫지 못한 무지의 세계가 바로 지옥地獄이 된다. 흔히 극락과 지옥을 사후 세계의 전형처럼 간주하기도 하지만, 사실 불교는 사후 세계에 대한 기대보다는 살아서 붓다의 깨달음과 같은 것을 추구하는 수행의 종교라고 할 수 있다.

신처럼 받들어지다

붓다의 깨달음, 삶과 실천은 온 세계를 울렸다. 그의 깨달음이 하도 독창적이고 놀라우며 그 영향력이 워낙 크다 보니 후세 사람들은 그를 신격화시키기도 했다. 마치 "하느님"만큼 높은 반열에 올라간 예수처럼, 붓다는 그의 엄청난 공덕을 나누어 받기를 원했던 사람들에게 기도의 대상이 되기도 했다. 살아생전 행한 붓다의 가르침은 그 어떤 집착도 떨쳐 버린 무아적 삶을 살아야 한다는 것이었지만, 그와 상관없이 상당수 추종자들은 그에 집착하면서 그 모습을 그리워하고, 더 나아가 그를 어떤 신보다도 더 능력 있는 신처럼 숭배했다.

물론 생전의 붓다는 스스로를 신격화하지 않았다. 가령 붓다는 열반에 들면서 제자들에게 다른 것에 의지하지 말고 그가 가르친 법法(진리)에 의지

하고, 저마다 자기 자신(自)에 의지하라고 가르쳤다(「장아함경」). 이때 "법"이
라는 것은 앞에서 말한 "연기", "무아"의 진리를 말하는 것이고, 자기 자신
을 의지하라는 것도 궁극적으로는 인간사의 근원, 자기 내면의 본모습을
볼 수 있어야 한다는 뜻이었다. 붓다 자신이 최후로 남긴 말도 "세상 모든
것은 변하니 부지런히 정진하여 고통의 속박에서 벗어나라"는 내용의 것이
었다. 이런 식으로 붓다는 애당초부터 특정 인물이 아닌, 자신이 가르친
"법"에 따라 살 것을 요청했다.

그러나 사람들은 붓다 사후 "저분은 어떻게 해서 저렇게 놀라운 깨달음
을 이루셨는지, 내 미천한 능력으로는 도저히 거기에 미치지 못하겠으니,
그 크신 능력을 내게도 나누어 달라"는 염원으로 붓다를 숭배하기 시작했
다. 붓다의 유골을 담은 탑 주위를 시계 방향으로 돌면서 꽃이나 촛불을
바치는 "탑돌이"도 이미 붓다 사후 오래 되지 않아 시작된 것이었다. 그리
고 깨달음의 선포에 나서기 직전에 네 악마의 시험을 받았지만 동요하지
않고 그 유혹을 물리친 기사는 늘 악의 유혹에 노출되어 있는 보통 사람들
에게는 위대한 일로 비쳐졌다. 그분이야말로 가장 능력이 뛰어나신 분(大雄)
이었다. 절의 한복판에 있는 대웅전大雄殿은 사람들이 이러한 그분의 능력을
기리고 받드는 공간인 셈이다. 인도의 초기 불교 시절부터 붓다는 그 어떤
신들보다 더 큰 신이 되었고, 한국에서도 불자들에게는 최상의 신처럼 받
아들여지기도 한 것이다. 그리고 집을 떠나 고행해야 하는 출가자 중심의
"어려운" 수행의 길보다 이렇게 신으로서의 붓다에 의존하는 "쉬운 길"이
등장하면서, 서력 기원을 전후한 시기 그 쉬운 길을 따르는 사람들을 중심
으로 이른바 대승불교大乘佛教가 생겨나게 되었다.

불제자의 길

불교의 핵심은 사실상 "붓다"라는 특정 인물을 숭배하는 데 있다기보다는
그의 가르침을 따라 스스로 붓다처럼 되는 데 핵심이 있다. 어떻게 붓다처

럼 될 수 있을까? 이러한 고민 속에서 붓다 사후 인도에서는 일종의 불교적 형이상학이 발전하는데, 그것이 곧 불성론佛性論이다. 중생이 붓다처럼 될 수 있는 근거는 일체 중생 안에 그 붓다의 성품, 즉 불성이 들어 있기 때문이라는 것이다. 가령 『열반경』에서는 이렇게 말한다: "일체 중생은 모두 불성을 가지고 있다!"(一切衆生悉有佛性). 수행과 명상을 통해 이 불성을 실현함으로써 스승과 동일한 깨달음을 이루고자 노력하는 사람이 곧 불제자인 것이다.

그러나 일반 민중이 붓다처럼 되려고 붓다가 걸어간 길을 똑같이 걸어가기는 쉬운 일이 아니다. 그래서 사람들은 자신이 붓다와 같은 깨달음을 얻는 데 붓다의 뛰어난 힘을 빌리고자 하였다. 물론 궁극적으로는 그러한 수단에조차 매이지 않는 것이 진정한 불교적 실천이지만, 방편적인 차원에서는 붓다처럼 되는 데에 붓다도 "수단"이 될 수 있음을 보여 주는 예이다.

더욱이 붓다의 가르침 자체가 어떤 것 하나만 옳다고 주장하며 "교리"를 앞세우는 것이 아니기에, 이것만 불교적인 것이라며 불교를 특정 틀 안에 가두는 행위는 도리어 비불교적이다. 궁극적으로는 그 틀이든 어떤 교리든 넘어설 때 불교가 이루어지는 것이기 때문이다. 붓다의 말마따나, 뗏목을 타고 강을 건넜으면 그 뗏목은 버려야 하는 것이다. 뗏목을 지고 산으로 갈 수는 없는 노릇이다. 붓다의 이 비유에는 어떤 것에든 집착해서는 안된다는 뜻이 들어 있다. 붓다를 신으로 받드는 행위는 붓다의 가르침 속에는 들어 있지 않았지만, 그렇다고 해서 오류라고 말할 수 없는 것이 불교이다. 붓다마저도 부정하고 넘어서려는 수행자나 그 붓다에 전적으로 의지하려는 대중이나 모두 저마다 다양한 방식으로 그 붓다의 가르침을 실천하는 셈이기 때문이다. 설령 거기에 질적인 차이가 있을 수도 있겠지만, 다양한 자세들이 모두 불교인 것이다.

심지어는 각 지역의 온갖 민간신앙도 불교 안으로 들어온다. 가령 우리나라의 절에는 인간의 수명을 담당하는 칠성신七星神과 산신님을 모셔 놓은 칠성각이 있고, 지옥에서 중생을 구제하는 지장보살을 모시는 명부전冥府殿

에는 중국에서 들어온 도교의 시왕十王들이 들어가 그를 보좌하고 있다. 붓다의 정신, 즉 붓다를 붓다 되게 해 준 그 붓다의 성품(佛性)을 실현하는 것이라면 어떤 형식이든 불교적인 것이 될 수 있음을 보여 주는 예들이다. 불성을 실현하는 방법은 저마다의 능력(根機)에 따라 다양하게 이루어지는 것일 수밖에 없음을 뜻한다. 긍정적으로 표현하자면, 이것은 불교가 그 어떤 한 가지에만 집착하지 않는, 기본적으로 포용적인 종교임을 보여 준다.

스님이라는 말

그러나 이런 것들은 어디까지나 대중적이고 방편적인 것이지, 최종적인 것은 아니다. 어찌 되었든 불교적 실천의 핵심은 "나"를 비우고 무집착을 실현하는 데 있는 것이고, 붓다처럼 되는 데 있는 것이기 때문이다. 불자들은 이를 추구한다. 특별히 출가해서 붓다의 깨달음을 이루려는 이들을 우리말로 "스님"이라 부른다 — 일설에 따르면, 스님은 "스승님"의 줄임말이라고 하지만, 아직 이에 대해 구체적으로 밝혀진 바는 없다. 어찌 되었든 불교의 수행자, 즉 스님은 세상에 대한 무집착을 온몸으로 실현하려는 이들이다. 가만 보면 이것은 산스크리트 어원에서도 드러난다.

널리 알려진 대로, 남자 스님을 한자로는 비구比丘, 여자 스님을 비구니比丘尼라고 부르는데, 비구/비구니는 산스크리트어 빅슈/빅슈니(빅슈의 여성형)를 한자로 음역하여 표기한 것이다. 그런데 그 뜻이 재미있다. 비구/비구니란 "빌어먹는 이"라는 뜻이다. 우리말로 "거지"라 표현해도 지나치지 않은 해석이다. 왜 빌어먹는 이인가? 전적으로 자기 소유를 두지 않기 때문이다. 주는 대로 먹고, 없으면 굶기도 밥 먹듯 한다. 인도에서는 철저한 무소유의 정신에 따라 옷 한 벌 걸치지 않은 채 나체로 수행하기도 한다. 무엇에 집착하며 그것을 달라며 요구하지 않는다. 보통은 스님들이 육식을 하지 않는 것으로 되어 있지만, 초기 불교에서는 그렇지 않았다. 고기를 주면 고기를 먹고, 밥을 주면 밥을 얻어먹는 것이 빌어먹는 이, 즉 비구/비구니였기 때

문이다. 그러니 아무리 작더라도 식탐을 가져서는 안 될 뿐더러, 재물을 소
유하는 것도 일체 금지되었다. 어떻든 고기를 피해 가려 먹고, 약간의 돈도
지닐 수 있게 된 것은 교단이 어느 정도 제도화하고 난 이후의 일이다. 이
불교가 중국으로 전해졌고, 중국에서 한국으로, 다시 한국에서 일본으로 전
해지면서 동아시아 사상의 중심 축으로 자리 잡게 되었다.

한국의 불교

우리나라에 불교가 처음 들어온 것은 고구려 소수림왕 때였다(372년). 백제에
는 그로부터 12년 뒤인 침류왕 원년(384년)에 소개되었다. 신라는 고구려와
백제를 통해 중국의 불교를 받아들였다. 이러한 삼국시대 초기의 불교 형태
가 어떤 것이었는지 정확히 알기는 힘들다. 하지만, 조선 후기 이래 프랑
스, 미국 등지에서 들어온 그리스도교가 단순히 종교 생활의 영역에만 영향
을 준 것이 아니듯이, 삼국시대의 불교 역시 선진 사상과 문화의 총체로 받
아들여졌다. 불교는 한국에 신체적 죽음 너머의 세계를 알려 주었고, 종교
적 삶이라는 것이 무엇인지 그 정수를 알려 주었다. 불교가 한국의 문화,
정신세계에 끼친 영향은 한국 역사와 문화 안에서 별도로 구분해 볼 수 없
는 상황이다. 신라 시대의 원효元曉와 의상義湘, 고려 시대의 의천義天과 지눌
知訥, 조선 시대의 서산西山과 사명四溟, 근세의 만해卍海를 비롯 한국의 대표적
인 사상가들 절반 이상이 불교 승려들이라는 사실, 그리고 한국의 대표적인
문화재 역시 대부분 사찰이라는 사실이 그것을 보여 주는 예들이다.

선과 화두

불교는 크게 교종敎宗과 선종禪宗으로 나뉜다. 흔히 경전의 주석적 연구를 중
시하는 종파를 넓게 얘기해 교종이라 한다면, 마음의 깨달음을 중시하는
종파를 선종이라 한다. 흔히 "교"가 부처님의 말씀이라면, "선"은 부처님의

마음이라는 비유를 들기도 한다. 따라서 이 두 가지 중 어느 하나도 소홀히 하지 않는 것이 관례이다. 우리나라 불교의 역사를 보건대도 늘 이 두 흐름을 병행해 왔다. 그러나 현재 우리나라의 불교는 적어도 그 형식에 있어서는 주로 선禪을 표방한다. 선이란 무엇인가?

종교적 명상, 직관적 사유를 산스크리트어로는 댜나dhyana라고 하는데, 그것을 한자로 음역한 것이 선나禪那, 줄여서 선禪이다. 이 "선"은 문자적 추론의 결과가 아닌, 자기 마음의 본성에 대한 직관적 깨달음의 세계이다. 이러한 세계를 중시하는 일단의 흐름으로부터 이른바 선불교가 생겨난 것이다. 전승에 따르면, 석가모니 부처님이 대중에게 설법을 하시다가 느닷없이 한 송이 연꽃을 들어 보이셨는데, 대부분 그 영문을 몰라 웅성댔으나 제자 중 가섭 존자만이 홀로 미소를 지어 답을 대신했다고 한다. 이 이야기는 문자나 언어의 세계가 아닌, 마음에서 마음으로 전해지는(以心傳心) 세계에 진리가 놓여 있음을 말해 주고 있다. 그 진리는 일체의 분별심이 타파된 고요한 세계이면서도, 어떤 틀에도 매이지 않는 우렁찬 대 자유의 세계이기도 하다. 이러한 정신과 수행법이 선종이라는 이름으로 중국화하면서 신라 시대 우리나라로 전해졌고, 오늘날에는 우리나라 불교의 대다수를 차지하게 되었다.

물론 우리나라 절에서도 경전 공부를 열심히 한다. 하지만 궁극적으로는 그 경전을 넘어서는 것을 목표로 한다. 이를 위해 선불교에서는 수행자를 깨달음으로 이끌어 줄 만한 스승들의 간결한 답변, 즉 화두話頭를 들고 좌선에 임한다. 가령 "부처란 무엇입니까?"라는 어떤 스님의 물음에 대해 중국의 운문선사가 "똥 막대기다"라는 엉뚱한 답을 한 바 있는데, 그 "똥 막대기"라는 답이 일종의 화두이다. "똥 막대기"라는 답과 "부처"라는 물음은 아무런 상관 관계가 없다. 그런데도 그렇게 답을 하는 이유는 물음에 대한 논리적 추론을 끊어 머릿속으로 분별하여 따지는 물음 자체를 아예 불가능하게 만들기 위해서이다. 화두는 "나"의 존재 방식 자체를 근원적으로 문제 삼게 해 주는 선사들의 짧은, 그러나 추상과 같은 말씀이다. 이 화두를

참구하면서 가부좌를 틀고 앉아 사물의 진상을 파악하는 불교의 수행법이 이른바 좌선坐禪이다. 분별적 사유를 넘어 "나는 무엇인가"를 온몸으로 확인하는, 자기 탐구 과정인 것이다. 좌선은 요즈음 일반인들에게까지 정신 수양의 적절한 수단처럼 받아들여지고 있기도 하다.

대한불교조계종

우리나라 불교에는 조계종을 위시하여 태고종, 천태종, 진각종 등 다양한 종파가 있다. 이 가운데 단연 최대의 종단은 조계종 — 구체적으로는 대한불교조계종大韓佛敎曹溪宗 — 이다. 그저 최대 종단 정도가 아니라 우리나라 불교의 거의 전부라 해도 과언이 아닐 정도이다. 그런데 이 조계종이 바로 선종이다. 조계종이라는 이름은 고려 시대 시작되었고, 조선 시대에 하나의 종단으로 확립되었다. 주지하다시피 이 조계종은 결혼하지 않는 것을 원칙으로 하는 비구/비구니 중심의 종단이다. 그러나 일제 시대에는 일본의 강압으로 인해 일본식 대처帶妻 불교로 바뀌었다. 그러다 해방 후 "대처승은 사찰에서 물러가라"는 이승만의 정화유시 정책(1954년)으로 옛 모습을 찾아가기 시작했다. 하지만 이 정화유시 정책은 사실상 한국 불교계를 비구승과 대처승들 간 분열과 혼란의 소용돌이 속으로 몰아넣는 결과를 낳고 말았다. 그러한 사태가 가까스로 수습되던 1962년에 현재의 명칭인 대한불교조계종으로 확정되었다가, 같은 해에 비구승 종단의 대한불교조계종과 대처승 종단의 한국불교태고종으로 분리되어 오늘에 이르고 있다.

성철 스님

대한불교조계종의 정신적 지도자이자 사실상의 최고 수반을 종정宗正이라 한다. 근대적인 의미의 종정 제도는 1962년부터 시작되었는데, 역대 종정 중 아무래도 일반인에게까지 알려진 분은 효봉 스님, 청담 스님 그리고 성철 스님과 같은 분들일 것이다. 이 가운데 성철性徹(1912~1993) 스님은 20세기 불교계의 가장 탁월한 스승이자 사상가로 평가된다. 특히 1981년 7대 종정 취임 법어 때 남긴 "산은 산이요 물은 물"이라는 구절은 일반인들에게 회자될 정도로 우리나라 선불교의 진작에 공이 크다. 그는 평생 다음의 수행 지침을 세워 그대로 실천했다: 1) 하루 네 시간 이상 자지 않는다. 2) 벙어리같이 지내며 잡담하지 않는다. 3) 문자에 집착하지 않는다. 4) 포식, 간식을 하지 않는다. 5) 적당한 노동을 한다. 이러한 개인적 실천과 함께 그는 기복적 신앙 행위에 머물러 있는 일반 신자들에게, 그리고 이들의 구미에 맞는 신행관을 제공하며 양적 팽창을 추구하던 사찰에 참된 불공의 자세는 이런 것이라고 가르쳤다:

집집마다 부처님이 계시니 부모님입니다.
내 집안에 계시는 부모님을 잘 모시는 것이 불공입니다.
거리마다 부처님이 계시니 가난하고 약한 사람들입니다.
이들을 잘 받드는 것이 참된 불공입니다.
발 밑에 기는 벌레가 부처님입니다.
보잘것없어 보이는 벌레들을 잘 보살피는 것이 불공입니다.
머리 위에 나는 새가 부처님입니다.
날아다니는 생명들을 잘 보호하는 것이 참 불공입니다.
수없이 많은 이 부처님께 정성을 다하여 섬기는 것이 참 불공입니다. …

이러한 성철 스님의 정신과 자세, 그리고 그의 철저한 수행이 세간에 알려지면서 한국 불교에 대한 외부인들의 선입견이 한결 긍정적으로 개선되었고, 조선 시대, 일제를 거치면서 침체기에 빠졌던 한국 불교에는 활로가 보이기 시작했다.

불교 이해에 도움이 될 만한 자료들

케네스 첸 (길희성 - 윤영해 옮김) 『불교의 이해』 분도출판사.

에드워드 콘즈 (한형조 옮김) 『한글세대를 위한 불교』 세계사.

다카쿠스 준지로 (정승석 옮김) 『불교철학의 정수』 대원정사.

편집부 엮음 『100문 100답, 불교입문편』 대원정사.

조계종 포교원 편저 『불교입문』 조계종출판사.

조계종 포교원 편저 『불교교리』 조계종출판사.

오경웅 (류시화 옮김) 『선의 황금시대』 경서원.

까르마 C. C. 츠앙 (이찬수 옮김) 『화엄철학』 경서원.

구스타프 멘성 (변선환 옮김) 『불타와 그리스도』 종로서적.

베르나르도 베르톨루치 감독, 키아누 리브스 주연 영화 「리틀 붓다」.

윤사순

退溪 "天" 개념의 多義性에 대한 검토

1. 시작하는 말

儒學에서 예로부터 중요시해 온 몇 가지 개념 중에서 빠뜨려서는 아니 될 것이 "天" 개념이다. "天" 개념을 도외시한 유학은 상상조차 할 수 없을 만큼, 이것은 유학의 주요 기본 개념이다. 유학에서 차지하는 이것의 비중은 마치 "仁義"의 비중과 유사하다고 할 수 있다. 天地人의 생활 의식인 "三才思想"을 비롯하여, "天人合一"을 유학의 최고 이상 경지로 간주하는 데서 그 점을 짐작할 수 있다.

유학의 "天" 개념 중요시는 마치 서구 철학에서 "神" 개념을 중요시하였음과 맞먹는다. 과거 서구에서 신을 최고의 신앙 대상으로, 또는 궁극적 絶對者로 믿었듯이, 天도 원초 유학 이래 현재까지 그와 비슷하게 믿어져 왔다. 그 점은 초기 예수회 선교사들이 "上帝"라는 뜻의 "天"을 "天主"와 동일시한 사실이 입증한다.

이러한 천 개념이 유학사의 흐름에 따라, 상제라는 의미만 함유하지 않게 되었다. 이것은 서구 神學과 哲學이 발달함에 따라 그 神 개념에 의미 변화를 가져온 것과 유사하다. 그러한 이유로 儒學史 전체를 범위로 할 때, "天" 개념은 결코 一義로 파악될 수 없는 상당히 多義的인 개념으로 사용되는 것이다.

"天"은 원래 "蒼天"·"上帝" 등의 의미로 출발하였으나, 특히 孔子·孟子 등을 기점으로 "良心의 근거"·"自然의 원리"의 의미가 추가되는 한편, 荀子부터는 "自然" 자체를 가리키다가, 程頤 이후의 性理學者에 이르러 "理"(天理)의 의미까지 더하게 되었다. 그런 까닭에 退溪 李滉(1501~1571) 같은 성리학자에 있어서는, 그가 어느 한 의미만 택하여 사용하지 않는 한, "天"의 의미가 복합적일 수밖에 없다. 사실 대부분의 성리학자들은 어느 한 의미만 선택하여 사용하는 데서 그치지 않는다. "天"이 성리학자들에게서 多義로 사용되어 온 것이 일반적 경향이다.

본고는 16세기 한국의 대표적 성리학자인 퇴계가 이러한 천 개념을 어떻게 사용하였는지 검토하는 데 목적이 있다. 이 검토를 통하여 본고는 퇴계와 같은 성리학자들의 天觀을 분명히 함으로써, 천관에 비친 성리학자들의 사고 방식과, 사고 경향을 밝혀내고자 한다.

2. 上帝인 天

퇴계는 그의 『聖學十圖』에 敬의 마음가짐(持敬)의 한 방법으로, 朱熹가 「敬齋箴」에서 말한 "상제를 대하듯이 하라"(對越上帝)는 언구를 인용한다.[1] 그는 또 『書經』의 "하늘이 사람들을 낳았다"[2]는 것을 인정한다. 이러한 것들이 모두 그가 上帝 의미의 天을 믿은 예이다. 이러한 사례는 그가 인간 생존의 근거를 人格化한 절대적 존재인 상제 의미의 천에 두고 있기 때문이다.

上帝 天은 고대부터 통치자인 帝王과 밀접히 관계되는 것으로 믿어져 왔다. 제왕을 天子라고 하게 될 때 특히 그와 天과의 관계가 밀접하였다. 그 이유는 제왕의 통치권의 근거를 天命에 두었기 때문이다. 제왕이 만민을 통치하게 된 원인이 천명을 부여받은 데 있다고 하였던 것이다. 퇴계는 이 사고를 계승하여, 그 노년에 군왕인 宣祖에게 적용한다. 그는 선조의 통치권의 연원을 "하늘의 은혜(天眷)를 입어 만민을 다스리게(作人牧) 되었다"고 한다.[3]

이 통치권을 부여하였다는 "天"은 어디까지나 인격화한 존재이므로, 군왕을 총애할 뿐만 아니라 반대로 미워할 수도 있는 존재이다. 바로 그런 점에서 퇴계는 "天에 화락(晏然)한 총애가 있는 줄만 알고 크게(赫然) 노하

---

[1] 『退溪全書』 上, 권 7, 成均館大學校 大同文化研究院, 1958년판, 209쪽 「敬齋箴圖」.

[2] 『尙書』 「泰書」 "天生蒸民, 作之君, 作之師".

[3] 『退溪全書』 上, 권 6 「戊辰六條疏」 191쪽, "且今殿下旣承天眷而人牧."

는 위세가 있음을 알지 못하면 아니 된다"고 하며, "천의 권위(天威)는 지엄하여 우롱할 수 없는 것이라"[4]고도 한다.

군왕이 통치를 仁政으로 잘하면 天은 자연을 통하여 상서로운 조짐을 보이지만, 반대로 失政을 할 때에는 천재지변의 재앙을 내려 군왕을 견책한다는 것이다. 후자가 바로 董仲舒의 天人相感을 전제한 天譴說이다. 즉, 군왕이 覇道政治를 행할 때에 내리는 "하늘의 罰"이 곧 그것이다. 이것을 가리켜 퇴계는 "신이 듣기에 동중서는 한 무제에게 다음과 같이 말하였습니다. 나라에 失道하는 잘못이 있으려 할 때에 天은 災害를 먼저 내려 견책하는 뜻을 알리고, 그래도 自省할 줄 모르면 怪異를 내려 놀라게 하고, 그래도 변할 줄 모르면 패망이 이르니, 이것으로 天心이 군왕을 사랑(仁愛)하여 그 (失政의) 혼란을 그치려 함을 알게 된다고 하였습니다"[5]라고 한다. 이는 군왕의 자기 수양에 의하여, 德治·禮治인 善政을 베푸는 데 충실해야 함을 역설한 내용이다. 여기서 그의 上帝·天觀의 귀착점이 군왕을 비롯한 지배층의 修養 — 특히 敬의 마음가짐 — 에 의한 民本·爲民의 정치를 행하도록 하는 데 있음을 알 수 있다.[6]

물론 일반인들의 경우에도 天이 인간을 生하였고, 運命과도 같은 天命을 부여한 이상, 수양을 통하여 善行을 해야지 惡行을 해서는 아니 된다. 위에 인용한 對越上帝는 그러한 뜻으로도 말한 것이지, 군왕에 대해서만 한 것은 아니다. 요컨대 상제를 대하는 듯한 敬의 마음가짐으로, "인간이 상제 天의 뜻에 맞도록 생활하는 것"이 곧 유학에서의 원초적인 "天人合一"이다.

---

⁴ 『退溪全書』上, 권 6 「戊辰六條疏」191쪽, "天威至嚴而難玩. … 若使之徒知晏然之寵 而不知有赫然之威 則恐懼之心日弛邪辟之情轉放 如決河堤 亦何所不至哉".

⁵ 『退溪全書』上, 권 6 「戊辰六條疏」190쪽 "臣聞 董仲舒告武帝之言曰 國家將有失道之敗 天乃先出災害 以遣告之 不知自省 又出怪異 以警懼之 尙不知變 而傷敗乃至 以此見天心之愛人君 而欲止其亂也".

⁶ 이 점은 논자의 「16세기의 天命思想과 儒敎政治」(『歷史上의 國家權力과 宗敎』, 歷史學會 編, 1999, 一潮閣)에서 상술하였음.

3. 自然 의미의 天

원초적으로 보면 上帝·天은 蒼空을 거처로 삼아 존재한다고 믿던 天神에 해당하는 自然神이었다. 그러한 천신인 상제가 시대의 변천과 더불어 모든 자연신들 중에서 가장 유력하고도 우월한 신으로 믿어졌다. 그 결과 "上帝 天은 만물의 主宰者"라고 하듯이, 인간을 포함한 모든 현존재를 주관하는 것으로 상정되었다. 이를테면 고대인들은 地神(祇)도 믿었지만, 그 위력이 上帝·天神보다 약하여, 지상의 사물을 관장하는 데 있어서도 대적이 되지 못한 나머지, 상제의 主宰에 (위력으로는) 흡수된다고 생각하였다. 이 사고는 天譴說에서 自然으로 집약되는 지상의 모든 것이 상제의 의지로 말미암아 祥瑞 또는 天災地變의 도구처럼 간주되었던 데서 그 근거를 찾게 된다. 이러한 맥락에서 창공을 비롯한 자연 전체는[7] 흔히 "天地"라고 지칭되다가, 마침내 "天"만으로 약칭케 된 것이 天이 自然 일반을 의미하게 된 배경이다.

天이라는 용어의 이러한 의미 확충으로 인하여, 유학에서 최고의 이상적 경지로 그리는 "天人合一"은 한 가지로만 해석되지 않는다. 그것은 우선 "인간이 상제의 뜻에 맞도록 생활하는 것"이지만, 또한 "인간이 자연과 조화롭게 생활함"을 가리킨다. 그리고 (다음 장에서 살피게 되듯이) "天"이 만일 "理"의 뜻을 가리키게 되면 "자연의 법칙인 天道와 당위의 법칙인 人道가 일치하게 생활함"을 뜻한다.

퇴계에게서도 다른 학자의 경우처럼, "자연"은 "天地" 외에 구체적으로는 "泉石"·"山水"·"山林" 등의 용어로 표현된다. 그는 "淸凉山 六六峯을 아나니 나와 白鷗 …"라고 시작하는 그의 「陶山十二曲」에서, 자신의 자연 애호 정도가 "泉石膏肓"으로 되었다고 하는 데서 확인된다. 그가 이 정도로 자연을 애호하게 된 이면에는 다음과 같은 몇 가지 이유가 있었던 것으로 추정된다.

---

[7] 退溪는 自然이라는 용어를 명사로는 매우 드물게 사용한다. 그는 이것을 부사로 많이 사용한다. 그러나 栗谷의 경우만 하더라도 명사로도 많이 사용함을 본다.

우선 자연의 감상에서 느낄 수 있는 美感을 들 수 있다. 그는 이렇게 말한다. "대체로 우리나라의 습속으로는 산림의 우아함을 좋아하지 않는다. … 천 년 동안 眞隱이 없었다. 진은이 없었으니, 그것에 대한 진실한 감상이 없었음을 알 수 있다."[8] 이때의 진실한 감상은 사실상 대자연이 지니고 있는 탄복할 정도의 아름다움에 대한 상찬을 뜻한다고 볼 수 있다.

그는 또 자연에 의하여 자신의 德性을 함양하려 하였다. 그가 門人들과 함께 공자가 말한 樂山樂水를 논하는 사실이 그 좋은 예이다. "智者는 물을 좋아하고(樂水), 仁者는 산을 좋아한다(樂山)"는 공자의 언구를, 그는 외면에 적힌 글자의 해독에서 그쳐서는 안 된다고 한다. 퇴계는 물과 산의 특성에서 "智"와 "仁"의 德을 배워야 한다는 것이 공자의 본의라고 이해한다.[9]

퇴계가 자연을 찾는 이유는 여기서 그치지 않는다. "생각해 보면 산림 속에 즐길 만한 것이 있음을 일찍이 알았으나, 중년에 망령되게 출세 길로 나아가, 풍진에 엎어져 세월을 헛되이 보내다가, 거의 돌아오지 못하고 죽을 뻔하였다. 이제 비로소 새장 같은 세상을 벗어나 농촌으로 돌아와, 지난날 말하던 '산림의 樂'이 의외로 나의 앞에 있게 되었다. 그러므로 나는 이제 묵은 病들을 해소하고 남모르게 지녀 온 근심(幽憂)을 없애게 되었다."[10] 이 글은 자연을 가까이 할 때, 인간은 "병과 근심"도 떨쳐 버릴 수 있음을 밝힌 것이다.

자연과 더불어 또는 거기에 묻혀 사는 태도를 언급하면, 우리는 무엇보다도 老莊의 생활 양상을 떠올리게 된다. 위와 같은 퇴계의 사고는 과연 노장철학과 같은 것인가? 그는 아래와 같은 글을 남겼다. "옛날 산림을 즐

---

⁸ 『退溪全書』 권 41 「遊小白山錄」 935쪽, "大抵吾東之俗, 不喜山林之雅, … 千載無眞隱, 無眞隱, 則明其無眞賞可知.

⁹ 『退溪全書』 上, 권 37 「答權章仲」 841쪽, "知二樂之旨 當求仁智者之氣象意思".

¹⁰ 『退溪全書』 권 20 『溪山雜詠』 下: 『陶山雜詠』 「陶山記」(퇴계학 연구원) 170쪽, "顧於山林之間, 夙知有可樂也, 中年妄出世路風埃顚倒, 逆旅推遷, 幾不及自返而死也, … 乃始脫身樊籠, 投分農畝, 而向之 所謂山林之樂者, 不期而當我之前矣, … 然則余乃今所以消積病豁幽憂而晏然於窮老之域者捨是將何求矣".

긴 사람들이 두 부류가 있었다. 玄虛함을 받들고 高尙함에 힘쓰느라고 즐긴 사람들이 있고, 道義를 좋아하고 心性을 기르느라고 즐긴 사람들이 있다."[11] 이때 앞의 부류가 노장으로 대표되는 道家 계통이고, 뒤가 퇴계와 같은 성리학자들임은 물론이다.[12] 이로써 그가 자연을 애호한 이면에는 도덕의 실천을 위한 心性修養의 목적이 있었음을 알 수 있다. 따라서 그에 있어서 자연은 도덕을 지향하여 행하는 심성 수양의 準據인 동시에 그것을 가능케 하는 場이다.

퇴계와 같은 성리학자들이 사실 自然(天地)을 인간의 부모로 생각해 오던 종래의 사고를 합리화하였음을 상기하면 이 점은 더 분명해진다. 퇴계는 鄭之雲(秋巒: 1509~1561)과 더불어 제작한 「天命圖」에서 인간의 頭圓足方 형태가 곧 天圓地方의 형상을 닮은 것임을 도표화하여, 인간을 자연의 所生으로 명시코자 하였다. 이는 인간이 만물 중 靈長임을 나타내는 동시에, 자연에 대하여 孝를 행해야 할 관계임을 암시한 것이다. 물론 이때의 효는 부모에 대한 (도덕적인) 효와는 같지 않다. 이것은 자연이 인간을 그 原質로 태어나게 하고, 생활하게 하고, 죽은 뒤에는 그것에로 귀속되는 터전이 되어 주므로, 자연에 대한 報恩 차원의 愛好의 情을 가지고 보호하며 친숙해야 함을 의미한다.

그러나 인간과 자연의 原質 문제가 나오면, 퇴계의 사고는 자연과 인간의 관계를 이 정도로만 생각하지 않는다. 그는 張橫渠의 「西銘」에 담긴 사상을 좇아,[13] 인간이나 자연이 다 氣로 이루어졌다는 점에서, "만물이 다 인간과 같은 동류"(物吾與也)라고 생각한다. 이것이 이른바 퇴계 같은 성리학자들의 "物我一體"의 사고이다. 자연과 인간은 서로 별개로 양분되지 않는 하나라는 뜻이다. 이에 더하여 그는 특히 程顥와 朱熹가 각기 "仁"을

---

[11] 같은 곳, "雖然, 觀古之有樂於山林者, 亦有二焉, 有慕玄虛, 事高尙而樂者, 有悅道義頤心性而樂者".

[12] 안병주 「퇴계학에 있어서의 자연관과 인간관; 이퇴계에 있어서의 산림 생활의 의미」, 『退溪學報』, Vol.75.

[13] 退溪의 『聖學十圖』에 「西銘」을 담은 것이 그 대표적인 예증이다.

"生意"·"生物之心"으로 파악한 것에 기초하여,[14] 원래 "愛人"이라고 설명한 仁의 심성을 愛物·生意·生物之心으로까지 확충하여 물아일체로서의 천인합일을 실현할 수 있는 것으로 생각하였다.

이와 같은 자연과 인간의 調和를 퇴계가 천인합일의 표현으로 나타낸 것으로는 다음의 문장이 가장 대표적인 것이 아닌가 한다. "내가 생각하기에는 아마 욕심 없게 된 깨달은 이가, 청명 고원한 심회로 어쩌다가 光風霽月을 만나면, 자연의 경관과 정취가 하나로 되니, '天과 人이 합일'한 것이다. 興趣가 초탈·미묘하고, 潔淨·精微하며, 조용하고도 상쾌한 氣象은 말로 다 표현하기 어렵고, 즐거움(樂) 또한 무한할 것이다."[15] 자연은 이와 같이 인간과 합일한다고 할 정도로 조화를 이루어야 할 대상이다. 그 조화된 자연으로부터 인간은 美感을 비롯하여 治病, 治心, 德性涵養과 道德 지향의 수양의 준거 및 幸福感(樂)을 얻게 된다는 것이 그의 견해이다.

퇴계는 성리학자답게 자연을 理氣論으로 해석할 때가 많다. 그에 의하면 자연은 生滅集散하는 氣의 凝集體에 해당한다. 그러므로 氣가 생멸성을 가지는 한, 자연 전체인 우주 역시 어느 시점에 이르면 소멸되지 않을까 가상하게 된다. 즉, 우주 자연에 종말이 오지 않겠는지 의문을 가져 보게 된다.

이에 대한 퇴계의 답은 그렇지 않다는 것이다. 왜냐하면 "氣는 무멸하는 理에 근거하여 生成을 계속"하기 때문이다.[16] 자연이 氣의 계속되는 생성으로 인하여 영원히 존재한다는 것이다. 그러므로 영원히 존재하는 자연(즉, 天)과 인간이 합일한다는 사실은 곧 유한한 인간의 존재를 무한히 永存하게 하는 방법에 해당한다. 더욱이 우주 자연과 인간은 大我와 小我라는 동일한 성격으로 간주되어 온 것이 유학이고 성리학이다. 그러므로 자연과

---

[14] 이것 역시 『聖學十圖』의 「仁說圖」에 가장 잘 명시되어 있다. 물론 文集 속의 書에서도 많이 발견된다.

[15] 『退溪全書』上, 권 28 「答李宏仲」, 825쪽, "但愚恐只是無欲自得知人 淸明高遠之懷間 遇著光風霽月之時 自然景與意會 天人合一 興趣妙 潔淨精微 從容灑落底氣象 言所難狀 樂亦無涯".

[16] 『退溪全書』上, 권 27 「答鄭子中別紙」 604쪽, "氣根於理而日生者固浩然無窮".

인간의 합일은 곧 소아를 대아화하여 大人답게 살도록 함은 물론, 인간의 永生의 욕구를 충족시켜 주는 효과를 거두게 된다.[17]

4. 理 의미의 天

상제 천을 믿던 고대에 『周易』에서와 같이 일정한 사고의 틀을 적용하여 미래의 吉凶을 점친 것 자체가 "天"을 원리적으로 이해하려던 사고에서 비롯되었다고 할 수 있다. 사실 『周易』에서만 하더라도, 天과 아울러 "道"를 말하고 있음을 보면, 이러한 추정은 더욱 설득력을 얻는다. 그러나 유학사에서 최초로 "天이 곧 理"(天卽理)라고 한 것은 程顥이다. 程朱 성리학계에 섰던 퇴계인만큼, 그는 이 명제를 받아들인다. 그의 『天命圖說』 맨 첫머리에 이렇게 적은 것이[18] 그 좋은 예증이다. 天이 곧 理로 대용될 때의 의미 내용은 물론 理의 구체적인 의미 파악에서 밝혀진다.

天의 한 의미로 살폈던 "自然"의 생성 변화를 가리켜, 『周易』에서는 "氣인 陰陽의 일정한 법칙적 작용"에 의한 것이라고 한다. "一陰一陽之謂道"라는[19] 문구가 바로 그것이다. 이때의 道가 이른바 天道이고, 그것을 『周易』에서는 "元亨利貞"의 법칙으로 설명한다. 자연은 元亨利貞이라는 원리(천리)대로 생성 변화하지 무질서하게 변하지 않는다는 것이다.[20]

원래 "道"는 법칙 원리를 지칭하는 점에서 "理"와 상통한다. 天道가 天理로 대용될 때가 많은 사실이 그 점을 입증한다. "天道"는 "人道"와 대비되는 개념이고, 그런 의미에서 이때의 "天"은 자연을 지칭하지 상제를 지칭하지 않는다. 그리고 이때의 천은 비인위적인 특성, 즉 일정하고 불변적

---

[17] 이것을 논자는 「退溪 李滉의 자연관」(『조선시대 성리학의 연구』, 고대 민족문화연구원, 1998)에서 상론하였음.

[18] 『天命圖說』, 高大圖書館 소장본, 第一節, "天卽理也".

[19] 『周易』, 「繫辭篇」 "一陰一陽之謂道".

[20] 退溪에게서는 이 점이 그의 「天命圖」에서 극명히 드러난다.

인 특성을 그 자체 안에 내포한 것이다. 인위로 아무렇게나 변경할 수 없
는 일정 불변의 특성은 사실상 보편적인 "법칙이나 원리"의 특성이기도 하
다. 바로 이러한 사고를 근거로 "天"이 마침내 "理"와도 동일시되었다고 하
겠다. 『周易』에 "크도다. 乾元이여, 만물이 바탕하여 시작하며, 이에 統天
하누나"[21]라고 한 것도 天과 理를 동일시해 가는 초기 발상으로서, 元이 오
히려 天 이상의 원리라고 간주하는 사고에 해당한다고 볼 수 있다.

  天을 理와 동일시하고 대용하게 된 이면에는 또 다음과 같은 사고도 작
용했을 것으로, 논자는 추정한다. 일찍이 정이程頤는 앞서 인용한 『周易』
의 "一陰一陽之謂道"라는 것을 나름대로 재해석하여, "所以一陰一陽謂道"
라고 하였다. 일정하게 음으로 되거나 양으로 되는 原因(所以)이 道라는
것이다. 이때의 천도는 자연의 생성 변화에 내재한 속성적 법칙이나 원리
— 이를 성리학자들은 條理 또는 秩序라고 함 — 가 아니다. 자연의 생성
변화를 가능케 하는 원인으로서의 원리이다. 이 사고는 천도와 같은 天理
를 우주의 궁극적 근원인 "太極" 또는 "天命"과 동일시하는 성리학의 용례
로 알 수 있다.

  이와 같은 사고를 근거로 퇴계 같은 성리학자들은 理를 "所以然" 또는
"所以然之故"라고 한다. 이러한 것은 上帝 天이 인격신으로서 지니고 있던
"主宰性"을 "所以然"이라는 표현으로 나타내어, 천의 초인적 능력을 지닌
상제 천을 理로 대치한 것이다. 그러한 까닭에 퇴계 같은 학자들은 氣의
생성 변화를 설명할 때에는, 천의 주재성을 이용하기보다는 理에 함유된
원인(所以然)의 의미를 이용한다. 퇴계 이후 理 자체를 "氣의 主宰者"라고
하는 것이 그 좋은 증거이다.[22]

  퇴계에게서 理는 다만 "所以然"에 그치지 않는다. 그 理는 동시에 "所當
然"의 의미를 함유한다. 자연의 생성 법칙뿐만 아니라 當爲인 善의 원리까

---

[21] 『周易』「乾卦」象傳 "大哉 乾元 萬物資始 乃統天".
[22] 奇正鎭(蘆沙) 같은 학자는 "氣는 理의 手脚"이라고도 한다.

지 함께 지칭하는 것이 理이다. 理로써 所以然과 所當然을 일치시키는 것이 퇴계의 견해이다.[23] 그러한 理를 그는 실재시(無無)한다. 이러한 사고를 기초로 그는 理 자체를 善(純善)으로 보고, 周敦頤와 朱熹가 말한 "太極은 음양(자연)의 법칙일 뿐만 아니라, 지극히 좋고 지극히 善한 표준"이고,[24] "理는 대비될 만한 것이 없을 만큼 지극히 존귀하여, 物(氣)에 명령을 하되 물로부터 명령을 받지는 않는다"[25]는 사고를 계승한다. 뿐만 아니라 그는 "태극의 動靜에 의하여 陰陽이 처음으로 생겨났다"는 「太極圖說」의 이론을 계승하여 합리화하기에 심혈을 기울인다. 程朱의 "理一分殊" 및 "총체적으로는 하나의 태극(總體一太極)이지만, 개체마다 각기 하나의 태극을 지닌다"는 명제도 인정한다.[26] 이것은 우주 자연을 태극 또는 天命과 같은 "한 理의 체계"로 파악하는 사고이다. 그런 까닭에 퇴계는 "태극이나 천명은 그 자체로 유행하는 것이지, 다른 무엇이 (그렇게 되도록) 시켜서 유행하는 것이 아니라"고[27] 한다.

모든 것의 원인이며 순선인 理로서의 태극이 각 개체에 본구(分殊)되었다고 하는 이 사고는 원인이라는 측면에서는 생명의 연원을 의미하지만, 善이라는 측면에서는 도덕의 자율적 시행의 가능성·소질과 관련된다. 전자의 구체적 사상은 사실상 위에서 살핀 "자연과의 조화" 의미의 "천인합일"이 그 귀결이다. 그런 만큼 이제 여기서는 후자의 측면을 주로 살피기로 한다.

---

[23] 『退溪全書』 354쪽 및 논자의 「존재와 당위에 관한 퇴계 이황의 일치시」(『한국유학사상론』, 예문서원 1997) 참조.

[24] 『朱子語類』 권 94 "總天地萬物之理 便是太極, 太極本無此名 只是個表德 … 太極只是個極好至善的道理".

[25] 『退溪全書』, 上, 권 13, 「書」 354쪽, "此理極尊無對, 命物而不命於物".

[26] 『朱子語類』 권 4 "物物各具一太極".
이러한 사고는 다른 데서 논자가 오래 전부터 밝혔듯이, 우주 자연 전체를 太極이라는 理의 한 체계로 파악하여. 자연계 전체의 생성이 調和를 이루고 있다는 사고에 해당한다.

[27] 『退溪全書』 上, 354쪽, 「答李達李天機」 "太極之有動靜 太極自動靜也. 天命之流行 天命之自流行也. 豈復有使之者歟. … 蓋理氣合以命物, 其神用自如此耳. 不可謂天命流行處亦別有使之者也".

일찍이 원초 유학에도 "하늘이 나에게 德을 부여하였다"라는 발언[28]이라
든가, "하늘이 부여(命)한 것을 性이라 하고, 그 성을 따를 때 도덕이 이루
어짐"(天命之謂性 率性之謂道)이라는[29] 발언이 있었다. 이 본구적으로 타고
난 德과 性이 곧 도덕 행위를 할 수 있는 소질과 같은 것이다. 이 중의 "性
을 理"(性卽理)라고 해석한 것이 程頤 이래의 성리학자들이고, 퇴계 역시
예외가 아니다. 원래 마음을 "理氣之合"·"統性情"이라는 명제를 긍정하던
그였던만큼, 선척적으로 본구된 "性은 곧 마음의 理"라고 한다.[30] 이런 사
고 위에서 理(性命)에 연원한 마음이라는 道心과, 본구된 善한 性이 四端
으로 드러난다는 기존의 사상을 그는 나름대로 깊이 재해석한다. 그의 「人
心道心說」과 「四端七情理氣解釋論」이 그 좋은 증거이다.

퇴계에 의하면 本性이기도 한 이 理가 그대로 구현되는 것이 곧 所當爲
의 善한 행위를 행하는 경우이다. 그렇지만 그렇게 되지 않는 경우가 허다
한 것이 현실이다. 理가 제대로 구현되지 않는 경우는 氣 또는 氣質에 가
려진 人欲 때문이다. 그러므로 선한 행위를 하기 위해서는 氣에 좌우되는
人欲을 제거하는 노력이 필요하다. 그 노력이 바로 敬을 위주로 한 修養이
다. 敬(精一)의 마음가짐을 가지면, 인간은 스스로 마음속의 理(天理)를 알
게 된다고 한다.[31] 따라서 敬의 상태에서 朱熹 등이 말한 "去人欲 存天理"
가 가능하다는 것이다.[32]

이 본성인 理(天理)의 보존 내지 실현이 사회적으로는 도덕적 행위의 실
천이지만, 이것은 사회적 차원의 의미를 지니는 데서 그치지 않는다. 이것
은 天理가 太極이나 天命과 같은 理라는 점에서, 더 나아가 우주 차원에서
도 이해할 수 있는 當爲의 실행인 것이다. 따라서 "去人欲 存天理"는 궁극적

---

[28] 『論語』, 「述而」. "天生德於予".　　[29] 『中庸』首章 "天命之謂性 率性之謂道".

[30] 『聖學十圖』, 「心統性情圖」「仁說圖」 등.

[31] 『退溪全書』 上, 권 30 「答鄭子中」 607쪽, "如勿忘勿助, 則道之在我 而自然發見 流行之
實 可見".

[32] 『退溪全書』 上, 권 36 「答李宏仲」 824쪽, "能精能一, 則不畔於道心 不流於人欲矣".

으로는 본성으로 구비된 태극 또는 천명으로서의 天과 합일하는 것이라고
이해할 수 있다. 이것이 퇴계의 "天卽理" 측면의 "천인합일"의 내용이다.

5. 天과 神의 비교

天을 上帝라고 상정할 때 16세기 예수회에서 天主와 같다고 하였듯이, 오
늘날에도 그러한 통념에서 기독교의 神과 같은 것으로 간주하는 경우가 있
다. 그러나 이 점은 이미 「闢衛編」 등에서 논급되었고, 서두에서도 조금 언
급하였듯이, 같은 점도 없지 않지만 몇 가지 점에서 서로 같지 않다.

우선 기독교의 神이나 上帝·天이 의인화된 인격신이라는 것은 서로 같
다. 그러나 기독교의 신이 전지 전능한 초월적 절대자로서 인간과 자연의
창조주이지만, 상제 천은 완전무결한 절대자가 아니다. 천이 창천의 자연
신으로 믿어지기 시작해서인지, 초인적 능력은 지녔지만, 인간과 자연을
관할하는 주재자일 뿐이다.[33] 의인화된 천이 인간들을 낳았다(天生蒸民)고
하더라도 이것은 조물주가 造物하는 식의 창조가 아니다. 인간 탄생의 연
원을 생성론적 사고로 나타낸 표현에 불과하다.

"造物"이라는 용어를 유학에서도 말하지만, 그것은 원래 『莊子』에서[34] 나
온 것을 "造化"의 의미로 사용하는 것이다.[35] "造物主"는 천주교 특히 개신
교 전래 이후에 사용되었지 그 이전에는 사용된 것이 아니다. 그러나 유학
에도 분명히 "神"이라는 단어가 있고, 그것을 대체로 다른 종교의 신에 대
비적으로 사용하고 있음도 사실이다. 그런 만큼 유학, 특히 퇴계 경우의
신 개념을 분명히 하지 않을 수 없다.

유학에서 "神"이라는 용어를 구체적으로 언급하기 시작한 것은 『周易』이

---

[33] 논자, 「유학의 자연철학」 『조선 유학의 자연철학』, 예문서원, 1998.

[34] 『莊子』, 大宗師篇, 天下篇.

[35] 16세기 초 鄭汝昌의 『一蠹集』 같은 데서 이 점을 확인할 수 있다.

다. 거기에서 신은 "음양의 작용을 예측할 수 없는 것"[36]이다. 달리 말하면 신은 "만물을 妙하게 하여 말하게 되는 것"이다.[37] 이렇게 만물을 생성·소멸시키는 氣 작용을 보고서 말하는 것이지만, 그것이 무엇인지 분명히 말할 수 없는 것을 유학자들은 신이라고 하였다. 퇴계에 의하면 『周易』에서는 神을 "神明"으로도 나타내는데, 그것은 占卜으로 미래의 吉凶을 예측하려 할 때의 용법에 속한다.[38]

성리학자들에 이르러서도 氣 작용에서 알 수 없는 神妙함을 여전히 神이라고 한다. 張載가 鬼神을 "두 氣의 良能이라"고[39] 하고, 周敦頤가 神을 物과 대조하여 말하는 것이 그 좋은 예이다. 그는 "動이면 靜함이 없고, 靜이면 動함이 없는 것이 物"이지만, "動하면서도 動이 없고, 靜이면서도 靜함이 없는 것을 神이라고 한다".[40] 두 氣의 모순되는 작용이 神이라는 뜻이다. 이렇게 氣를 떠나서 말할 수 없는 것이 퇴계 같은 성리학자들의 신이다.

신을 논하면 곧 연상되는 것이 "鬼神" 또는 "魂魄"이다. 그렇지만 이것들 역시 음양 두 氣 작용의 신묘함이거나, 氣 그 자체이다. 程頤 등이 이미 "鬼는 陰의 靈이고 神은 陽의 靈"이며, 陳安卿이 "魂은 氣의 神이고, 魄은 體의 神"이라고 하였음을 퇴계가 전하는 예가 그러한 것이다.[41] 여기서 말하는 "靈"이 곧 氣 작용의 신묘함을 가리킨다. 이는 "氣가 屈한 가운데 또 伸이 있음을 鬼에 靈함이 있다"고 하는 뜻이다.[42] 이러한 까닭에 퇴계는 다음과 같이 말한다. "程易傳의 乾字의 해석에 이르기를, '天道 天 乾 帝에서 功用으로 말하면 鬼神이고, 묘용으로는 神이라 한다'고 하였는데, 나의 생

---

[36] 『周易』, 繫辭上. "陰陽不測之謂神", 그리고 이런 점에서 "知變化之者, 其知神之所爲乎"라고도 한다.

[37] 『周易』, 「設卦傳」 "神也者 妙萬物而爲言者也".

[38] 『退溪全書』 上, 권 28, 604쪽, "聖人立卜筮之法, 滉謂神明之神".

[39] 『正蒙』, 「太和」 "鬼神者, 二氣之良能也".

[40] 『通書』 권 16 「動靜」 "動而無靜靜而無動物也, 動而無動靜而無靜神也".

[41] 『退溪全書』 上, 권 10 「答曹楗仲別紙」, 286쪽, "魂是氣之神, 魄是體之神".

[42] 『退溪全書』 上, 권 14 「答南時甫」 364쪽, "然朱子以屈伸中又有伸 爲鬼之有靈, 非必謂鬼以歸屈之氣轉回來形現爲靈也. 但言方屈之氣 而亦有靈, 其靈處謂之 屈中之伸 可也 云爾".

각으로는 단지 ‘天地의 造化’인 것을 가리켜 말하는 데서 다름이 있을 뿐이다”[43]라는 것이 그것이다. 이밖에 제사 때의 신 또는 귀신은 제사 지내는 사람의 精誠을 드리는 “誠意” 여하에 달렸다고 주장한다.[44] 성의가 있으면 조상의 神이 와 있는 듯이 생각되고, 성의가 없으면 그러한 것이 없는 것처럼 여겨진다는 뜻이다.

이렇게 여러 가지 뜻으로 말해지는 “神” 개념을 퇴계는 다음과 같이 정리한다:

“무릇 神에는 세 가지 구별이 있다. 첫째는 天에 있어서의 신이고, 둘째는 인간에 있어서의 신이고, 셋째는 제사에 있어서의 신이다. 세 가지 신이 비록 다르지만, 신이라고 하는 까닭으로 말하면 같다. 그 다름을 알고 또 같음을 알아야 더불어 신의 도를 말할 수 있다.

댁의 서한에 말한 周子의 ‘動無動 靜無靜’의 신이나, 晦庵의 ‘五行’의 신, 子思의 ‘神之格思’의 신, 孔子의 ‘方體가 없는’ 신 같은 것은 모두 ‘理가 氣를 타고 出入’(乘氣而出入)하는 신으로, 이것들은 천에 있어서의 신이다. 程子의 ‘凝神’의 신이나, 張子의 ‘心神’의 신, 晦庵의 ‘在人爲理’의 신, ‘心神安定’의 신 같은 것은 곧 사람에 있어서의 신이다. 이 두 가지는 다 단칭으로 부르는 신이다.

이밖에 ‘精神’이나 ‘魂魄’이라 하는 다른 이름들은 다 인간의 몸에 입각하여 음양을 대립시켜 말하는 것이다. 陰은 精이고 陽은 神이며, 陽의 신은 魂이 되고, 陰의 신은 魄이 되므로, 그 이름을 달리하지 않을 수 없다. 그러나 그 신은 둘이면서 하나이다. 그러므로 통칭하여 神이라고 부를 수도 있는 것이다.

제사에 있어서의 ‘鬼神’으로 말하면, 그것은 또 둘이면서 하나인 것에 기초하여 ‘往屈來伸’으로 말하는 것이다. 이런 귀신은 ‘聚散 有亡’의 情狀

---

[43] 『退溪全書』 上, 권 40 「書」 899쪽, “程易傳釋 乾字曰 夫天專言之則道也. 以形體言謂之天 以性情謂之乾 以主宰謂之帝 以功用謂之鬼神 妙用謂之神 今按只是天地造化 但所旨而言異耳”.

[44] 『退溪全書』 上, 권 33 「答金應順」 771쪽, “有其誠 則有其神, 無其誠 則無其神”.

과 같은 뜻이 있다. 그러나 요컨대 그것도 역시 두 가지 物이 있는 것이 아니다. … 이밖에 三魂 七魄이니 하는 … 황당한 설도 있으나, 논할 만한 것이 못된다. 흔히 영원히 존재하여 없어지지 않는다고 하지만, 실은 비록 흩어져 없어진 것 같으나 그 理에 근원하여 날로 生하는 氣가 호연하여 다함이 없기 때문이다. 그러므로 誠을 다하여 구하면 곧 서로 감응하여 마치 처음부터 없어지지 않는 것 같다.”[45]

이로 보면 퇴계의 견해 역시 神은 陰陽 두 氣의 불가사의한 정도의 묘한 작용을 가리키기도 하고, 그 두 氣의 특성을 가리켜 말하는 것이다. 하늘과 사람과 제사에 있어서 말해지는 神이 모두 그러하다. 그러나 퇴계가 氣의 측면만으로 설명하지 않는 신이 있음에 주의해야 하겠다. 그것은 천에 있어서 “氣를 타고 出入하는 理”[46]와 “인간에 있어 理”를 神이라고 한 것이다.

理가 일정한 법칙 원리로서 所以然 所當然이라는 것임을 감안하면, 理는 언뜻 보아 불가사의할 정도로 묘한 것으로 보이지 않기 때문에, 理를 신이라고 함이 의문을 일으킨다. 이를테면 理는 “動而不動 靜而不靜”하기보다는 합리적인 것이지, 불합리하거나 자체 모순의 의미를 함유한 것이 아니다. 그럼에도 神을 理로 대용할 수 있다고 하는 근거는 무엇일까?

李相殷 교수는 이 점에 있어, 理 자체의 특성에 대한 설명은 하지 않고, 다만 이때의 氣에 대해서만 설명하였다. 그에 의하면 이때의 氣는 質化·形化한 氣가 아니라, 그러한 상태를 벗어나 淡然虛明하고 靈通無碍한 본체로서, 유동 변화의 본래 모습을 보이는 氣라고 한다. 그러므로 이때의 氣는 인간의 性情에 대한 理發·氣發을 비유한 “人乘馬出入”의 馬와 같은 氣로 보아서는 아니 된다고 하였다. 그러한 氣가 아니기 때문에 理와 氣가

---

[45] 『退溪全書』上, 권 29 「答金而精別紙」 689쪽, “如祭祀之鬼神 又就二而一者 以往屈來伸者言之 故有若聚若散若有若亡之情狀 意思要之 亦非有二物也 … 所謂三魂七魄 … 是荒唐之說 不足辨也. 恒存不亡者 實非恒存 雖若散而亡矣. 其氣之根於理 而日生者浩然而無窮, 故至誠以求之 則便相感應若初未嘗亡者耳”.

[46] 이것 역시 퇴계가 처음 말한 것은 아니다. 주희가 이미 말한 것이다. 『退溪全書』上, 권 29 「別紙」 689쪽 참조, “是理乘氣出入之神”.

虛靈自在에 있어 완전히 일치되어 서로 괴리가 없는 경우라는 것이다.[47]

이것은 氣에 대해서는 매우 적절한 설명으로 보인다. 그러나 이때 왜 理를 神으로 대치할 수 있는가 하는 데에 문제가 있다. 이 점에 대하여 논자는 다음과 같이 생각한다. 理는 원래 퇴계에 있어서도 "至虛而至實 至無而至有"한[48] 모순적인 성격으로 설명되는 것이다. 理가 추상적 보편자라는 점에서 虛한 것이지만 의미로는 內實을 갖추었고, 無形 無體의 감각을 초월한 점으로는 無라고 할 수도 있지만 無死 無滅의 특성으로 실재하는 특성으로는 至有라고 표현된다. 거기에 理는 上帝 天의 "主宰性"과 같은 "所以然"으로서 "命物而不命於物"하는 특성을 지녔다고 상정되었으므로, 理는 내용상 상제 천의 역할을 하는 것이다. 따라서 이런 理는 "氣를 타고 出入"하는 일종의 神이라고 할 수 있다. 더욱이 퇴계는 理를 所以然과 아울러 所當然의 善 자체(純善)라고 하였으므로, 理는 이런 점에서도 仁愛의 특성을 지닌 상제 천과 서로 통한다. 따라서 氣를 타고 출입하는 理는 神과 같고, 그렇기 때문에 朱熹는 이것을 특히 "인간에 있어서의 神"이라고 한 것으로 이해할 수 있다. 이렇게 이해하면 그 氣가 어떤 氣이든지, 理로 대용되는 神은 도덕적인 성격으로 말해지는 경향이 강하다.

6. 맺는말

이제까지 살핀 대로 퇴계의 "天" 개념은 上帝·自然·理 등의 의미를 포함하는 다의적 개념이다. 유학사에서 이루어져 온 "天"의 의미들을 그는 하나도 버리지 않고, 다 인정하면서 계승하고 있다. 그렇다고 그의 이러한 사상 경향이 그의 변별력 부재로 인한 것 같지는 않다. 그는 天 개념에 내포된 의미들을 각각 때와 장소 또는 문제에 따라 적합하게 사용하고 있기

---

[47] 李相殷, 『退溪의 생애와 학문』 예문서원, 1999, 185쪽.

[48] 『退溪全書』 上, 권 16 「答奇明彦別紙」 424쪽, "是理至虛而至實, 至無而至有".

때문이다. 그의 이러한 사고 경향은 오히려 포괄적이며 실용적인 사상의 특색으로 이해해야 할 것이다.[49]

퇴계가 "天"을 여러 가지 의미로 사용하였지만, 그 여러 의미를 사용하는 경우에 일관적으로 관통되는 한 가지 특징이 있다. 그것은 다름 아닌 修養의 필요성을 어느 경우에나 빠짐없이 필수 요건처럼 언급하고 있다는 점이다. 이 사실은 결국 그의 天觀이 근본적으로 도덕 지향의 특성을 지닌 것임을 시사하는 것이라고 해야 할 것이다. 따라서 수양을 바탕으로 한 도덕의식을 제거한다면, 그의 "天人合一"은 어떤 시각에서도 성립하지 않는다. 이것이 바로 퇴계의 天觀에 내포된 또 하나의 특징이다.

퇴계에게 비록 상제라는 인격신을 믿는 경우가 있지만, 다른 한편 고도로 발달된 理氣哲學인 太極 天命과 같은 理를 응용함으로써, 어느 학자 못지않게 합리적인 天觀을 피력하였다. 그렇지만 합리적 사고가 있음에도 불구하고, 다른 한편에는 반드시 그렇다고만 할 수 없는 측면이 있음도 간과할 수 없다. 그것은 다름 아닌 그의 神觀과 연결된 천 개념의 성격 문제이다.

그는 합리적인 사고를 구사한 나머지 "氣를 타고 출입하는 理"를 神이라고 하였다. 그러나 이러한 이론은 "天卽理"이고 "理卽神"이라면, 결국 "天卽神"이라는 결론에 이른다. 이와 같은 논리 내지 이론이 성립됨을 고려하면, 그의 "天"은 단순하게 이해하기 어려운 "神"의 의미까지 내포한다. 따라서 이것은 바로 그의 다양한 "天" 개념에 새로운 의미 하나를 추가하여 그것을 더 복잡하게 하는 요인이라는 것이 논자의 견해이다.

---

[49] 이 점 위에서 인용한 논자의 「16세기의 天命思想과 儒教政治」에서도 언급하였음.

송항룡

한국 도교 사상의 특질

1. 유가 사상과 도가 사상

유가儒家에서 말하는 요순堯舜 시대가 인류가 원하는 가장 바람직하고 완전한 사회로서의 요구적 설정인지, 아니면 그런 사회가 실제로 있었던 것인지는 알 수가 없으나 우리가 알고 있는 역사 속의 인간의 현실적 삶은 항상 말세론적末世論的 불안과 공포 속에서 살아왔다고 할 수 있다. 커다란 시간의 흐름 속에서 역사는 확실히 발전해 왔을지 모르지만 그 역사를 만들면서 살아온 당장의 현실적 인간은 항상 불안과 절망, 개탄 속에서만 살아왔던 것이다. 그러나 그러한 고민적인 삶이 오히려 인간의 인간다운 값진 삶이요, 발전적 역사를 창조해 오는 삶의 본질이요 가치라는 것이 유가 철학의 핵심이었다.

그러므로 유가에서 가장 바람직한 인간은 고민하는 인간이요 걱정하는 인간이요, 눈앞의 현실을 개탄하며 새로운 것을 찾아 헤매고 방황하는 인간이다. 공자孔子가 그 대표적인 인간이었다면 맹자孟子는 그것을 부채질한 인간이었다. 이 세상에서 공자만큼 고민하고 공자만큼 걱정하고 공자만큼이 현실을 향해 개탄한 사람이 없을 것이다. 공자가 요구한 새로운 것, 맹자가 요구한 새로운 것, 그것은 언제나 고민을 하기 위하여 설정되는 새로운 것이요, 현실 앞에 실제로 옮겨질 수 있는 그런 새로운 것은 아니었다. 그러므로 공자가 앉았던 자리가 따뜻해질 겨를도 없이 천하를 찾아다녔건만 그 새로운 것을 현실 속에서 찾을 수 있었던 것이 아니요, 맹자가 제왕諸王들을 찾아다니며 비수보다도 더 무섭고 날카로운 필설을 휘둘렀건만 그들의 마음 한구석을 상처 내거나 가슴속 한 조각을 도려내지도 못하였던 것이다. 그러나 공자와 맹자는 그러한 고민스런 삶이 인간 본래의 삶의 모습이요 그 본래의 삶이 역사의 흐름을 뒷걸음치지 않고 발전적 창조를 수행하도록 한 원동력이라고 믿었다. 그리하여 찾을 수 없는 것임을 알면서도 현실 속에서 그 새로운 것을 찾아 공자는 일생을 헤매었고, 왕도정치가 현실 속에 뿌리내려짐이 아님을 알면서도 맹자는 그들을 향해 웅변을 터뜨렸던 것이다.

공자와 맹자가 성인된 소이所以는 바로 여기에 있었다. 유가 사상 속에서의 발전적 소이도 여기에 있다. 유가적 인간은 고민하는 인간이어야만 한다. 천도천명天道天命은 우환 의식憂患意識이 없지만 성인은 우환 의식이 있음으로써 성인이다. 그러므로 인간은 우환 속에서 살며 안락 속에서 죽는다 (人生於憂患, 死於安樂)고 하였다. 이것은 곧 고민이 인간 삶의 본질이요 힘이요 참다운 현실의 모습임을 의미한다고 하겠다. 우환 의식으로 드러나는 인간의 고민은 유가에서는 곧 도덕 의식道德意識을 의미한다. 인간의 인간된 소이를 천도天道와 구별하여 바로 도덕 의식에서 찾았던 것이다.

그러나 그 도덕 의식이란 인간 삶의 본질이요 힘이요 참다운 현실의 제모습일지는 모르나, 또한 역사의 흐름을 뒷걸음질치지 않고 발전적 창조를 가져오게 한 것인지는 모르나, 그 의식이 강하면 강할수록 그것을 달성하려는 현실적 인간의 삶은 고달프고 걱정과 불안이 더해지면서 개탄하는 현실 부정의 소리만 높아 갔다. 공자가 그것을 가장 크게 담당했던 사람이었기 때문에 그의 현실적 삶은 누구보다도 고달팠던 것이요 그의 개탄하는 소리는 몇천 년이 지난 지금의 우리에게까지도 생생하게 들려오고 있는 것이다. 그 고달픔과 그 개탄하는 소리가 역사의 거대한 수레바퀴를 서서히 앞으로 굴러가게 하는 힘이었을지는 모르나 역사를 위해 사는 것이 사람의 의미가 아닌 바에야 고달픔과 한숨과 고민이 인간 삶의 본질일 수 없고 참다운 현실적 삶의 모습은 아니라는 것이 노자老子와 장자莊子로 시작되는 도가 철학道家哲學의 주장이라고 할 수 있다.

그러므로 노자와 장자는 역사의 수레바퀴가 어떻게 굴러가든 그것을 위해 고달프거나 걱정을 하거나 고민을 하지 않는다. 도가道家에서 가장 바람직한 인간은 고민 없는 인간이었다. 누구를 위해 무엇을 위해 고달파하지도 걱정하지도 않는다. 현실을 부정하지도 긍정하지도 않는다. 그러므로 공자와 같은 개탄함도 없는 것이요, 개탄함이 없는지라 새로운 것을 찾아

요구함도 없다. 그저 모든 것이 현실적으로 있는 그대로요, 그것이 현실의 참모습이요, 그 안에 내맡기는 것이 참삶의 제 모습이다. 이것을 도가에서 자연이라고 하였고 자연에 맡긴다고 했던 것이다. 자연은 글자 그대로 스스로 그러한 것, 있는 그대로의 자신이요 모습이다. 이것을 그대로 두지 않는 데서 걱정이 생기고 고민이 생기고 고달픔도 생긴다. 네가 있고 내가 있으면 있는 그대로가 현실이요 실상實相 그대로인데, 너는 내가 아니요 나는 네가 아니라는 판단과 주장과 생각을 만들어, 있는 그대로의 현실을 부정하고 새로운 것을 찾아 변형變形하려는 데서 걱정이 생기고 고민이 쌓이며 고달픔이 따른다. 있는 그대로의 현실을 부정하고 새로운 것을 찾는 것은 있지도 않은 것을 있다고 찾는 것이니 장자는 이것을 오늘 떠나 어저께 도착하려는(今日適越而昔至也) 일만큼이나 맹랑한 것에 매달리는 격이 아닐 수 없다고 하였다. 이러한 맹랑성을 도가 철학에서는 인위人爲라고 했던 것이다. 인위는 글자를 붙여 쓰면 위僞니, 위는 거짓됨이요 거짓됨은 있지도 않은 것을 있는 것으로 꾸며 내려는 억지이다. 이 억지를 벗어나 현실을 현실로 바로 봄이 다름 아닌 무위無爲다. 무위에서 드러나는 실상實相이 자연이다. 그러므로 무위자연無爲自然이라고 한다. 자연은 실상이요, 현실이요, 있는 그대로의 변형 없는 자신이요 모습이다. 이러한 있는 대로의 현실의 관조법觀照法을 장자는 심재心齋라고 하였고 천균天鈞에 가 쉰다고 했던 것이다. 크다 작다, 좋다 나쁘다, 옳다 그르다, 이다 아니다는 있는 사실, 즉 자연과는 무관한 것이요, 있지도 않은 것을 있다고 하는 것으로, 사유와 판단과 비교 의식하는 데서 생겨나는 상대적相對的 조작품造作品이니 있지도 않은 것을 있다고 조작造作할 바에야 어느 무엇인들 주장할 것이 없을 것이랴(無物非彼 無物非是)는 것이다. 이러한 있지도 않은 것을 있는 것처럼 만들어 실재화實在化하려는 것을 노老 · 장莊은 인위人爲라고 하고 유위有爲라고 한다. 유위야말로 모든 고민의 근원이요 사유요 판단이요 상대적 의식의 산물로 실제로 있는 현실이 아니요 실상이 아니요 자연이 아니다. 이 유위에 매달리는 데서 걱정이 생기고 고뇌와 고달픔이 생긴다.

노·장은 이 유위有爲를 거척拒斥하는 사상이다. 그것이 다름 아닌 무위자연無爲自然 사상이다. 그러나 공孔·맹孟을 중심으로 하는 유가 사상은 철저하게 유위의 입장에 선다. 생각하고 판단하고 고민하고 걱정한다. 유가는 유위의 사상이요, 도가는 무위의 사상이다. 유위는 곧 머무름(靜止)의 대표적 개념이요, 무위는 곧 흐름(變化)의 대표적 개념이다.

2. 도교 사상과 도교

머무름의 바탕 위에서 판단과 분변分辨 속에 선악 시비善惡是非를 분명히 하려는 것이 유가 철학이라면, 흐름을 바탕으로 진실재眞實在를 찾아 그 자리에 서려는 것이 도가 철학의 전개요 사상이라고 할 수 있다. 시비 선악을 분명히 하려는 데서 유가는 가치 철학이지만 진실재를 찾아 그 자리에 서려는 데서 도가는 실존實存의 철학이라고 할 수 있다. 실존은 가상적假相的으로 있거나 사념 속에 조작된 것으로서 있는 것이 아니라 자연석 실상實相으로 실재實在하고 있음을 의미한다. 이 실존적 존재의 규명을 찾아 비실재적인 것을 더듬어 하나하나 제거해 들어가는 작업을 여러 가지 비유법을 써 가며 따지고 분석해 들어간 것이 도가 철학이다. 그리하여 찾아낸 진실재가 도道요, 자연이요, 찾아 들어가는 방법론으로 제기된 것이 무위無爲요 양망兩忘이요 상아喪我요 제물齊物이다. 무위는 다름 아닌 머무름의 부정否定 이외의 것이 아니며, 진실재가 흐름의 실상 이외의 것이 아니다. 그러므로 도가는 머무름, 곧 유위有爲의 내용을 밝히면서 무위가 들어가 앉을 자리를 모색해 나간다.

도가 철학에 있어서 무위는 알파요 오메가다. 도道에 앞서 무無가 더 본질로 드러나는 이유도 여기에 있다. 그러나 도교는 도가 철학에서 추구되는 진실재眞實在를 삶의 생명적 실존으로 변이變移시킨다. 그리하여 영속적 생명을 희구하는 장생불사長生不死의 신선神仙 사상과 결합하여 다양한 제 종교諸宗教 양상의 의식을 갖추는 데서 도교로서의 자기 모습을 드러낸다. 그러므로 도교는 도가 철학과 밀접한 관계성 속에서 전개하고 있지만 실은 같은 것을 하나는 철학적 측면에서, 하나는 종교적 측면에서 추구하는 단순한 방법론만의 차이를 가지는 것이 아니다. 도교道敎는 원래 노老·장莊과는 별개의 기반 위에서 출발하고 있으며, 그 추구하는 향방도 목적도 별개의 것으로 내닫고 있다. 이것이 도교와 도가 사상이 함께하지 못하는 서로의 자기 한계성이다. 그러나 도교는 이론을 갖추는 데 있어 그 이해의 근거를 도가 사상에서 찾고 있다. 그것이 다름 아닌 진실재에 대한 생명적 실재實在에의 변이變移이다. 장생불사에의 자기 방법론적 체계이다. 그러나 노·장은 결코 장생불사를 도모한 이론적 체계가 아니다. 물론 지인至人·진인眞人·신인神人 등의 신선의 이야기가 나오고 장생불사의 이야기가 나오지만, 그것이 도교의 이론적 근거를 가지게 하는 것이 사실이지만 그것은 모두 우화寓話나 비유법으로 주어진 설명들이요, 결코 노·장이 생명적 실존實存의 영속을 도모하거나 추구한 학學으로서의 이론 전개가 아니다. 노·장은 생명적 실존의 의미도 없을뿐더러 도무지 생사生死의 의미도 구별도 있는 것이 아니다. 다만 실상의 실재 앞에 마주 서는 그것만이 있을 뿐이다. 그러므로 생사는 그와 무관한 것이요 관심밖의 것이요 추구하는 바의 대상이거나 목적도 아니다. 그는 생명적 실존을 요구하기는커녕 생사의 저만큼 밖에 나가 서 있는 것이다. 그런 점에서 보면 도교와 노·장은 근본적으로 함께할 동질同質의 사상이 아니다. 그러나 생명적 실존의 근거를 노·장에다 대고 있는 장생불사의 추구를 노·장적 방법론에서 얻어지는 것이라고 확신하는 도교 이론의 전개는 도교와 도가 사상을 강하게 하나로 묶어 버리는 계기를 마련하기도 한다. 그러나 도교는 그 이론의 근거를 노·장에 대고 있을 뿐 노·장의 사상 내지 그 이론이 그대로 이입移入되어 들어간 것은 아니었다.

그것은 노·장에서 추구하는 목적이 같은 것이 아니었기 때문이다. 그러므로 도교는 그 이해의 근거를 비록 노·장에다 대고는 있지만 이후 그 전개 과정에 있어서는 역리易理를 비롯한 음양陰陽·오행五行·참위讖緯·점성占星, 심지어는 병법兵法의 이론까지를 뭉뚱그려 수용하는가 하면, 윤리적 차원에서는 유교의 이론도 강하게 받아들이고 또 교단敎團 형성에 있어서는 불교의 조직을 모방하기도 하면서 종교적 바탕으로서는 무속적巫俗的인 민간 신앙의 요소를 항상 함께하고 있었던 것이다. 그러므로 실상 도교 안에는 포함되어 있지 않은 사상 종교가 거의 없을 만큼 그 내용은 복잡하고 그 실제의 신앙 형태도 걷잡을 수 없을 만큼 다양한 종교 현상으로 표출되어 나왔던 것이다. 그러므로 도교란 어떠한 종교인가라는 문제 앞에 다른 종교처럼 어느 한 가지로 정의를 내릴 수 없다는 정의 아닌 정의를 들고 나오게 되는 것도 바로 이러한 점에 있다고 하겠다. 그러나 이것은 다양하게 표출되는 종교 현상의 현장적 요소만을 생각했을 때의 도교의 모습이다. 그러나 그 표출된 현장적 현상의 모든 복합성과 다양한 신앙 형식의 그 내면에는 불로장생不老長生을 한 가지 목적으로 삼고 그와 관련하여 현세 이익現世利益을 추구하는 궁극적인 지향성을 가지고 있다는 데서 확실한 도교의 자기 면모를 찾을 수 있다고 하겠다. 이 불로장생의 추구, 곧 불사不死의 탐구는 신선설神仙說에 관계되는 구체적인 이론 내지 신앙 형식들로 다양한 도교 현상의 내용을 가지면서 현장적 종교 현상으로 표출, 현실 앞에 구체적으로 드러난다. 그 가운데서 비교적 합리적인 이론 체계와 논리적인 사고의 바탕 위에서 추구해 온 도교 현상이 양생술養生術 곧 단학丹學의 도맥道脈을 형성, 수련도교의 맥脈을 형성케 했고, 양재기복禳災祈福의 무축적 기구祈敉 현상으로 나타난 것이 민간신앙과 함께 생활 습속화하면서 현세 이익 사상을 낳아 도교 사상의 내용을 가지게 했다고 할 수 있다. 이러한 신선神仙 사상의 맥을 노·장에다 댐으로써 도교와 도가 사상을 하나로 결속하게 만들고 있다. 그러나 앞에서도 말하였거니와 노·장은 신선을 목표로 하거나 신선술을 말하고자 함에 있었던 것이 아니었다. 그렇지만 도교는 그것을 끌어다 자기 입론의 근거를 삼았고 이용했다. 바로 여기에서 도교와 도가 철학은 함께하면서도 실은 구분되어 이해돼야 한다는 입론이 가능해지는 것이다. 그 추구하는 바 목표를 달리하는 한 아무리 같은 근거의 입론을 세운다 하더라도 도교는 도교대로 노·장은 노·장대로의 사상으로 이해되어야 한다고 믿는다. 그러나 우리나라의 도교와 도가의 수용은 처음부터 그러한 구분 속에서 이해된 수용은 아니었다. 그대로 도교가 도가 사상이요 도가가 곧 도교 사상이었던 것이다.

3. 도교 사상의 수용과 의식

도교道敎와 도가道家 사상은 우리나라에서 자생한 사상이 아니요 유儒·불佛과 마찬가지로 대륙으로부터 수용된 사상이었다. 도교와 도가를 이해의 구분 속에서 수용한 것이 아니라 동일 사상으로 수용한 것이다. 도교와 노老·장莊 사상은 그 깊은 이해가 선행되지 않고는 구분적 수용이 가능한 것이 아니므로 이것을 조금도 잘못된 수용이라거나 변칙적인 수용이라고 볼 수는 없다. 오히려 그것은 가장 올바른 도가 사상의 수용이요 또한 가장 올바른 도교 사상의 수용이라고 할 수 있다. 왜냐하면 사상의 수용은 깊은 이해가 이루어지고 나서 수용되는 것 — 그것이 바람직한 것이긴 하지만 — 이 아니라, 그보다는 오히려 수용된 이후에 그것에 대한 깊은 이해가 이루어지는 것이기 때문이다. 우리나라의 경우 문제는 도교와 도가 사상의 구분적 이해가 과연 분명하게 이루어졌느냐의 것으로 관심을 돌릴 때 수용 이후로도 끝내 그런 이해로는 발전하지는 못했다는 사실이다. 이것이 한국 도가 사상 내지 도교 사상의 특색으로 드러나거니와 이는 도교와 도교 사상을 수용하였지만 우리는 한 번도 그것을 절실하고 심각한 문제의식으로 대두시켜 본 일도 없다는 것을 의미한다고 볼 수 있다. 이것은 또한 우리나라의 경우 도가 사상과 도교의 수용은 고대로부터 생활 습속이나 민간신앙 속에 자연 습합自然習合으로 이루어져 온 것이요, 특별히 외래 사상 외래 종교로서의 의식 속에 수용된 것이 아니었음을 의미하기도 한다. 이것이 나름대로의 특별한 이론 체계나 민간신앙과 구별되어 색다른 종교로서의 도교 의식 체계를 제대로 가져오지 못하게 한 구실을 마련하였는지도 모른다. 과거 우리의 생활 습속과 민간신앙 속에는 일찍부터 도교와 도가 사상을 내재하고 있음을 십분 느끼고 이해하고 있으면서도 그 실체가 무엇인지를 유교와 불교처럼 구체적으로 잡아내어 이론화시키지 못하는 이유 중의 하나가 또한 여기에 있다 할 것이다. 그러므로 우리나라에 있어서 도교와 도가 사상의 실재는 처음부터 생활 습속과 다양한 민간신앙 속에 현상으로만 존재하고 있을 뿐이요, 독립된 자기 면모는 드러내지 못하는 종교 아닌 종교로 또는 사상 아닌 사상으로 실재하고 있었다고도 볼 수가 있다. 이것은 도교와 도가 사상이 전적으로 생활로서 받아들여진 것이요, 불교나 유교처럼 이론으로서 받아들여진 것이 아님을 의미한다. 그러므로 도교나 도가 사상의 실체를 이론적으로 끄집어내지를 못하면서도 실제로는 가장 우리 본래의 사상과 접근하고 친근함을 느끼고 있으며 우리 사상思想의 가장 밑바닥에서 우리의 생활과 함께 호흡하고 있으며 우리의 일상적 사유思惟의 내면 깊숙이 흐르고 있음을 부인하지 못한다. 이것은 도교 및 도가 사상이 외래 사상으로서가 아니라 우리의 생활 속에 우리 사상으로 완전 습합習合되었음을 의미한다. 도가 사상을 우리 본래의 고유 사상과 그 맥脈을 같이 잡고 있는 한국 도맥道脈의 형성도 그 근거가 바로 여기에 있을는지 모른다. 우리나라에 있어서 도교 및 도가 사상의 수용은 처음부터 이질적異質的인 사상 종교로서 받아들여진 것이 아니라, 우리 본래의 자연 사상으로 소화하는 데서 선풍仙風 군자君子 등의 자체 사상으로 동화하는 사상적 접목을 이루었고, 그것이 민간신앙으로서는 무속과 함께 양재기복禳災祈福의 현세 이익現世利益 사상으로 습관화됨으로써 한 번도 이질적인 사상이나 종교로서 의식화되지 않은 채 수용되었다는 데서 그 원인을 찾을 수도 있다. 그러한 사상의 수용 양상은 도교나 도가 사상이 가지는 자연 사상과 우리 민족이 가진 본래의 자연 사상과 일맥상통하고 또 도교에서의 상제, 곧 천신天神 사상과 우리 민간신앙에서의 천신 사상과 일맥상통하는 점이 있어서일는지도 모른다.

그러나 도교와 도가 사상이 전연 의식화되지 않은 상태에서만 계속 존속해 왔던 것은 아니었다. 특히 고구려의 경우에 있어서는 비록 그것이 말년의 일시적인 정치적 이유에서이긴 하지만 강력한 도교 강화책을 씀으로써 유불儒佛과 대등한 도교 의식을 가지게 했던 것이니 한국 도교의 표면적인 자기 면모와 의식은 여기에서 비롯됐다고 볼 수가 있다.

4. 수련 도교와 기복 도교

그러나 고구려가 얼마 안 가 나당羅唐 연합군에 의해 신라로 통합되자 다시 도교는 자기 면모를 상실하고 개인적인 민간신앙으로 다양하게 다른 종교에 침투되면서 생활 속에 지하로 스며들고 말았다. 그러나 통일신라를 거쳐 고려로 이어지면서 다시 국가적인 재초齋醮 행사가 이루어짐으로써 도교가 자기 면모를 가지고 표면적인 종교 현상으로 드러났던 것이니 이때의 도교의 내용은 왕실을 위한 기재기복祈災祈福과 호국연기護國延基 사상으로 도교 본래의 개인적인 장생長生 사상을 국가적 차원으로 전이시킨 것이었다고 볼 수 있다. 이러한 국가적인 재초 행사로서의 표면적인 도교 현상은 조선조로 넘어오면서도 이어지고 있었으나 유교 국가인 조선조에 있어서는 다만 그저 사직신社稷神과 더불어 함께 지내는 단순한 국가적 의례 행사에 지나지 않았던 것이다. 그리고 그밖에 자기 면모를 가지고 표면으로 드러나고 있는 또 하나의 도교 현상으로는 수련 도교修鍊道敎를 생각해 볼 수 있다. 이것은 주로 일부 식자들 간에 일어났던 기행 방술奇行方術의 양상으로 나타났다. 나말羅末의 불우한 유당학인留唐學人들을 맞아 합리적인 사고의 바탕 위에서 양생술養生術을 추구하는 수련과 이론을 병행해 나가는 데서 점차 도맥道脈을 형성하게 되는 도교의 현상을 말한다. 이 수련 도교는 도교 본래의 목표라고 할 수 있는 장생 사상을 가장 합리적인 방법에 의하여 이루려 했던 것이라고 볼 수 있다. 때문에 그것은 도맥을 형성할 만큼 그 이론을 갖추면서 여러 방면으로 끈질기게 추구되어 왔다. 이것은 장생을 위한 양생養生의 비법을 추구해 온 것인 만큼 유교나 불교에서는 많은 관심 속에 심신 단련과 건강 비법의 한 방법으로 영향을 받기도 했던 것이니 민간 의약에까지 식이食餌요법으로 많은 영향을 주었다. 조선 시대에 편술된 「동의보감」東醫寶鑑은 바로 도교의 양생론의 기반 위에서 이루어진 의서醫書였다. 이 의서는 오늘날까지도 거듭 출간되어 나오면서 관심을 쏟게 하고 있는 책이다. 그러므로 도교의 양생론은 퇴계·율곡 같은 거유巨儒는 물론 건강 비법으로는 당시 대부분의 지성인에게 큰 영향을 끼치면서 내려왔던 것이다.

이것은 도교의 양생론이 벽곡辟穀이니 복이服餌니 조식調息이니 도인법導引法이니 하여 다양하게 나타나고 있어 더러는 황당무계한 것이 없지도 않겠으나 비교적 합리적이요 얼마만큼은 과학적 방법에 근거하여 연년익수延年益壽의 장생 비법을 추구하고 있었음을 뜻해 주고 있다. 때문에 도교로서의 순수한 자기 면모를 가지고 드러나는 한국 도교의 실상은 바로 이 수련 도교에서 그 풍부한 내용을 찾을 수 있을는지도 모른다.

그러나 그 수련 도교가 지식인에게만 거의 한정되었던 것이요 또 그것만이 한국 도교 전체의 실상은 아니었던 것인 만큼 도교의 참다운 실상은 오히려 표면화되지 않은 민간의 생활 습속 내지 민중신앙의 밑뿌리에서부터 찾아 들어가야 참다운 도교의 모습을 발견할는지도 모른다. 왜냐하면 도교 내지 도가 사상은 수용 초기로부터 수련 도교로서보다는 민간 사상 내지 민간신앙으로서 생활 속에 자연 습합自然習合되면서 수용된 것이기 때문이다. 그러므로 한국 도교 사상의 실재實在는 민간 사상 내지 신앙 속에서 더 절실한 것을 찾을 수 있을는지도 모른다. 그러나 우리는 여기서 재초 위주의 과의 도교科儀道教의 경우처럼 독자적인 자기 면모를 드러내지 않은 채 다양한 생활 습속과 복잡한 민간신앙의 제諸 종교 현상 속에 스며들고 있는 그러한 도교 현상을 어떻게 찾아 이해할 것이냐는 문제에 걸려 항상 도교의 정체를 놓치고 말게 된다. 그렇다고 그 정체를 찾는 일을 아주 포기해 버릴 수는 없다. 왜냐하면 한국 도교의 참다운 실상은 확실히 그 속에 실재하고 있는 것이기 때문이다.

민간신앙의 일반적인 특색은 기복종교祈福宗敎라는 데 그 특색이 있다. 도교가 민간신앙으로부터 자연 습합은 바로 이런 기복종교의 성격을 가지는 데서 쉽게 찾아볼 수 있다고 하겠다. 그러나 앞에서 살펴본 바와 같이 도교는 기복종교의 성격만을 가지는 것이 아니라 싸늘한 이성理性과 합리적인 사고 밑에 논리적인 이론 체계를 가지면서 실질적이며 과학적 실험과 단련을 통해 장생長生의 비법을 이루려는 수련 도교가 있다. 그러나 이러한 도교는 일부 식자층이나 가질 수 있는 도교의 한 양상이요 일반 대중에게는 기복종교의 성격을 가지는 도교만이 신앙으로서 존재할 수 있었던 것이다. 이것이 도교가 민중 종교 민중 사상으로 뿌리박게 되는 요인이거니와 그 기복의 내용이 장생 내지는 그와 관련한 현세 이익에 한 가지로 초점이 모아지고 있다는 점에서 일반 민간신앙과의 구별을 가질 수 있다고 하겠다. 물론 무속巫俗을 중심한 일반 민간신앙도 그 기복의 내용이 대부분 현세 이익에 모아지고 있는 것이지만 거의가 사후死後의 영혼 세계와 관련되는 속에서 현실의 문제를 다뤄 나간다. 그러나 도교의 기복 현상은 수련 도교가 수련에 의한 장생불사의 추구였던 것처럼 기원에 의한 장생의 추구가 그 원래의 목적이기 때문에 사후의 세계나 영혼보다는 살아 있는 인간 삶의 문제와 생명에 관련된 것만이 기복의 내용이 된다는 점에서의 현세 이익 사상이다. 그러므로 도교에서의 기복의 중심 내용은 주로 연년익수延年益壽를 요구하는 것이며 질병을 물리치거나 예방하는 것이요, 그리고 삶과 관련한 여러 가지 현세의 축복을 비는 것이요, 결코 사자死者의 영혼을 위한다거나 또는 사후의 일을 위해 기도한다거나 하는 영혼 구제를 목적으로 하지는 않았다. 수련 도교가 육체적 생명의 삶을 요구하되 이론을 바탕으로 하여 합리적이요 과학적인 방법에 의해 추구해 들어간 삶의 철학이라면 기복종교로서의 도교는 기축적祈祝的 방법에 의해 달성하려 했던 생명적 삶의 종교라고 할 수 있다. 그러므로 도교는 영적 삶의 종교는 아니요 육체적 생명, 현세적 삶의 종교라고 할 수 있다. 이것이 바로 도교가 기복종교

이면서도 일반적인 민간신앙과는 다른 점이라고 하겠다. 이러한 생명적 삶의 종교는 민간신앙으로서는 무엇보다 우선하는 가장 절실하고 자연스러운 요구성으로 받아들여지는 것이요, 그러한 요구성이 일반 민간신앙 가운데 특별히 도교만이 가지는 기복 현상이라는 의식 없이 그대로 뒤섞여(雜糅) 들어감으로써 민간신앙의 내용을 현세와 영혼계를 함께하는 더 풍부하고 절실하고 폭넓은 기복 현상을 가져오게 했다고 할 수 있다. 그러므로 모든 민간신앙에서의 생명적 삶과 관련되는 절실한 현세 이익 상태의 추구는 그 기구祈求의 현상이 어떻게 드러나든 실은 도교적 영향 속에서 나타나는 것이라고 생각해도 무방할지 모른다. 민간신앙 중에서 관제關帝 신앙이 도교와 가장 밀접한 관계를 가지는 것도 그것이 현세 종교의 농도가 가장 짙은 데서 오는 연유라고 볼 수 있다. 그리고 또 한 가지 민간신앙 속에서의 도교적 요소로서는 천신天神에 관한 것으로 무속에서와 같은 영매靈媒로서의 매개자를 통한 천신과의 소통이 아니라 직접적인 응신應神 내지 영신迎神하는 식의 종교 현상에서도 일맥상통하는 점을 생각해 볼 수 있다. 우리나라 종교로서는 동학東學·천도교天道教가 가장 도교와 관계 깊은 것도 그 교리의 내용과 이론 전개에 있어서 도가 사상과 접근되는 점이 많은 데서 찾아볼 수가 있지만, 종교적인 측면에서는 천신과의 직접적인 응접을 하는 점에서 가장 도교와 접근되는 점을 찾을 수도 있으리라고 하겠다.

5. 도교 사상이 유·불에 끼친 영향

유·불과 도교 및 도가 사상과의 관계는 중국에서 이미 상호 교섭되는 속에서 이루어진 종교요 사상인 만큼 분리해서는 그 참다운 이해가 이루어지지 않을 정도로 깊은 관계에서 출발하고 있다. 특히 성리학性理學이 그러하고 선불교禪佛教가 그러하다. 유儒·불佛·도道 삼교는 서로 영향을 주고받으면서 어느 쪽에서 더 영향을 주고 어느 쪽에서 더 영향을 받았는지조차 분명하게 말할 수 없을 정도로 깊은 관계성 속에 놓여 있다. 구태여 말한다면 유불 쪽에서 도가에게보다는 도가 쪽에서 유불에게 준 영향이 더 컸다고 볼 수가 있다. 그것은 불교의 선禪 사상은 장자莊子의 영향을, 성리학에서의 근본 개념인 무극태극無極太極을 비롯한 본체론적本體論的인 제 개념의 이론을 노·장 사상의 입장에서 볼 때 그러한 것이요, 도교의 경우에는 반대로 유교나 불교의 영향을 크게 받고 있는 점도 부인할 수가 없는 것이다. 그것은 도교에서 윤리관이 전적으로 유교 윤리관의 바탕 위에서 이루어지고 있고 도교의 교단 형성이 전적으로 불교의 조직을 본받아 이루어지고 있다는 점에서 쉽게 찾아볼 수 있다고 하겠다. 이렇게 유·불·도 삼교 사상은 이미 처음부터 밀접한 관계를 가진 종교 사상으로 출발하여 우리나라에 들어왔다. 때문에 우리나라에서도 그 상호간의 관련성은 이미 그 자체 사상 속에 가지고 있었다고 하겠다. 그러나 이후 이 땅에 와서 다시 어떤 특별한 관계를 가졌느냐의 문제에 있어서는 그렇게 유별나게 드러나는 흔적은 찾아볼 길이 없다. 물론 삼국시대를 전후로 하여 삼교 회통三敎會通 사상이 불교 측에 의해서 심도 있게 이루어지고 있어 우리나라는 이미 성리학 이전의 고대로부터 상호 관계성 속에서 깊이 이해해 들어갔다고도 볼 수 있겠으나 최치원崔致遠의 글을 통해 보더라도 당시 중국 당나라의 불교가 이미 그러했던 것이요 우리나라에서만 특별히 그러했던 것은 아닌 듯싶다. 왜냐하면 송대宋代 성리학이 일어나기 전까지는 삼교三敎 사상을 구태여 구별하여 이해하려 하지 않은 것이 당시 사상 전반의 추세였던 것을 생각해 보지 않을 수 없기 때문이다. 삼교 사상에 대한 의식적인 명확한 구분은 송학宋學이 일어나면서부터요, 우리나라의 경우는 그 구분을 더욱 뚜렷이 하려 했던 것이니 조선조처럼 노·불老·佛에 대한 이단 의식異端意識이 강했던 나라는 다시 없을 것이다. 때문에 도·불道·佛의 교섭은 있었을지 모르나 유교와 도교의 교섭 관계는 우리나라에 와서 더 특별히 이루어졌을 가능성은 있었을 것 같지 않다. 그러나 실제에 있어서 유·불·도 삼교는 그 자체 사상 속에 이미 서로의 요소를 가지고 있었기 때문에 그 이단 의식은 표면상의 하나의 억지요 그 내용은 주장만큼 그렇게 별개의 것으로만 이해되어 나갔던 것만은 아니었을 것이니 그 교섭이 전연 없었던 것도 아님 직하다. 승僧 기화己和의 현정론顯正論을 주장하게 되는 소이도 여기에 있고 율곡栗谷이 노자를 주석하고 박세당朴世堂, 한원진韓元震 그리고 서명응徐命膺, 홍석주洪奭周 등이 노자·장자를 주석하면서 도가의 이론이 근본적으론 성인지학聖人之學(儒敎)에서 조금도 어긋나 있는 것이 아니라는 입론立論을 가능하게 한 것도 여기에서 찾아볼 수 있으리라고 본다. 다만 이들은 도가 사상이 용납되지 않는 유교 국가임에도 불구하고 입론할 수 있었던 용기있는 사람이었던 데 불과한 것이요, 이단시되는 시대임에도 불구하고 노·장의 도가서를 읽었던 사람은 대부분의 선비가 다 그러하였던 것이다. 더구나 시구 같은 것을 보면 노·장의 문구 한두 구절을 인용하지 않은 선비가 거의 없을 만큼 모두 노·장 사상에 접하고 있으니 삼교 사상의 교섭은 내면적으로는 지하로 스며들어 그대로 건재하고 있었음을 의미한다고도 볼 수 있다. 그리고 도교적인 측면에 있어서는 식자층은 수련 도교에 거의 전적으로 관심을 표명하고 있었으니 『동의보감』 같은 의서를 왕명에 의하여 편찬하기도 했던 것이다. 뿐만 아니라 기복적인 도교로 끈질긴 소격서昭格署 혁파 상소에도 불구하고 재초 행사가 오랫동안 계속 행해졌고 민간 생활 습속과 신앙 속에 스며든 도교 신앙은 조금도 위축되는 일 없이 궁중에서까지도 날로 성행해 가고 있었던 것이다.

이것은 모두 도교가 고대로부터 우리 생활 속에 속습俗習과 함께 생활해 오고 있었음을 의미한다. 이것이 또한 유교적인 생활과 전연 무관하다고도 할 수 없는 일이다. 불교의 경우에 있어서도 심신을 수련하고 수도승의 건강 요법으로 수련 도교의 영향이 없었던 것이 아니며 삼신각三神閣이 유난히 불신도들의 관심을 갖게 하는 것도 도교의 한 영향이라고 하지 않을 수 없다. 이것은 모두 유·불 사상이 자체적으로 가지는 도교 내지 도가 사상의 요소 그 이상의 것이 현실 속에서 같이 호흡하고 있는 도교의 실제적 현상이었다고 할 수 있다. 이와 같이 한국에 있어서의 도교 현상은 도교로서의

자기 면모를 뚜렷이 가지고 표면으로 드러나 있는 것으로는 재초齋醮 위주의
국가적 행사로 나타났던 지극히 형식적이요 의례 행사의 하나였던 과의 도
교科儀道敎와 선술仙術을 지향한 양생술養生術의 추구로 일관했던 단학파丹學派 계
통의 수련 도교를 들 수가 있겠으나 더 참다운 도교 현상과 내용으로서는
수용 초기로부터 민간의 생활 습속과 신앙 속에 뿌리내려 지하에 스며든 도
교 형상 및 도가 사상에서 그 진모眞貌를 찾아낼 수 있다고 하겠다.

6. 한국 도교의 이해와 그 실재

한국의 도교 및 도가 사상의 표면적 양상은 단학丹學의 도맥을 형성케 한
수련적인 도교와 재초 위주의 국가적 의례 행사로 존속했던 과의 도교科儀道
敎로 크게 두 가지 형식에서 찾아볼 수가 있다고 하겠다. 그리고 거기에다
순수 도가 사상의 요소가 도교와의 별다른 구별 의식 없이 함께 호흡하면
서 뒤섞여 내려왔다. 그러나 우리나라의 경우 한 번도 실제적인 도교 교단
의 형성을 가져 본 일은 없기 때문에 유교와 불교처럼 조직화된 도교로서
의 자기 면모나 또는 체계적인 도가 사상의 이론 전개를 가져 보지 못했다
고 볼 수 있다. 바로 여기에 한국 도교에 대한 이해의 접근을 어떻게 할 것
인가의 한계 문제가 드러나고 있다. 한국 도교는 특수한 시대를 제외하고
는 유교나 불교의 존재 양상과는 달리 표면상의 독립된 자기 변모 없이 복
잡하고 다양한 민간신앙과 생활 관습 속에 그저 믿음이라는 현장적인 제諸
종교 현상과 생활로서만 존속해 왔다고 볼 수 있다. 바로 이것이 한국 사
상을 말할 때 삼교 사상을 내세우면서도 실제의 그 내용에 들어가서는
유·불에 대한 것만을 다루어 나갈 뿐 도교나 도가 사상에 대해서는 그 정
체를 잡아내지 못하고 있는 이유의 하나라고 할 수 있겠다. 앞에서 말한
바와 같이 재초 위주에서 표출된 도교 사상으로 과의적인 도교가 존속하기
는 하였으나 그것은 도교의 내용적 실상이라기보다는 하나의 국가적인 의

례 행사에 지나지 않았던 종교 아닌 종교 현상이었던 것이요, 때문에 그것만을 들어 한국 도교의 실상이라고 이해한다면 내용은 물론 개인 신앙의 실상마저도 찾아볼 길이 없는 도교 부재不在 현상을 낳게 되는 한계에 부닥치고 말게 된다. 그리고 수련적인 도교가 비록 그 자료가 미흡하기는 하지만 그러나 얼마간의 이론을 가지면서 끈질기게 추구되는 속에 도맥을 형성하기에까지 이르렀다고 할 수 있지만 그것이 또한 한국 도교의 전체 실상은 아니며 더구나 그것은 일부 식자층에서 그것도 주로 세상에서 소외되어 현실을 등진 은일자隱逸者 간에서 명맥을 이어 왔던 지극히 제한된 것이요 민간신앙 내지 사상으로 뿌리내려진 도교 현상은 아니었기 때문에 이 또한 이해에 있어서의 한계 문제가 있다. 그러므로 한국 도교 및 도가 사상은 실제로는 우리와 접근하고 있고, 우리 생활 속에 들어와 있으면서도 딱히 그 정체를 잡아내지 못하고 있으며, 다양한 종교 현상을 가지고 신앙의 밑바닥을 깊이 흐르고 있으면서도 그것이 독립된 일정한 자기 형식을 갖추어 나타나는 종교 현상으로 존재하는 것이 아니었기 때문에 도교로서의 자기의식도 없었다.

그러나 우리는 이러한 이해의 한계 문제가 도교 내지 도가 사상 자체를 부정하는 것이라고는 생각하지 않는다. 왜냐하면 실질적인 종교 현상과 사상은 반드시 표면적인 이해 속에서만 존재하는 것이라기보다는 그에 앞서 믿음과 생활양상으로 현실 앞에 실재하는 것이라고 볼 수도 있기 때문이다. 도교와 도가 사상은 확실히 우리 믿음과 생활 속에 자리 잡고 있었다. 현세 이익을 지향하는 양재기복禳災祈福의 심리적 현상으로 다양한 종교 형태의 사실적 표출로서, 또는 연년익수延年益壽를 바라는 합리적 사고의 현실적 표출인 양생법養生法의 개별적인 연마와 수련修鍊의 현상으로, 그리고 사상적으로는 유·불과 함께 공생, 삶의 숨통 구실을 하면서 항상 우리 앞에 믿음과 생활 사상의 내재적 밑받침을 하면서 현실 속에 실재해 오고 있었기 때문이다.

이용범

한국의 무속

1. 들어가는 말

오늘날 한국 무속은 쉽게 이해하기 어려운 현상이다. 현재 우리 사회에는 무속을 바라보는 서로 상반된 생각이 같이 존재하고 있어서 우리를 혼란스럽게 만들고 있다. 어떤 사람들은 한국의 무속은 종교가 아니라 사람들을 현혹시키는 비합리적인 미신에 불과하며, 무당들 역시 진정한 종교적 사제가 아니라고 말한다. 반면에 다른 사람들은 한국 무속은 한국의 대표적 종교이고, 그렇기 때문에 그 명칭도 "무속"巫俗이 아닌 "무교"巫敎가 되어야 하며, 무당은 나름의 분명한 종교적 체험을 가지고 있는 종교적 사제의 하나이고, 한국 무속은 한국 전통문화의 보고라고 말한다.

또한 한때 우리 사회에서 무속은 무지無知의 소산으로 타파되어야 하며, 사회가 더 근대화되고 합리화되면 자연히 사라질 것으로 여겨지기도 했다. 그러나 현재 여전히 우리 사회에는 많은 사람들이 무당을 찾아가고 굿을 행하고 있으며, 무당의 수는 결코 줄지 않고 있다. 더욱이 1960년대 이후 무속은 중요한 학문적 연구 대상이 되었고, 심지어 일부 무당들은 인간문화재·무형문화재로 지정되어 그들의 굿 공연은 사회적으로 인정되고 국가에 의해서도 지원을 받게 되었다. 한국의 무속을 둘러싸고 나타나는 이러한 모순된 현재의 상황은 무속에 대한 객관적 이해를 어렵게 만든다.

무속에 대한 이해가 어려운 것은 이처럼 외부에서 무속을 바라보는 서로 모순된 시각 때문만은 아니다. 무속 자체의 내재적 특징 역시 무속에 대한 이해를 어렵게 만든다. 한국의 무속은 한국 민간신앙 — 또는 한국 민속종교 — 의 대표적인 현상으로서, 경계선이 뚜렷치 않다는 민간신앙 일반의 특징을 그대로 지니고 있다. 한마디로 어디까지가 무속이고 어디까지가 무속이 아닌지 무속의 범위를 설정하는 것이 어려운 것이다. 무속을 비롯한 한국의 민간신앙은 문자화된 경전이나 다른 사회 조직과 구분되는 독립된 종교 공동체를 형성하지 않은 채로 오랜 시일 동안 보통 사람들의 종교적 요구를 충족시켜 주면서 그들의 생활 속에서 삶의 일부로 전승되어 온 종교 전통이다. 그것은 사람들의 삶의 필요에 의해 선택되고 그들의 삶에 맞게 변형되었으며, 일상생활의 전반과 관련된 다양한 신앙 형식과 내용들을 포함하고 있다. 이런 까닭으로 한국 민간신앙의 다양한 현상들은 서로 밀접하게 연관되어 있으며, 또한 지역별·개인별 편차가 클 수밖에 없다. 한국 민간신앙의 이러한 일반적인 속성을 무속 역시 그대로 가지고 있고, 따라서 무속과 민간신앙의 다른 현상과의 명확한 경계선을 긋는 것은 매우 어렵다. 이러한 무속의 내재적 특징 역시 무속에 대한 이해를 어렵게 만드는 하나의 요인인 것이다,

무속의 범위는 무속을 어떻게 규정하느냐에 따라 달라질 수밖에 없다. 예컨대 아주 폭넓게 무속의 범위를 규정하게 되면, 한국 민간신앙 전체나 한국 고대종교까지도 그 범위 안에 포함시킬 수 있을 것이다. 이 글은 가장 좁은 범위의 무속을 전제하고, 그런 전제하에 무속에 대해 서술하고자 한다. 즉, 무당과 무당을 통해 전승되고 실천되는 무속의 의례 및 그것을 매개로 맺어지는 일반 사람들과의 사회적 관계에 무속의 범위를 한정시키기로 한다. 잘 알려진 것처럼, 무속은 그 신념 체계信念體系나 세계관에 대해서 말해 주는 문자로 기록된 아무런 경전이나 교리서 등을 가지고 있지 못하다. 즉, 무속은 모든 것이 무당을 통해서 구비 전승口碑傳承되어 온 의례 중심의 종교인 것이다. 따라서 한국 무속의 전반적인 모습을 소개하려는 이 글 역시 무당과 무속의 의례가 중심이 될 것이다. 무속 의례의 경우, 대표적인 무속 의례인 굿을 중심으로 서술하고자 한다.

한편 이 글은 무속이 하나의 종교 현상이고 무당은 무속의 종교적 사제라는 전제하에 무속에 대한 서술을 진행하기로 한다. 분명히, 무속은 종교가 아니며 무당 역시 종교적 사제가 아니라는 시각이 우리 사회에 존재하고 있다. 이 글에서 이 문제에 대해 자세히 논의할 수는 없을 것이다. 단지 그러한 입장에 대해서는, 종교를 바라볼 때 너무 서구적 종교 개념에 치우쳐 있는 것이 아닌가라는 물음을 제기하는 데 그치기로 한다.

2. 무속의 사제

무속과 마찬가지로 무당 역시 그 개념 규정을 어떻게 하느냐에 따라서, 다양한 민간신앙의 종교 전문가들이 무당의 범위 안에 들어올 수도 있고 그 범위 밖에 놓일 수도 있다. 아마 무당의 개념을 폭넓게 규정한다면, 앉아서 독경讀經을 위주로 하는 "앉은 굿"을 행하는 법사, 법사와 같은 역할을 담당했으나 1950년대 이후 찾아보기 어렵게 된 소경 판수(盲覡), 그리고 무속 의례인 굿의 절차를 제대로 알고 굿을 행할 수 있는 숙련된 일반 무당과는 달리 굿의 절차도 잘 모르고 굿을 제대로 진행시키지 못하며 주로 점이나 쳐 주는 점쟁이·태주·명두·보살 등도 이른바 선무당이라 해서 역시 무당의 범주 안에 들어갈 수 있을 것이다. 특히 선무당의 경우 이전에는 숙련된 일반 무당과 분명히 구분되었으나, 현재에는 그런 구분이 잘 이뤄지지 않아서 모두 다 무당으로 통칭되는 상황이다. 여기서는 일반적으로 널리 알려진 좁은 의미의 무당을 중심으로 서술하기로 한다.

지금까지 무속의 사제인 무당은 크게 강신무降神巫와 세습무世襲巫로 나눠진다고 알려져 있다. 신 내림(降神) 체험인 신병神病을 통해서 된 무당이 강신무이고, 이와는 달리 무당의 집안에서 태어나거나 무당 집안 사람과 결혼함으로써 무업巫業을 이어받아 된 무당이 세습무라는 것이다. 일반적으로 강신무와 세습무에 대해서는 다음과 같이 설명된다.

세습무는 일정한 집안을 통해 이어지는 반면에, 강신무는 남녀노소, 빈부귀천의 차이 없이 어느 계층, 어느 연령의 사람도 다 될 수 있다. 강신무의 경우, 무당이 되기 위해서는 신병이라고 하는 신 내림 체험을 겪은 다음에 입무제入巫祭인 내림굿을 해야 되며, 내림굿을 해 준 무당으로부터 굿과 관련된 모든 것을 배우는 학습 과정을 거쳐야만 된다. 비록 신이 내렸다 할지라도 굿을 주관할 수 없으면 정식 무당이 될 수 없기 때문에 강신무가 되는 과정에서 굿에 관한 것을 배우는 학습의 과정은 필수적이다. 세습무의 경우 신 내림 체험이 없기 때문에 내림굿은 필요 없으며, 굿의 절차나 춤사위, 무가巫歌 사설 및 가락, 악기 다루는 법 등 굿과 관련된 것들을 배워서 무당이 된다. 강신무와 세습무가 신 내림 체험에 있어서는 차이가 있으나, 무당이 되기 위해 양자 모두 학습의 과정을 거쳐야만 한다는 점에서는 공통적이다.

신 내림 체험에 있어서의 차이는 강신무와 세습무 사이의 또 다른 차이점을 가져온다. 강신무의 경우 개인 신당神堂을 마련하여 자신에게 내린 신을 모셔야 하는 반면에, 세습무에게는 신당이 없다. 자신에게 내린 신이 없기 때문에 신을 모시는 개인 신당이 불필요한 것이다. 굿의 과정에 있어서도 강신무는 신 내림을 통해 신의 말인 공수를 인간에게 직접 전할 수 있으나, 신을 내릴 수 없는 세습무는 공수를 줄 수 없다. 따라서 강신무가 주재하는 굿에서는 무당 자신이 신에 실려 직접적으로 신의 역할을 하고 신의 말을 전하는 것이 중심적인 요소가 되지만, 세습무가 주재하는 굿에서는 노래와 춤과 재담·놀이가 중심이 되어 연희성·예술성이 부각된다.

또한 굿을 하는 동안 강신무는 각각의 신을 나타내는 신복神服을 입어야 되지만, 세습무의 경우 신복이 거의 없다. 이 외에도 세습무의 굿에서는 신의 하강로를 의미하는 신간神竿이 발달해 있지만, 강신무의 굿에서는 무당 자신이 직접 신을 내릴 수 있으므로 그러한 신간이 나타나지 않거나 약화되어 있다.

이러한 강신무와 세습무의 지역적 분포의 경계는 한강이다. 강신무가 한강 이북의 경기도·황해도·평안도·함경도 및 한강 북쪽에 해당되는 강원도의 태백산맥 서쪽 지역에 분포하는 데 비해, 한강 이남의 경기도·경상도·전라도·태백산맥 동쪽의 동해안 일대의 무당들은 다 세습무이며, 제주도 역시 세습무 지역이다.

현재 "강신무"와 "세습무"의 두 개념은 한국의 무속과 무당을 설명할 때 중심적인 위치를 차지하고 있다. 위에서 말한 것처럼, 한국 무당의 유형뿐만 아니라 한국 무속의 분포 및 각 지역 무속의 차이 등을 설명할 때 이 두 개념이 항상 이용되고 있다.

그러나 비록 이 두 개념이 널리 일반화되어 있지만, 그대로 받아들이기 어려운 문제점을 안고 있다. "강신무"와 "세습무"의 개념은 강신 아니면 세습, 즉 강신과 세습은 같이 나타나지 않는다는 도식을 전제하고 있다. 그러나 최근에 들어오면서, 강신과 세습은 어느 한쪽이 나타나면 어느 한쪽이 나타나지 않는 것이 아니라, 같이 나타날 수 있는 동시적 현상이라는 점이 점점 인정되고 있다. 한강 이북의 이른바 강신 무당들이 대부분 집안의 내력과 연관되어 무당이 되고 있으며, 또한 예컨대, 수원·화성·시흥과 같은 "세습무" 집안 출신의 세습 무당들 역시 나름의 강신 체험을 하고 개인 신당을 가지고 있으며, 굿에서도 강신무들과 마찬가지로 공수를 주고 있는 것이다.

예컨대, 서해안 대동굿과 배연신굿의 무형문화재인 황해도 무당 김금화 씨는 당연히 강신무이지만, 외할머니가 황해도 옹진군에서 유명한 무당인 천일이 할머니였다. 또한 서울 새남굿의 무형문화재인 김유감 씨 역시 강신무이지만, 친정어머니·시할머니·언니들이 무당이고, 큰오빠가 무속의 굿에서 음악을 담당하는 악사였다. 이것은 이른바 강신무라고 해서 반드시 집안에 아무런 내력이 없이 무당이 되는 경우만 있지 않다는 것을 보여 준다.

굿 현장에서 만나는 많은 강신 무당들의 경우 집안에 내력을 가지고 있다. 강신무라 할지라도 무당이 되는 과정에서 이른바 무당의 "부리"(뿌리), 즉 "만신(무당)부리"가 작용하는 것이다. 강신무들의 걱정 중의 하나가 자신의 무업巫業을 자식 대에서 누군가가 이어받지 않을까 하는 것으로, 이는 강신이 가족을 통해서 이어진다는 의식이 존재하고 있음을 말해 준다.

이러한 모습은 이른바 강신 무당들의 몸주신을 통해서도 잘 드러난다. 강신무들에게 내린 몸주신에는 조상들이 많다. 즉, 죽은 조상들이 신격화되어 무당의 몸주신으로 들어오는 것이다. 신의 말을 전하는 무당의 역할에 결정적인 역할을 하는 몸주신이 대신인데, 대부분의 경우 대신은 이른바 "부리 대신"으로서 조상과 관련이 있다. 물론 모든 몸주신들이 조상줄을 타고 들어오는 것은 아니다. 또한 모든 강신무들이 다 집안에 어떤 내력을 가지고 있지는 않다. 자기 대에 본인이 처음으로 무당이 되는 경우도 있다. 그렇지만 "강신 = 비非세습"이라는 도식이 반드시 성립되지는 않는다는 것은 알 수 있다. 즉, 강신무가 한 세대에서 바로 다음 세대로 무업巫業이 계승되는 것은 아니지만, 혈연성을 완전히 벗어나 있다고는 할 수 없는 것이다.

세습무의 경우 자세히 예를 들 수는 없지만, "세습무"라고 해서 반드시 신 내림과 무관한 존재가 아니며, 신이 내려서 자기 신당을 모시고 아침마다 옥수를 올리며, 굿을 할 때는 공수를 줄 수도 있고, 신에 대한 나름의 의식을 가지고 있는 사례가 이른바 여러 세습무 지역에서 발견된다. 흥미로운 것은, 이런 사실에도 불구하고 그들은 여전히 자신을 세습무로 여기며, 다른 사람들도 그렇게 여기고 있다는 점이다.

이런 점으로 미루어 볼 때, 이른바 강신무는 신 내린 무당, 세습무는 신 내림과 무관하게 대를 잇는 무당이라는 일반화된 단순 구분은 더 이상 가능하지 않은 것으로 보인다. 특히 현재 상황에서 무업에 종사하고 있는 무당들 가운데 신이 내리지 않은 사람은 거의 없다. 기존에 강신무로 여겨지던 서울·황해도 무당들은 말할 것도 없고, 이른바 신 내림과 무관한 세습무들도 거의 대부분 신 내림 체험을 한 것으로 밝혀지고 있다.

신 내림과 관련된 이러한 모습은 도시화·교통의 발달과 같은 요인으로 지역 간의 경계가 허물어지면서 나타난 비교적 최근의 현상이라고 이해될 수 있기도 하지만, 한국 무속의 사제인 무당을 신 내림을 기준으로 강신무·세습무로 유형화하는 것 자체가 비현실적일 가능성을 보여 주는 것으로 이해될 수도 있다.

3. 무속의 의례

1) 무속 의례의 종류

무속에서 행해지는 의례에는 여러 종류가 있고, 의례의 규모, 의례의 단위, 의례의 시기, 의례의 목적 등 분류하는 관점에 따라 여러 가지로 나눠

볼 수 있다. 먼저, 무속의 의례는 그 규모에 따라 굿과 비손(치성)으로 나눠진다. 굿은 여러 명의 무당과 무악巫樂 반주를 전문으로 하는 잽이 — 또는 공인, 악사 — 가 동원되어 행해지는 의례로 무속의 대표적인 신들이 다 모셔지는 전형적인 무속 의례이다. 비손은 잽이가 없이 무당 혼자서 축원을 위주로 진행하는 것으로, 치성의 목적과 관련된 몇몇 신만이 청해지는 약식 의례이다.

또한 무속의 의례는 그 목적에 따라 크게 사제 계급인 무당 자신을 위한 의례와 일반 사람을 위한 의례로 크게 나눌 수 있다. 무당 자신을 위한 의례에는 입무제入巫祭와 축신제祝神祭가 있다. 흔히 내림굿이라고 말해지는 입무제는 처음 신이 내린 사람이 정식 무당이 되기 위해서 거치는 굿이다. 무당 후보자에게 내린 무속의 신들을 받아들임으로써 사회적으로 공인된 사제인 무당의 길을 갈 수 있도록 하는 굿이 내림굿이다. 축신제는 계절에 따라 무당 자신이 모시고 있는 신들을 위해서 하는 정기적인 굿으로, 신들을 기쁘게 하고 신과 무당 자신과의 관계를 강화한다는 의미가 있다.

일반 사람들을 위해서 행해지는 의례는 다시 두 가지로 나눠지는데, 살아 있는 사람들을 위한 것과 죽은 사람을 위한 것으로 나눠 볼 수 있다. 살아 있는 사람을 위한 굿은 다시 의례 행위의 단위에 따라 가정 의례와 마을 의례로 나눠진다. 가정 의례는 한 가정의 평안함과 우환 없음, 가업의 번창과 재수 등을 위해 행하는 것으로, 행하는 시기에 따라 정기제와 임시제가 있다. 정기제는 매년 또는 이삼 년에 한 번씩 정기적으로 행해지는데, 대체로 한 해의 처음이나 초파일·칠월 칠석·추수 이후 등 한 해의 중요한 절기 때에 행해진다. 임시제는 출산과 질병·혼인·죽음 등의 구체적인 삶의 문제에 봉착했을 때 필요에 따라 행해진다. 마을 전체를 위한 마을 의례는 마을의 수호신을 모시고 정기적으로 행해지는 것으로, 마을의 안녕과 풍농·풍어를 기원한다.

무속에서 행해지는 의례의 종류를 볼 때, 무속의 의례는 출산·병·결혼·죽음·가정과 마을의 평안·재수 등 인간 삶의 과정에서 부닥치는 매우 현실적이면서도 근원적인 문제들과 관련되어 있다는 것을 알 수 있다. 무속의 의례가 그러한 삶의 문제의 해결을 위해 하나의 해답으로서 행해지는 것이라 할 때, 이는 무속의 관심사가 현실적이고 근원적인 인간 삶의 문제의 해결에 있음을 말해 준다. 이런 점에서 무속은 현세적現世的인 기복祈福종교라고 말할 수 있을 것이다.

또한 이러한 무속 의례의 종류를 통해 무속에는 임시제만 있는 것이 아니라, 정기제도 존재한다는 점을 확인할 수 있다. 이러한 정기제는, 무속에서는 사람들이 평소에는 신에 대해 잊고 지내다가 문제가 생겨서 필요할 때만 신을 떠올리고 무당을 찾아가 신에게 비는 것이 아니라, 정기적으로 중요한 시기에 일정하게 신에 대해 정성을 바치고 있다는 것을 잘 말해 주고 있다.

2) 무속 의례의 구조

앞에서 말한 것처럼, 무속 의례 중에서 굿은 무속의 대표적인 신들이 다 모셔지고, 여러 명의 무당과 잽이에 의해서 행해지는 전형적인 무속 의례이다. 여기서는 무속의 전형적인 의례인 굿을 통해서 무속 의례의 일반적 특징을 살펴본다. 무속의 굿은 흔히 "거리"라고 불리는 여러 개의 개별적인 제차祭次로 구성되어 있다. 그리고 그러한 각각의 거리들은 독립된 내용으로 이뤄져 있다. 이처럼 독립된 여러 개의 개별 거리들로 전체 굿의 과정이 구성되어 있는 것이 굿의 특징이다. 그러나 굿의 전체 과정을 구성하고 있는 개별 거리들의 배치 순서나 거리의 구체적인 내용과 명칭은, 지방마다 차이가 있고 무당마다 다르기도 하며 상황에 따라 달라지기도 한다.

이런 차이점에도 불구하고 굿에는 일정한 구조가 존재한다. 굿의 전체 과정은 신을 청하여 맞이해 들인 다음, 신과 인간이 만나 의사소통을 가지고, 신을 돌려 보내는 구조로 이뤄져 있는 것이다. 굿의 전체 과정을 구성하고 있는 개별 거리 역시 이러한 구조로 이뤄져 있다. 즉각 거리에 해당하는 신을 청해서 맞아들인 다음, 신과 만나서 신의 말씀을 듣고 인간의 바람을 전하고 신과 인간이 함께 즐기고 나서, 신을 돌려보내는 구조로 구성되어 있는 것이다. 이것을 흔히 청신請神-오신娛神-송신送神의 구조로 설명하기도 한다.

이러한 굿의 구조에서 신과 인간이 만나는 과정은 굿의 핵심부이다. 이 과정을 거치면서 사람은 자신이 봉착하고 있는 삶의 문제의 해결을 확신하고, 그럼으로써 굿을 하게 된 목적이 충족되기 때문이다. 신과 만나서, 삶의 문제를 해결해 주고 인간의 바람을 들어주겠다는 신의 대답, 즉 신의 공수를 직접 듣거나 그것을 확인하고 신과 함께 어울려 즐김으로서, 사람은 자신의 문제 해결과 신의 도움을 확신하게 되는 것이다. 더욱이 이러한 과정이 여러 개별 거리를 통해서 반복됨으로써 그러한 확신은 더욱 강화되고, 따라서 사람은 자신의 삶의 문제에 대한 긍정적인 의식의 변화를 경험할 수 있게 되는 것이다.

굿에서 신과 인간의 만남은 각 개별 거리를 통해 개별적으로 이뤄진다. 신과 인간이 개별적으로 만나는 여러 거리들로 굿의 전체 과정이 구성되어 있다는 점이 굿의 특징이다. 그래서 굿의 과정을 통해서 인간은 무속의 모든 신들과 개별적인 만남을 가지게 되는 것이다. 결국 이러한 굿의 구조는, 무당을 매개로 관련된 무속의 모든 신들과 인간이 개별적으로 만나 관계를 가짐으로써 인간 삶의 문제를 해결하는 것이 굿이라는 것을 말해 준다.

3) 무속 의례의 역사와 현황

무속에 관한 기록이 적을 뿐 아니라, 무속의 굿과 같은 무속 의례에 관한 기록은 거의 없어서 무속 의례들이 어떤 역사적 과정을 거쳐 오늘날과 같은 모습을 가지게 되었는가를 파악하기는 어렵다.

굿에 관한 가장 직접적인 기록은 고려 시대 이규보李奎報의 『동국이상국집』에 실려 있는 「노무편」老巫篇에서 나타난다. 여기에는, 벽에 무신도巫神圖가 걸려 있고, 사람들이 구름같이 모여든 가운데 무당이 신이 들려 북·장구의 음악 소리에 맞춰 도무蹈舞를 하고, 공수를 내리며 굿을 하는 광경이 묘사되어 있다. 이는 오늘날 이른바 강신무降神巫들의 굿의 모습을 잘 보여 주고 있어서, 적어도 고려 시대에는 오늘날과 같은 굿의 모습이 갖춰져 있었다는 것을 알 수 있다. 이 외에 굿에 관한 역사적 자료로 1880년대의 것으로 추정되는 「무당내력」巫黨來歷과 「무당성주기도도」巫黨城主祈禱圖가 있는데, 둘 다 굿의 전체 과정을 그림으로 나타내고 있다. 이 두 자료에서 나타나는 굿의 모습 역시 오늘날과 같은 모습의 굿의 과정을 보여 주고 있다.

이렇게 볼 때, 분명한 역사적 기록에 근거해서는 고려 시대 중기 이후에 오늘날과 같은 모습의 굿이 성립되었다고 말할 수 있다. 그러나 무당이 점을 치고 병을 고친 기록이 나타나는 삼국시대에도 어떤 형태로든 굿을 했을 것으로 추정되고, 고고학적 유물에서도 의례용 방울과 거울이 출토되고 있다는 점에서, 그 모습을 알 수는 없지만 굿의 역사는 청동기시대까지로 거슬러 올라갈 수 있을 것으로 보인다.

오늘날 굿을 비롯한 무속 의례는 우리 사회의 변화와 함께 많은 변화를 겪고 있다. 그러한 변화의 모습으로 먼저 말할 수 있는 것이 굿의 공동체성의 약화 내지 소멸이다. 이른바 동제와 같은 마을 단위 굿의 공동체성에 대해서는 두말할 필요가 없을 것이다. 그러나 한국인의 전통적인 삶이 그러하듯, 무속의 굿은 그것이 가정 단위의 굿이든 마을 단위의 굿이든 그리고 어떤 성격의 굿이든 공동체적 행사였다.

한국 무속의 대표적인 정기 의례인 재수굿은 한 가정에서 무속의 여러 신들과 조상들을 모시고 집안이 평안하고 잘되기를 비는 의례인 동시에, 마을 사람들을 대접하는 잔치이기도 했다. 마을 사람들은 굿하는 집에 모여들어 먹고 마시고 즐겁게 놀았으며, 그리고 결혼식이나 장례식에 부조扶助를 하듯이 어느 집의 재수굿에 참여하는 것을 그 집에 부조하는 기회로 여겼다.

이는 내림굿의 경우도 마찬가지였다. 내림굿은 신 내린 사람 개인, 그 개인의 가정만의 문제가 아니고, 마을 공동체 전체의 관심사였다. 그래서 신 내린 사람은 내림굿을 하기 전에 마을의 집집마다 돌아다니며 쌀과 쇠를 걸립하여 그것을 가지고 굿 음식도 장만하고 무구巫具도 만들어 내림굿을 받았던 것이다. 그리고 내림굿 과정에 동네 사람들은 많은 관심을 가지고 참여하였던 것이다.

그러나 오늘날 굿은 이러한 공동체성을 전혀 담보하지 못한다. 공동체적 삶의 양식이 깨지면서 다른 사람들이 자기 집의 굿에 참여하는 것을 꺼리게 되었으며, 자기 집에서 굿을 하지 못하고 인가와 멀리 떨어진 전문적인 굿당에서 굿을 함으로써 마을 사람들이 굿에 참여할 기회 자체가 없어졌다. 내림굿 역시 더 이상 마을 공동체 전체의 관심사가 되지 못한다. 그것은 신 내린 사람 개인, 또는 그 개인의 가정 문제일 뿐이다. 그래서 요즘 내림굿을 받는 사람은 스스로 굿의 경비와 제물들을 준비해야만 한다.

또한 현재 한국 무속의 굿들은 독특한 각 지역의 특징을 상실하고 점차로 어느 지역의 굿이나 큰 차이가 없는 표준화의 경향을 강하게 보여 주고 있다. 즉, 도시화와 교통의 발달로 사람들의 이주移住가 일상화되면서 지역 간의 차이가 없어지고, 굿의 지역적인 특징이 사라지거나 여러 지역의 굿 절차가 뒤섞이는 모습을 보여 준다. 더욱이 무속의 세계에 처음 발을 들여 놓는 새내기 무당들이 반드시 자기 지역의 굿을 배울 필요가 없이 다른 지역의 굿을 배워 무당으로서 활동할 수 있는 것도 각 지역 나름의 전통적인 독특한 굿의 존재 유지를 더욱 어렵게 만드는 상황이다.

시대와 삶의 변화와 함께 무속 의례가 변화를 겪게 되는 것은 당연한 일이고, 또한 이는 변화된 상황에 적합성을 가지기 위해서는 필요한 과정이기도 하다. 특히 무속 의례는 인간 삶의 출산, 건강, 결혼, 죽음, 가정의 평안, 재수 등과 같은 현실적인 삶의 문제에 대응해서 행해지기 때문에 사회 문화적 현실의 변화에 민감하게 영향을 받을 수밖에 없다. 즉, 현실적 삶의 문제의 해결과 직결되어 있는 무속 의례는 사회 문화적 필요에 따라 있다가 없어지는 역사적 변천을 겪는 것으로, 어떤 삶의 문제의 경우 그 해결이 무속 의례가 아닌 다른 통로를 통해서도 가능해짐에 따라 그러한 삶의 문제와 관련된 무속의 의례는 사라질 수밖에 없는 것이다. 그래서 무속의 많은 굿이 사라지기도 하였다. 그러나 한국 무속 의례의 내용과 형식은 오랜 세월 한국인의 삶의 경험의 축적으로 이뤄진 것이어서 한국인의 삶의 문제 해결의 중요한 한 통로로서의 설득력을 쉽게 잃을 것으로 보이지는 않는다.

4. 무속의 기복성에 대한 이해

널리 알려진 것처럼 무속은 기복 추구의 종교이다. 무속 의례의 종류에서 이미 드러났듯이, 무속은 출생, 결혼, 죽음, 질병의 치유, 집안의 평안과 번창, 마을 공동체의 안녕 등 인간 삶의 구체적이고도 직접적인 문제들의 해결에 관심을 가지고 있다. 흔히 무속의 굿이 이처럼 구체적이고 현실적인 삶의 문제를 해결하고자 한다 하여 "기복적"이라고 비난하는 사람도 있지만, 이른바 기복을 추구하는 것은 인간 삶의 현실의 정직한 반영이며, 인간은 누구나 살아가면서 그러한 문제에 부닥칠 수밖에 없다. 그것은 인간 사회의 보편적인 문제로 과거에만 국한된 것이 아니라, 현재에도 있고 미래에도 존재할 것이며, 사회 구조적 모순이 거의 완벽하게 해결된 사회에서도 사라지지 않을 것이다. 만약 인간 삶의 직접적이고 구체적인 현실 문제의 해결을 회피하는 종교가 있다면, 그것은 더 이상 종교라 할 수 없으며 철학이나 사상이라 해야 할 것이다.

이와 관련하여 또 한 가지 지적할 수 있는 것은, 사람이 살아가면서 겪는 여러 가지 현실적인 삶의 문제 및 좌절·고통 그리고 그것을 극복하고자 하는 인간의 바람과 희망이 인간을 종교적으로 되게 하는 것이지, 엄청나게 고상한 어떤 윤리 규범이 종교를 태어나게 한 것은 아니라는 것이다. 이런 점에서 무속이 기복적인 동기를 가지고 있다 해서 쉽게 미신이라고 규정할 수 없다는 것을 알 수 있다.

사람들은 삶을 살아가면서 사람의 지혜와 힘과 노력으로 이해할 수 없고 해결할 수 없는 삶의 정황이나 문제에 봉착하게 마련이며, 그런 경우 종교에 의존하게 된다. 한국의 전통 사회에서 이른바 실존적 삶의 위기나 문제에 부닥쳤을 때 무속은 가장 손쉽게 의지할 수 있고, 일상의 삶에서 가장 가까우며 친숙한 종교였다. 개인의 생로병사生老病死에서부터, 가정과 마을의 대소사 대부분이 무속과 관련되어 있었다. 아들을 낳고 싶을 때, 병에 걸렸을 때, 가뭄이나 돌림병과 같은 재난이 마을을 휩쓸 때, 한 해를 맞이하고 보낼 때 사람들은 여러 무속의 의례를 행하였다. 이처럼 무속 의례를 통하여 사람들은 삶의 불안감을 해소하고 삶에 대해 새로운 의미 부여를 하였으며, 또한 새롭게 삶을 시작하는 계기를 맞이했던 것이다. 이런 점에서 한국의 무속은 한국인들의 삶 가장 가까이에서, 인간 삶의 근원적인 문제에 대한 해답을 제공하는 종교의 하나로서 존재해 왔다고 말할 수 있을 것이다.

우리 사회에서는 기복성에 대해 어떻게 평가하든지 간에 기복성을 가지고 무속의 종교적 성격을 규정하려는 경향이 강하다. 그러나 기복 추구의 모티프는 무속에만 한정된 것이 아니라, 모든 종교에서 다 나타나고 있는 현상이다. 따라서 기복성만으로 무속의 종교적 성격을 설명하기는 어렵다. 무속이 복을 추구한다는 사실 그 자체보다는 오히려 복을 어떻게 얻을 수 있는가에 대한 무속의 사고방식에 주목할 때 비로소 무속의 독특한 종교적 성격과 위상이 드러날 수 있을 것이다.

무속은 인간의 삶에 영향을 미치는 여러 신들을 전제하고 있으며, 의례를 통해 그러한 신들과 좋은 관계를 맺음으로써 삶의 문제를 해결하려고 한다. 그런데 이러한 무속의 신들은 인간의 삶이 이뤄지고 있는 집안이나 마을 같은 생활 공간, 산이나 바다, 하늘과 같이 그것을 둘러싸고 있는 자연적·우주적 환경을 상징하고 있으며, 또한 조상이나 장군·잡귀·잡신과 같은 죽은 자들을 상징하고 있다. 이것은 한국의 무속이 생활 공간·자연환경·죽은 자 등과의 관계 구조로서 인간의 삶을 이해하고 있다는 것을 말해 준다. 사람은 홀로 사는 외로운 존재가 아닌 것이다. 사람은 공동체적 관계 속에 놓여 있는 존재로서, 가족의 한 성원, 마을 사람의 하나이며 또한 자연과 우주 속의 관계 속에서 존재한다. 산 사람뿐만 아니라 조상과 같은 죽은 자와도 관계를 가지고 있다. 이런 점에서 무속에는 그리스도교나 불교에서처럼 "하나님 앞에서 홀로 선 나", 또는 "나 자신만의 깨달음"과 같은 개념이 존재하지 않는다.

무속에서의 인간 삶의 문제는 바로 이러한 관계를 통해서 해석된다. 흔히 우환·화禍·사고와 재난·질병 등으로 나타나는 무속의 삶의 문제나 위기라는 것은 그런 관계가 깨어지는 것이며, 깨어진 관계를 회복하는 것이 바로 삶의 문제를 해결하는 것이고, 신과의 화해로운 관계를 유지하는 것이 복福의 전제 조건으로 여겨진다. 무속의 여러 굿에서 강조되는 것은 인간과 관계를 맺고 있는, 인간 삶의 관계망을 구성하고 있는 여러 대상, 존재들과의 관계에 대한 인식과 그 관계의 유지인 것이다.

이처럼 무속에서는 집·마을 같은 생활 공간, 산·바다·하늘과 같은 자연 환경, 조상·장군·잡귀·잡신과 같은 죽은 자 등과의 관계를 통해서 인간 삶의 문제가 야기되고 해결되며 아울러 복을 얻을 수 있다는 생각을 가지고 있다. 바로 그렇기 때문에, 한 가정이나 마을의 문제 해결과 복을 위한 이른바 "기복적" 성격의 굿이 삶의 공간과 자연 환경에 대한 새로운 인식과 아울러 그것과의 조화, 죽은 자를 포함한 이지러진 가족 관계의 회복, 공동체의 유대감 강화, 자아와 세계에 대한 새로운 인식을 가져다주는 계기가 될 수 있다.

5. 맺음말

지금까지 무속의 사제인 무당과 무속 의례인 굿, 그리고 무속의 기복성을 중심으로 한국 무속의 전반적인 모습을 소개하고자 하였다. 그러나 필자의 부족함과 지면의 제약으로 한국 무속의 지역적 차이나 무속 의례의 자세한 과정, 무속의 여러 신들, 무속의 전승 방식 등 무속의 좀 더 구체적인 모습에 대해 충분히 서술하지 못하였다. 특히 한국 무속이 현재 처해 있는 사회적 위치에 대해서는 전혀 직접적으로 거론하지 못하였다. 끝에서 무속의 기복성 문제를 다룬 것은, 무속에 대한 이해에 있어서 항상 그 문제가 쟁점으로 등장하기 때문이다. 기복성의 문제를 다룸으로써 그 문제 자체에 대한 고찰뿐만이 아니라, 무속에서 전제하고 있는 인간 삶에 대한 이해를 암시하고자 하였다.

이 글의 서두에서 말한 것처럼, 현재 우리 사회의 한국 무속에 대한 평가는 엇갈리고 있다. 그러나 그 평가가 어떠하든, 무속이 한국인의 삶에서 차지했고, 차지하고 있는 위치와 영향력을 생각해 볼 때 심각한 "다시 읽기"의 대상인 것만은 분명하다. 특히 한국의 무속이 현재에도 여전히 생명력을 가지고 살아 있는 종교라는 점에서, 단순히 전통문화의 담지자로서의 무속에 대해서뿐만이 아니라 현재의 무속의 모습에도 똑같이 관심을 기울일 때 비로소 균형 잡힌 무속에 대한 이해에 도달할 수 있을 것이다.

차옥숭

천 도 교

들어가는 말

보편적으로 모든 종교는 존재에 대한, 세계에 대한, 사회에 대한 인간의 "왜"라고 하는 궁극적인 물음에 대한 해답을 제시하고, 인간은 그 해답을 통해서 지금까지 살아왔던 자기 삶의 방식에 대한 치열한 반성을 통해서 새로운 삶의 틀을 형성하게 된다. 결국 인간은 종교가 제시하는 해답을 통해서, 새롭게 형성된 삶의 틀을 가지고 지금까지 그를 구속해 왔던 사회적·개인적인 사슬을 끊고 자유를 획득하고 생명을 얻는다고 생각한다. 따라서 필자는, 모든 종교에서 제시하는 구원의 내용은 어떻게 하면 인간을 구속하는 모든 사슬을 끊고서 인간을 자유롭게 할 수 있으며 살릴 수 있는가 하는 생명 운동에 있다고 생각한다. 조선 말기의 암담한 현실 속에서 구원을 갈망하던 민중들에게 구원을 제시했던 동학 운동은 후에 동학혁명과 3·1운동으로 민족사에 뚜렷한 족적을 남긴 민족종교가 된다. 이러한 관점에서 필자는 동학사상의 구원의 내용을 수운과 해월의 사상을 통해 조명해 보고자 한다. 주로 수운 선생과 해월 선생의 사상을 조명하는 자료는 『동경대전』東經大典과 『용담유사』, 『해월신사법설』, 『천도교 창건사』를 중심으로 하고 그 밖의 관련 자료들을 참고했다.

여기에서 필자는 종교를 연구하는 데 있어서 종교 경험이 구체적으로 표현되는 실재적인 삶의 공간을 이해하지 않고 책상에 앉아서 하는 관념적이고 형이상학적인 종교 연구만을 통해서는 완전한 연구가 이루어질 수 없다고 생각한다. 따라서 구체적인 삶의 정황 속에서 빚어지는 천도교인들의 다양한 경험들을 통해서 그들의 삶 속에 수운과 해월의 가르침이 어떻게 살아 움직이는지를, 즉 그들에게 어떠한 의미와 도움을 주면서 현재화되어 나타나는지를 집중적으로 살펴보고자 한다.

1. 동학의 발생 배경

동학은 수운 선생이 1860년 4월 5일에 있었던 종교 경험을 통해서 창도된다. 여기에서 수운 선생의 종교 경험이 있기까지의 개인사와 그 당시의 사회적인 정황을 살펴보고자 한다. 이러한 과정은 수운의 사상 형성의 과정과 구원의 내용을 이해하는 데 도움이 되리라고 생각한다.

수운 ― 성은 최씨요, 이름은 제우濟愚, 초명初名은 제선濟宣, 호는 수운水雲 ― 은 1824년 10월 28일 경상북도 월성군 현곡면 가정리에서 탄생한다. 『천도교 창건사』에 보면 신라 말기 학자인 최치원의 28대손으로서 그의 부친은 비록 벼슬길에 오르지는 못했으나 경상도 일대 사림士林의 사표師表가 되었으며 또한 문장과 도덕과 가세가 아울러 강성하였다고 기록하고 있다.[1]

자식을 얻지 못한 수운의 부친 최옥崔鋈(호 近菴)은 우연히 알게 된 과부 한씨를 만나 63세 때 뒤늦게 수운을 낳게 된다. 뒤늦게 얻은 귀한 아들은 서자庶子라는 운명을 타고난다. 수운은 6세 때 어머니를 여의고 8세 때에는 한문을 시작한다.[2] 수운은 남달리 총명했던 것 같다. 총명했기 때문에 주변의 상황을 더욱 민감하게 받아들였는지도 모른다.

그 당시 사회 상황은 여러 가지로 병들어 있었다. 순조 이후 시작된 세도 정치에 의한 권력의 집중은 정치의 문란을 가져왔으며 그로 인한 피해는 농민에게 무거운 짐으로 안겨졌다. 많은 뇌물賂物을 바치고 관직을 얻은 관리들은 그 대가를 농민에게서 염출해 냈기 때문이다. 거기에 당시 국가의 가장 중요한 재정 수입원인 삼정(田政, 軍政, 還穀)의 문란은 여러 가지 방법으로 농민을 괴롭혔다. 지방 관리들까지도 농민으로부터 부당하게 거두어들인 것으로써 행정을 담당했다. 이러한 지방행정의 문란은 농민에게 과중한 부담을 짊어지울 뿐 아니라 국가의 재정까지도 어렵게 만들어 갔다. 농

---

[1] 이돈화, 『천도교 창건사』, 천도교 중앙종리원장판, 경인문화사, 1982, p.1.

[2] 『천도교 창건사』, p.3.

민들의 불만과 불평은 사회 내부에서 음성적인 형태를 띠고 나타나기도 하고, 또는 농민들을 중심으로 한 민란이 일어나기도 했다. 순조 11년(1811)에 일어난 홍경래의 난 이후 소규모의 민란은 거의 쉴 새 없이 전국적으로 일어났다. 철종 13년(1862)에 있었던 진주 민란은 대표적인 것이었다.

이러한 민란들은 대개가 부패한 관리의 제거를 목적으로 하는 자연발생적인 성질의 것이었으며 동시에 병든 양반 사회에 대한 반항이기도 했다.[3]

19세기에 이르러서 서양인들의 조선에 대한 통상 요구는 빈번해졌다. 거듭되는 외국 선박의 출몰은 불안한 상태의 조선에게는 또 하나의 위협으로 느껴졌다. 더욱이 이 무렵 청나라가 아편전쟁(1838~1842)과 아로호 사건(1856)으로 서양의 무력 앞에 완전히 굴복한 사실 — 영·불 연합군에 의한 북경 함락(1860.10.30) — 을 알고 있는 조선은 통상 요구의 거절을 통하여 외세의 진입을 미연에 방지하고자 했다. 여러 가지 정치적 혼란과 더불어 나쁜 질병이 전국적으로 돌았고 거기에 천재지변까지 겹쳤다.

이토록 어지러운 세상을 돌아다니면서 수운은 피폐한 생활 속에서 시달림을 당하는 민중을 어떻게 하면 구할 수 있고 무너져 가는 나라는 어떻게 구할 수 있을 것인가를 고민하게 된다. 불우했던 수운 자신의 실존적 정황이 사회의 여러 가지 현실의 문제를 극복하여 보국안민하려는 의지로 승화·발전시켜 나간다. 즉, 세상을 살리는 길이 곧 자기 자신을 살리는 길이라고 믿게 된다.

수운은 세상이 어지럽고 사람들이 불안해하는 원인은 천리天理에 순종치 않고 천명天命을 돌아보지 않는, 자기만을 위하는 이기심에서 비롯된 것이라고 보았다. 여기에서 수운은 천명과 천리를 알고자 노력한다. 드디어 1860년 4월 5일, 수운은 신비적 종교 체험을 통해서 무극대도無極大道를 받게 된다. 결국 수운은 종교 체험 후 거의 1년 동안 숙고한 결과 확신을 가지고서 포덕하고자 21자 주문을 지었다. 1861년에는 포덕을 시작하자 뜻밖에 많은

---

[3] 이기백, 『한국사신록』, 일조각, 1989, pp.297-305.

사람들이 모여들기 시작했다.[4] 이렇게 해서 동학東學이 창도되었다.

유교 선비 집안에서 자란 수운의 기본적인 사고의 틀은 성리학적 전통 위에 서 있는 것만은 분명하다. 거기에 수운의 사상에는 유교뿐만 아니라 불교, 도교, 거기에 민간 신앙으로서 널리 유포되어 있던『정감록』으로 대표되는 풍수도참風水圖讖 사상까지도 적지 않은 영향을 끼치고 있음을 알 수 있다. 뿐만 아니라 그 당시 민중 사이에 암암리에 퍼져 가던 서학에 대한 내용도 수운이 남긴 여러 문장 속에서 찾아볼 수 있다.

송월당松月堂이라는 노승老僧과 수운과의 대화 내용 중에서 수운의 사상이 잘 엿보이는 부분이 있다.

"나는 유儒도 불佛도 아니요 선仙도 아니요 그 전체全體의 원리原理를 사랑하오. 천도天道는 아니 있는 곳이 없나니 아니 없는 곳이 없으므로 전체를 사랑할 수밖에 없지 않소"라고 말하고 난 후, 그러나 어떠한 진리도 그 진리가 살아서 사람들에게 생명력을 불어넣어 줄 수 있고, 그 시대의 정신精神을 살릴 수 있을 때 살아 있는 진리가 되는 것을 말하고, 그러나 이미 유·불·선은 살아 있는 진리로 역할을 할 수 없음을 말하고 있다.[5]

또한 수운은 서학에 대해서도 분명하게 그의 생각을 밝히고 있다. 신유년(1861)에 사방에서 선비들이 수운에게 찾아와서 주고받은 대화의 내용을 보면 다음과 같다. 묻기를 "무슨 도라고 이름합니까" 대답하기를 "천도이니라" 묻기를 "양도(서학)와 다른 것이 없습니까" 대답하기를 "양학은 우리 도와 같은 듯하나 다름이 있고 비는 것 같으나 실지가 없느니라. 그러나 운인즉 하나요, 도인즉 같으나 이치인즉 아니니라".[6]

여기 "도즉동야 이즉비야"道則同也 理則非也에서 이치가 다른 뜻을『동경대전』과『용담유사』에서 다음과 같이 밝히고 있다.

---

[4]『東經大典』,「修德文」, "更逢辛酉 時維六月 序屬三夏 良朋 滿座 先定其法 賢士問我 又勸布德."

[5]『천도교 창건사』, pp.33-4.

[6]『東經大典』,「論學文」, "其無往不復之理 曰然則何道以名之 曰天道也 曰與洋道 無異者乎 曰洋學 如斯而有異 如呪而無實 然而運則一也 道則同也 理則非也."

첫째는 수심정기守心正氣하여 하느님의 성품을 거느리고 한울님의 가르침을 받아 한울님을 위하지 않고 다만 제 몸만을 위하여 빈다는 것이다.[7]

둘째는 천주의 뜻이라고 하면서 남의 나라를 침략하고 빼앗아 그 교당을 세우는 것이 어찌 바른 도리일 수 있느냐 하는 것이다.[8]

셋째는 부모 죽은 후에 제사도 올리지 않으면서 그저 주소간에 비는 말이나 죽거든 천당에 가게 해 달라고 비는 것이 어찌 참도리라 할 수 있겠냐는 것이다.[9]

그럼 여기서 수운이 제시한 광제창생할 수 있는 구원의 내용은 무엇인지 살펴보자.

2. 수운의 사상에 나타난 구원의 내용

1) 시천주

수운에게 있어서 동학에 있어서 동학의 정체성을 밝혀 주는 가장 중요한 내용은 시천주侍天主 사상이다. 필자는 시천주 사상을 21자 주문을 통해서 살펴보도록 하겠다. 먼저 21자 주문을 분석하기 전에 지적해 둘 것은 이 21자 주문은 수운의 종교 체험을 바탕으로 형성되었다는 것이다. 다시 말하면 말로는 형용할 수 없는, 모든 논리적 개념을 뛰어넘는, 신적神的인 것과의 만남을 통한 누멘적인 체험을 바탕으로 하고 있다는 것을 전제해야 한다는 것이다.

21자 주문에는 앞부분인 "지기금지원위대강"至氣今至願爲大降과 본 주문本呪文인 "시천주조화정영세불망만사지"侍天主造化定永世不忘萬事知로 되어 있다.

---

[7] 『東經大典』, 「論學文」, "日吾道 無爲而化矣 守其心正其氣 率其性受其敎 化出於自然之中也 西人 言無次第 書無皂白而 頓無爲天主之端 只祝自爲身之謨."

[8] 『東經大典』, 「布德文」, "至於庚申 傳聞西洋之人 以爲天主之意 不取富貴 功取天下 立其堂 行其道 故 吾亦有其然豈其氣然之疑."

[9] 『용담유사』, 「권학가」.

"지기금지원위대강"은 뜻을 풀이하면 한울님의 지극한 기운이 이제 나에게 이르러 크게 강림하시기를 — 기화氣化되기를 — 원한다는 것이다.[10]

본 주문本呪文인 "시천주조화정영세불망만사지"를 수운이 「논학문」論學文에 설명해 놓은 것을 중심으로 분석해 보면 다음과 같다.

시천주에서 시侍는 내유신령 외유기화 일세지인 각지불이자야內有神靈 外有氣化 一世之人 各知不移者也〔"안으로는 신령(神靈)이 있고 밖으로는 기화(氣化)가 있어서 세상 사람들이 각자 옮길 수 없는 것"〕이다. 표영삼은 이 내용을 "내 몸에 한울님을 모시고 있음을 알고 밖으로는 한울님의 기氣 작용에 의해 생성 · 변화함이 있다는 것은 모든 사람이 각각 옮길 수 없는 명명백백한 사실이다"[11]라고 해석하고 있다.

필자는 이 내용을 "안으로 신령한 기운의 임재함이 있고 끊임없이 밖으로 한울님의 지극한 기운(성령)과의 소통이 있어야 하며 이것은 체득되어지는 것이므로 온 세상 사람들이 옮길 수 없는 것을 각자 깨달아 아는 것"으로 이해했다.

수운은 『동경대전』「논학문」에 21자 주문의 한자 한자를 모두 설명해 놓고 있으나 오직 천天에 대해서만은 어떠한 설명도 해 놓지 않고 있다. 이에 대해서 김경재는 "이것은 우연적인 누락이 아니라 의도적인 제외이다. 왜냐하면 천주天主 곧 한울님은 개념화되거나 정의定義될 수 없는 생존生存 자체이어서 인간의 인식 행위 이전의 그 인식 행위 자체를 가능케 하는 능력이며 전제이기 때문이다"[12]라고 설명하고 있다.

주主는 존칭해서 부모와 더불어 같이 섬긴다는 것이다(主者 其尊而與父母同事者也). 조화造化는 무위이화요(造化者 無爲而化也) 정定은 그 덕에 합하여 그 마음을 정한다는 것이다(定者 合其德定其心也). 여기에서 표영삼은 무위는 각자위심各自爲

---

[10] 수운은 『東經大典』「論學文」에서 21자 주문의 뜻을 스스로 밝히고 있다. "至者極焉之爲至, 氣者虛靈蒼蒼無事不步無事不命 然而如形而難狀 如聞而難見 是亦渾元之一氣也 今至者 於斯入道 知其氣接者也 願爲者 請祝之意也 大降者 氣化之願也."

[11] 표영삼, 「氣化之神」, 『신인간』, 1987, 1월호, p.9.

[12] 김경재, 「崔水雲의 神槪念」, 『崔水雲研究』, 한국사상 12, 1974, pp.47-8.

心하는 인위人爲의 반대 개념으로 한울님의 섭리에 의해 이루어지는 것을 뜻하며 조화정은 합기덕 정기심의 경지에 무위이화로서 이르게 되는 것을 말한다고 보고 있다.[13]

조용일趙鏞一은 조화造化를 객관적으로는 "그저 저절로 됨"(造化者 無爲而化也), 즉 자연적自然的인 "됨"과 주체적主體的으로는 이 자연적인 "됨"의 이치를 자각함(侍天主)으로써만 가능한 인간의 창조적 참여創造的 參與(造化定)로서의 새로운 만듦으로 파악하고 있다.[14]

영세라는 것은 사람의 평생이요(永世者는 人之平生也), 불망이라는 것은 생각을 보존한다는 뜻이요(不忘者 存想之意也), 만사라는 것은 수가 많다는 것이요(萬事者 數之多也), 지라는 것은 그 도를 알아서 그 지혜를 받는 것이다(知者 知其道而受其知也).

본 주문 13자(侍天主造化定永世不忘萬事知)를 정리하면 한울님을 부모님과 같이 극진히 섬기면 합기덕정기심合其德定其心의 경지에 무위이화로서, 이르게 되는 것을 평생 잊지 않으면 만사에 있어서 그 도를 알고 그 지혜를 얻을 수 있다는 것이다.

시천주 사상은 조선조 봉건 사회의 신분 질서를 유지할 수 있게 했던 기질지성氣質之性에 의한 인간 이해를 부정한다. 인간은 한울님을 모시고 있는 존재로서 모두가 평등하다. 여기에는 양반이나 노비나 아무런 구별이 없다. "입도入道한 세상 사람 그날부터 군자君子되어 무위이화無爲而化 될 것이니 지상신선地上神仙 네 아니냐."[15]

이 노래에서처럼 신분의 차이는 무너지고 한울님을 모시고 지극히 섬기면 누구든지 군자가 되고 신선이 된다.

수운은 시천주를 실천함에 있어 중요한 것은 수심정기守心正氣와 성·경·신誠·敬·信으로 보았다. 수운은 지벌이나 문필로서 군자가 될 수 있는 것도

---

[13] 표영삼, 「조화와 무위이화」, 『신인간』, 1987, 4월호, pp.7-11.

[14] 趙鏞一, 「東學의 造化思想에 關한 硏究」, 동국대학교 대학원 박사학위논문, 1985.

[15] 『용담유사』, 「교훈가」.

아니며 만권시서萬卷詩書 많이 읽는다고 해서 현인군자가 되거나 도성덕립할 수 있는 것도 아니라고 말하고 있다. 오히려 13자 주문을 지극히 외우면 현인군자도 도성덕립도 할 수 있다고 말하고 있다. 지벌이나 문필, 만권시서, 모두 양반들에게 해당되는 말들이다. 아무것도 모르는 상민이나 노비나 할 것 없이 13자 주문만 지극히 외우면 현인군자도 도성덕립도 할 수 있는 것이다. 10년을 공부해도 이룰 수 없을 것을 수심정기하고 정성과 공경과 믿음으로써 한울님을 모시면 3년이면 이룰 수 있다고 말하고 있다. 이러한 내용들은 힘없는 일반 민중들에게 살아 있는 말로서 힘과 희망을 주었을 것이다.

2) 후천 개벽後天開闢

조선 말의 암울했던 사회, 불안했던 사회에 밝은 낙관적인 미래를 펼쳐 보여 준 사상이 수운의 후천 개벽後天開闢 사상이다.

수운은 순환론적인 역사관을 가지고 있었다. 수운은 자신이 신비 체험을 통해 무극대도를 받았던 1860년 4월 5일을 분기점으로 그 이전을 선천(下元甲), 그 이후를 후천(上元甲) 개벽의 새로운 시대로 보고 있다.

> 시운時運을 의논議論해도 일성일쇠一盛一衰 아닐런가
>
> 세운世運이 지극至極하면 성운盛運이 오지마는.[16]

위 글에서 보여 주는 것처럼 수운은 성쇠지리盛衰之理에 의한 순환으로 보고 있다. 또한 수운은 불운하고 혼란한 사회상을 새로운 시대로 접어드는 말기적 증세로 보고 있다. 그러나 여기에서 수운의 성쇠지리의 역사적 순환론은 운세와 더불어 인간의 능동적 당위성을 잊지 않고 있는 점을 주목해야 한다.

---

16 『용담유사』, 「권학가」.

> 운수運數야 좋거니와 닦아야 도덕道德이라
>
> 너희라 무슨팔자 불로자득不勞自得 된단말가
>
> 해음없는 이것들아 날로믿고 그러하냐
>
> 나는 도시 믿지말고 한울님을 믿었어라
>
> 네몸에 모셨으니 사근취원捨近取遠 하단말가.[17]

앞글에서 보이듯이 수운은 수동적인 운수로만 받아들이고 있지 않다. 시천주한 인간의 역할과 책임성을 아울러 강조하고 있다.

신일철은 수운이 인간의 윤리적 실천인 "기유정이심유정 고여천지합기덕"氣有正而心有定 故與天地合其德의 능동적 당위를 중심에 두고 역사 창조에 인간의 주체적 역할을 강조한 점이 있음을 밝히고 이러한 점에서 "수운의 역사 감각은 단순한 자연 필연自然必然의 순환사관循環史觀이 아니라 도덕적 발전사관發展史觀의 면모를 가지고 있다"고 보고 있다.[18]

그러면 여기에서 수운이 생각한 후천 시대의 모습은 어떠한 것이었을까 살펴보도록 하겠다. 수운의 관심은 저 세상에 있지 않고 이 세상에 이상사회를 구현하는 데 있었다. 그러나 수운이 죽음을 끝이라고 보지 않았다는 것은 분명하다. 죽음을 천명으로서 받아들이는 태도에서도 잘 보여진다. 수운은 죽음을 분명히 열려진 가능성 속에 놓고 있으면서도 저 세상에 대한 언급은 하고 있지 않다. 수운의 관심은 후천 개벽된 이 세상에 있다. 그러나 사실 수운이 후천 개벽은 말하고 있으나 후천 시대의 구체적인 상像은 제시하고 있지 않다. 지금까지 살펴본 경전의 여러 가지 문구들을 미루어 알아볼 수밖에 없다. 수운이 무극대도를 갈망하던 가장 큰 원인은 보국안민輔國安民과 광제창생廣濟蒼生이었다. 이것으로 미루어 수운이 원하는 사회는 외부의 침략이 없는 태평성쇠 속에서 반상과 적서의 구별도 없고 병고도 없는 백성이 사시四時 편안한 사회일 것이다. 시천주 신앙에 의해서 순천

---

[17] 『용담유사』, 「교훈가」.　　[18] 申一澈, 「崔水雲의 歷史意識」, 『崔水雲研究』, 1974, p.32.

리·고천명·경천·경인順天理·顧天命·敬天·敬人하고 도성입덕道成入德하여 모두
가 현인군자賢人君子 되어 지상신선地上神仙 되는 사회를 꿈꾸었을 것이다.

수운이 꿈꾸던 후천 시대는 단순한 순환 논리에 의해서 부한 자와 천한 자
가 뒤바뀌는 그러한 사회가 아니라 앞글에서 보여 주듯이 이전 시절에 천
하고 빈한 자가 지금 시절에 부하고 귀한 자가 되었고 지금 시절의 빈하고
천한 자는 모두가 부하고 귀한 자가 되는 동귀일체同歸一體가 되는 사회이다.

3. 해월의 사상에 나타난 구원의 내용

동학에 있어서 해월의 위치는 중요한 의미를 가진다. 1863년 8월 14일 도
통道統을 수운으로부터 이어받은[20] 해월은 1864년 3월 10일 ― 양력 4월 14
일 ― 수운이 순도한 이후[21] 험난한 시대에 지하 포덕을 통해서 교회 조직을
확대하고 교회 의식을 제정하는 등 교단의 명맥을 이어 간다. 무엇보다 해
월에게 돋보이는 것은 그의 생애와 높은 인격에서 우러나오는 삶의 태도이
다. 해월에 대한 자료는, 해월 자신의 저서는 없고 제자들의 기억에 의한
기록들이다. 주로 손천민, 서인주 등 한학을 한 지식인들에 의해 씌어졌다.
이러한 점을 고려한다면 한문체의 기록보다는 구체적인 사례를 통해 전해
지는 내용 속에서 해월의 사상을 더 잘 볼 수 있는 것 같다. 따라서 필자는
일화를 중심으로 해월의 몇 가지 중요한 사상을 고찰해 보도록 하겠다.

---

[19] 『용담유사』, 「교훈가」.　　　　　　　　　[20] 『천도교 창건사』, pp.45-6.

[21] 표영삼, 「해월신사의 생애와 업적」, 『신인간』, 1987년 2월 3월 합병호, p.6.

해월 — 성은 최씨요, 이름은 시형時亨, 초명初名은 경상慶翔, 호는 해월海月 — 은 1827년 3월 21일 경주 동촌 황오리에서 부친 최종수崔宗秀와 모친 월성 배씨 사이에서 외아들로 태어난다. 가난한 농부의 집에서 태어난 해월은 5세에 어머니를, 12세에 아버지를 사별한다.[22] 가난한 해월은 일가친척 집을 전전하면서 1년을 지내다가 남의 집 머슴살이도 하였다. 17세 때 제지소에서 일을 하고 19세 때 밀양 손씨를 맞아 결혼했다. 결혼 후 농사를 지어 생활했다. 해월이 동학에 입도入道를 한 것은 35세(1861) 때이다. 입도한 이후 해월은 한 달에 3~4차례 어기지 않고 수운으로부터 배움을 받는다. 열심히 수련을 한 결과 다음 해에는 신비 체험을 한다. 37세에는 수운으로부터 도통을 전수받는다.

1) 사인여천

해월은 스승인 수운의 시천주 사상을 확대 해석하여 범신론汎神論적인 범천론汎天論으로 이끌어 간다. 해월은 모든 만물에는 천이 내재內在해 있다고 보았다. 해월은 모든 만물이 유일한 지기至氣(天)로부터 나온 것이며 따라서 천지만물天地萬物이 시천주 아님이 없다고 본다. 여기에서 해월은 시천주의 의미를 만물 자체에 생성과 더불어 내재되어 있는 생명 그 자체와 동일한 의미로 보고 있다.

수운에게 있어서 시侍는 신비 체험에서 얻어지는 수심정기守心正氣의 상태의 종교적인 각성에서 이해되나 해월에서의 시侍는 윤리적인 가르침으로 해석된다. 이러한 해월의 범천론적汎天論的 시천주 사상은 경인敬人에서 경물敬物에까지 이른다.

선생이 일찍이 "'사람은 한울이니라. 그러므로 사람 섬기기를 한울같이 하라' 하셨도다. 내 비록 부인소아婦人小兒의 말이라도 이를 배우노라".[23]

---

[22] 『천도교 창건사』 제2편 海月神師, p.1, 표영삼은 해월신사 6세(1832년) 때 어머니를, 15세(1841년) 때 아버지를 사별한 것으로 기록하고 있다. 표영삼, 「해월신사의 생애와 업적」, 『신인간』, 1987, 2월 3월 합병호, p.4.

경인敬人은 곧 사인여천事人如天으로 연결된다.

> 도가道家에서 유아幼兒를 타打함은 천주天主의 뜻을 상傷하는 것이니 심甚히 삼
> 갈 것이며 도가에 사람이 오거든 손이 오셨다 말하지 말고 천주 강림天主降臨
> 하셨다 말하라.
> 　마음을 떠나 천주天主를 생각할 수 없고 사람을 떠나 한울을 생각할 수 없
> 나니 그러므로 사람 공경함을 멀리하고 한울을 공경하는 것은 꽃을 따 버리
> 고 과실果實이 생기기를 바람과 같으니라.[24]

위 글에서 보여 주듯이 사인여천 사상에서는 인간의 차별이나 불평등의 근
거가 완전히 사라져 버리고 만다. 인간을 공경하지 못하면서 한울만 공경
하는 것의 불합리성을 이야기하는 해월의 사상은 마치 그리스도교에서 눈
에 보이지 않는 한울님을 내가 얼마나 사랑하느냐 하는 것은 바로 내 이웃
에 대한 사랑으로 증명이 된다는 논리와 일맥상통한다.

해월은 여기에서 한 걸음 더 나아가서 눈에 보이는 시천주자侍天主者를 공
경치 못하면서 어떻게 눈에 보이지 않는 한울님을 공경할 수 있느냐 하는
것이다.

또한 해월의 범천론적汎天論的 시천주 사상은 인간의 노동을 거룩한 한울
님의 창조 행위의 참여로 끌어올려 놓는다. 해월은 평상시에도 낮잠을 자
거나 또는 손을 놀리는 법이 없었다. 짚신을 짜든지 노끈을 꼬든지 했다.
노끈을 꼬다가 일감이 없으면 꼰 노끈을 다시 풀어 꼬는 일은 있어도 노는
일이 없었다. 제자들이 그 이유를 물은즉 대답하시기를 "사람이 거저 놀고
있으면 한울님이 싫어하시니라" 했다. 한 달 혹은 석 달이 멀다 하고 이주
를 자주 하여 최보따리라는 별명이 붙은 해월이 새로 든 집에 들게 되면
반드시 나무를 심고 겨울이면 멍석을 만들어 내었다. 가인家人과 제자들이

---

23 『천도교 창건사』, pp.37-8.　　　24 『천도교 창건사』, 제2편, pp.36-7.

"내일이라도 다른 곳으로 이사를 갈 터인데 그것은 하여 무엇하겠습니까"
하고 물으면 대답하기를 "이 집에 오는 사람이 과일을 먹고 이 물건을 쓴
들 무슨 안 될 일이 있겠느냐" 하였다.[25] 이렇게 근면했던 해월은 하루는
청주를 지나다가 서택순의 집에 들렀다. "서택순의 집에서 그 며느리의 베
짜는 소리를 듣고 서 군에게 묻기를 '저 누가 베를 짜는 소리인가' 하니 서
군이 대답하기를 '제 며느리가 베를 짭니다' 하는지라 내가 또 묻기를 '그
대의 며느리가 베 짜는 것이 참으로 그대의 며느리가 베 짜는 것인가' 하
니, 서 군이 나의 말을 분간하지 못하더라."[26] 위에 소개한 일화들을 통해
서 볼 수 있듯이 그 당시 노동을 천시하던 사회 속에서 해월은 노동의 소
중함과 노동의 가치를 일깨워 주고 인간의 노동을 통한 인간의 창조 행위
가 곧 한울님의 창조에 동참하는 것임을 말해 주고 있다.

　해월은 사람을 한울처럼 대하라는 사인여천事人如天에서 한 걸음 더 나아
가서 모든 만물에 이르기까지 한울처럼 대하라고 말하고 있다. 모든 만물
이 시천주자侍天主者 아닌 것이 없으니 동물에서 식물에 이르기까지 무고히
해하지 말고 한울처럼 소중히 여기는 것에서 더 나아가 경敬하라고까지 말
하고 있다. 해월은 물아일체적物我一體的 세계관을 보여 주고 있다. 해월의
사고 속에는 자연은 죽어 있는 대상이 아니라 살아 있는 유기체적 생명 공
동체로서 이해하고 있다. 해월이 사용하고 있는 물物의 상징은 생성의 근원
적인, 생명의 근원적인 의미를 내포하고 있다. 따라서 해월은 일상적인 식
사 행위마저도 이천식천以天食天하는, 즉 밥 한 그릇에 한울의 조화와 노동을
통한 한울의 창조 행위가, 생명의 근원인 한울 자체가 담겨져 있으니 소중
하고 감사하게 먹으라는 것이다. 같은 맥락에서 해월은 땅을 소중히 하기
를 어머님의 살갗같이 하라고 가르치고 있다.[27] 따라서 침을 함부로 뱉거나
걸음걸이 하나도 경솔하게 걷지 말기를 당부하고 있다. 이러한 해월의 세

---

25 『천도교 창건사』, 제2편, p.35.
26 「해월신사법설」.

27 「해월신사법설」, 『천도교 경전』, p.306.

계관은 오늘날 환경오염으로 인한 생태계의 파괴로 인류를 위기로 몰고 가는 상황 속에서 많은 것을 일깨워 주고 있다.

2) 양천주

해월은 시천주자侍天主者로서 내면의 성실성과 도덕성을 확보하여 시천주를 지켜 나가기 위해서는 천주天主를 양養할 줄 알아야 한다고 생각했다.

> 한울을 양養할 줄 아는 사람이라야 한울을 모실 줄 아느니라. 한울이 내 마음 속에 있음이 마치 종자種子의 생명이 종자 속에 있음과 같으니 종자를 땅에 심어 그 생명을 기르는 것과 같이 사람의 마음은 도道에 의하여 한울을 양養하게 되는 것이라.[28]

해월은 무궁한 한울의 생명을 키워 나가는 것이 시천주하는 것이라고 말한다. 그러기 위해서 해월은 물욕을 가지는 것도 남을 미워하는 것도 거짓말을 하는 것도 남과 시비하는 마음을 가지는 것도, 즉 비도덕적인 모든 행위는 한울을 양養하지 못하고 오히려 한울을 상하게 하는 것이라고 보았다. 해월은 마음을 정定하고 한울을 양養하면, 즉 한울을 닮아 가서 그것이 자꾸 커지면 성인聖人도 될 수 있고 천인합일天人合—에 이를 수 있다고 말하고 있다.

해월은 인간의 선천적인 차별성은 있을 수 없으며 얼마나 시천주하고 양천주할 수 있는가에 있다고 보고 있다. 필자는 양천주를 한울을 닮아 가는 것, 즉 한울의 품성을 키우고 닮아 가는 것이라고 생각했다. 그래서 내 마음에 이기적인 때가 낀 마음이 아닌 본래의 순수한 — 바로 한울의 씨앗, 마음 — 마음으로 돌아와 그것이 가득 커져서 오심즉여심吾心卽汝心 한울님 마음이 내 마음이 되어 천인합일의 경지에 이른다고 이해했다.

---

[28] 같은 책, p.367.

지금까지 살펴본 해월의 사상 속에는 인간의 존엄성과 아울러 무궁한 우주의 대생명이 꿈틀거리고 있는 천지만물 모두가 유기체적인 생명 공동체라는 깨달음이 담겨 있다. 해월의 자연 이해는 가난한 농민으로 화전민으로 흙과 살아온 삶의 체험 속에서 생명의 소중함과 자연의 모든 것 속에 그 있음이 비롯되게 한 한울의 씨앗이, 한울 자체가 깃들어 있다고 보았으리라 생각한다. 해월은 초월적인 인격신 요소와 원리적인 내재성이 모두 함축되어 있는 범재신론적汎在神論的인 실재관을 바탕으로 한 수운의 시천주 사상을 이어받았으면서도 해월 자신의 신비 체험과 삶의 경험 속에서 윤리적인 범천론적汎天論的인 시천주 사상으로 확대·발전시켜 나갔던 것이다.

지금까지 살펴본 가르침이 오늘날 천도교인의 삶 속에 어떻게 현재화되어 있는지, 즉 어떻게 살아서 움직이고 있는지 사례를 통해 살펴보자.

4. 사례 연구:
21자 주문이 가지는 의미 — 시천주 사상을 중심으로

천도교인에게 21자 주문은 매우 중요한 의미를 가진다. 수운이 그들에게 가르친 기도문일 뿐 아니라 수운의 신비 체험의 내용이 그 속에 담겨져 있기 때문이다. 많은 사람들이 "지기금지원위대강 시천주조화정영세불망만사지"至氣今至願爲大降 侍天主造化定永世不忘萬事知 이 21자 주문을 현송顯誦 또는 묵송默誦[29]하는 동안에 신비 체험을 한다.

사례 1: 고정훈(76세, 용담 수도원 원장). 1차 대담 시간: 1994년 8월 9일, 5:00. 대담 장소: 경주 가정리 용담 수도원(2차 대담 시간: 1997년 3월 9일, 오후 1:30~2:30. 대담 장소: 천도교 중앙총본부 여성회 사무실)

---

[29] 주문을 암송하는 데 현송과 묵송이 있다. 현송은 소리 내어 암송하는 것이고 묵송은 조용히 소리 내지 않고 암송하는 것이다.

"내 고향은 경상남도 남해이다. 3남 3녀 중 장남으로 태어났다. 아버님은 영남에서는 알려진 한학자이셨다. 그러나 농사는 조금 짓고 있어서 우리 집안은 빈농이었다. 5, 6, 7세 때쯤 종의원에서 시일식을 하는데 나는 그곳에 참석했다. 그때 일본인 순사가 그곳에 참석을 하는데 막연한 두려움 같은 것을 느꼈다. 그러한 광경이 지금도 기억에서 사라지지 않는다. 이돈화 선생님이 강연을 하는데 도중에 일본 순사가 말을 중지시키곤 하는 것을 보면서 나는 많은 생각을 하였다. 나라를 잃은 백성은 이런 것이구나 하는 것을 느꼈다. 상대적으로 어린 나이인데도 주권을 찾아야겠구나 하고 스스로 생각하게 되었고 나라 독립에도 많은 관심을 가지게 되었다. 그 생각이 자라면 자라는 만큼 나는 천도교에 깊은 관심을 가지기 시작했다. 나는 15세에 정식으로 천도교에 입교했다. 입교를 하고 난 후에 신식 학교교육을 받기 시작했다. 보통학교 교장으로 일본 사람 사이또 사무라이를 만나 공부를 시작한 지 8년 만에 그만두었다. 그 후 3년 동안 남해농업학교에서 학생들을 가르쳤다. 지금도 그때 학생들이 퍽 인간적으로 친근하게 느껴진다. 지금도 그분들을 만나면 반갑다. 해방 때 내 나이 27세였는데 27세에서 지금까지 53년 동안(1997년 현재) 내 개인 사정으로 인해 교회 일을 쉬거나 시일식에 빠져 본 적이 없다. 나는 천도교 경전을 의암 선생님으로부터 배웠다. 그리고 신용부 선생님, 하중천 선생님으로부터 천도교를 배운 것을 지금도 감사하게 생각한다. 살아오면서 보면 모든 사람들과의 관계 속에 인연이 있는 것 같다. 따라서 나는 매일매일이 선한 인연들로 되어지기를 바라는데 때로는 그렇지 못할 때도 있다. 강령降靈 체험을 하면 기분이 그렇게 좋을 수가 없다. 강령 체험을 하고 나면 믿음이 굳세어지고 불안감이 없어진다. 오랜 경험으로 이젠 강령 체험은 자유롭게 할 수 있다. 체험을 할 때 오는 현상은 일정치 않다. 기쁠 때도 있고 슬플 때도 있고 체온이 올라갈 수도 있고 마음에 전율을 느낄 수도 있다. 처음 강령 상태에서는 이러한 것들을 느낄 수 있지만 나중에 오랜 시간 지속하고 있으면 의식이 전혀 작용하지 않다가 나중에 의식이 돌아온다. 완전한 무아無我

상태에 몰입할 수 있다, … (필자에게 7~8시간 무아 상태에 있을 때도 있다고 대담이 끝나고 내려오시면서 말씀하셨다.) 인내천人乃天 사상을 잘못 이해하면 큰일난다. 한울님과 인간이 같다는 이야기가 아니다. 한울님에게 향하는 것이다. 신을 향해 발전해 갈 수 있는 지향적인 것이다. 그래서 인 人이 내천乃天하는 것이다. 한울님의 뜻에 맞게 개인이, 인류가 아름답게 생 성 발전해야 한다고 생각한다.”

사례 2: 김재중(1998년 현재 73세, 前 천도교 교령). 대담 장소: 경기도 가평군 화악 산 천도교 수도원. 대담 시간: 1998년 8월 3일 오후 6:00~8:00

　“내 고향은 평북 구성이다. 우리 집안은 농사를 지었다. 나는 2남 4녀 중 장남이다. 아버님은 다소 엄격하시고 무뚝뚝하셨다. 그래서 집안 분위 기는 대체로 경직된 분위기였다. 집안은 부유한 편이었다. 우리 집안은 아 버님 때부터 천도교를 믿었다. 나는 해방된 후 빈 절에 가서 수도를 하면 서 강령 초기 단계 같은 것을 느낀 적이 있다. 나는 천도교가 민족종교라 는 데 마음이 갔고, 해방 후 우리나라가 자주독립국이 되어야 하는데 천도 교 사상이 꼭 필요하다고 생각했다. 그러면서 천도교에 종사를 해 왔다. 해방 후 이곳에 나와서는 제대로 종교 생활을 하지 못했다. 국방대학원을 다니면서 시간적인 여유가 있어 16일을 물만 먹고 완전히 금식했다. 금식 기간에도 국방대학원에는 빠지지 않고 다녔다. 금식 준비 기간과 회복기를 합치면 40일이 걸렸다. 그때 나는 영성이 맑아지는 것을 느꼈다. 숙변을 본 후에는 나오는 것도 없었다. 두 시간 반 정도 잠을 자면 잠이 안 오는 데, 새벽 2시에서 3시 사이에 깨면 조용히 앉아서 주문하고, 명상을 했다. 간혹 명상을 하면서 쭉 보였던 사건들이 다음 날 날이 밝아 그대로 재현되 는 것을 보고 스스로 놀랐던 적이 있다. 과학적인 것만이 다가 아니구나 하는 것을 그때 처음 느끼게 되었다. 금식 기도를 하니까 정신이 아주 맑 아졌다. 추운 겨울인데 냉수마찰을 하면서 했는데도 감기 한 번 걸리지 않 았다. 판단력도 예리해지고 어려서부터 위가 좋지 않았는데 금식 기도 이후에는 위를 한 번도 앓지 않았다. 그동안 나는 살아오면서 너무나 많은 죽을 고비를 넘겼기 때문에 지금은 덤으로 살아가는 것 같다. 나는 한울님의 품에 안겨 사는 것 같다. 우주의 주인은 한울님이고 나는 그 님의 품에 안겨 살고 있다고 생각한다. 우주 전체는 한 생명체라고 생각한다. 님의 뜻에 거슬리는 행동을 하면 안 된다고 생각한다. 즉, '경천명 순천리' 해야 한다고 생각한다. 사람은 님을 가장 많이 닮았다. 사인여천 등 님의 뜻에 맞는 길을 가야 되지 않겠는가? 우주의 님, 경외지심이 아주 중요하다. 님을 두려움과 공경심 없이 함부로 하는 것은 문제가 된다고 생각한다. 나는 우주의 씨앗이다. 과학의 극치는 종교라고 생각한다. 종교들이 다른 종교를 배타하면 안 된다고 생각한다. 유교, 불교, 기독교, 모두 님의 배려 속에 있다고 생각한다. 수운에게 천도교는 님이 그 시대 상황 속에서 계시를 내려 만들어진 것이라고 생각한다. 님을 철학적으로 표현할 수도 표현할 필요도 없다. 종교라는 것은 믿음이 중요한데 그 님을 믿고 생활하는 것과 그 님을 믿지 않고 생활하는 것은 커다란 차이가 있다고 생각한다. 눈에 보이는 것만이 전부가 아니다. 분명히 영성적인 부분이 있다. 우주의 모든 것을 포섭하고 안고 계신 분이 바로 그 님, 한울님이시다. 강령을 모시면 아랫배가 뜨거워지면서 안면이 환하게 비추는 것 같다. 기분이 즐겁고 편안해진다. 배꼽 밑에서 웃는 것처럼 밑바닥부터 희열이 올라온다. 종교적 신념을 현실화시켜 생활화해야 한다고 생각한다."

사례 3: 김순애(63세). 대담 장소: 경주 요담 수도원. 대담 시간: 1994년 8월 10일 오후 8:00~8:30

"처음 결혼 생활이 불행했지요. 결혼해서 아들을 못 낳는다고 시어머니와 남편에게 구박도 받고 얻어맞기도 했지요. 남편이 다른 여자를 얻었어요. 구박이 더욱 심했어요. 그런데 어떻게 아이가 하나 생겼어요. 아들이었지요. 아들을 낳았는데도 남편은 다른 여자와 계속 살림을 하면서 어쩌다 집에 와도 시어머니가 무어라고 하는지 많이 맞았어요. 아들 때문에 참고 살다가 결국 쫓겨났어요. 몸도 병들고 마음도 병들고 죽고 싶었어요. 그때 천도교는 '인간 차별을 안한다. 어려운 사람 도와준다' 는 말을 듣고 무조건 천도교를 찾아갔어요. 그러고는 입도식을 하고 한울님께 매달렸어요. 몇 해가 지나서 천도교 관계자의 주선으로 천도교인 집으로 결혼해 들어갔어요. 천도교인인 남편은 큰 소리 한 번 치는 법이 없었어요."

사례 4: 김춘성(42세, 부산 예술전문대 교수). 대담 장소: 천도교 중앙총본부 여성회 사무실. 대담 시간: 1997년 9월 29일 오후 6:00~8:30

"우리 집안은 외할아버지부터 3대째 천도교를 믿고 있다. 어머님은 우리 — 2남 3녀 — 를 어려서부터 때리지 않고 키우셨다. 나는 어려서 아침이면 어머님이 주문을 외우시는 소리에 잠에서 깨어나곤 했다. 집에서 저녁 9시가 되면 온 가족이 모여서 기도식을 가졌다. 나는 어머님을 따른다는 효도의 차원에서 어머님이 기뻐하시기 때문에 기도식에 참여하곤 했다. 나는 적극적으로 수련에 임하고 싶다는 생각을 한 적은 없지만 수련이 마음의 평정과 건강을 위해 도움이 된다고 생각은 하고 있었다. 나는 대학교 4학년 때 여름방학을 이용해서 마음의 평정을 찾고 생각을 깊이 할 수 있는 계기를 마련할 수 있지 않을까 하는 기대감을 가지고 수련회에 참석했다. 그러나 내가 기대했던 조용하고 고요한 분위기하고는 전혀 달랐다. 주문을 현송하다가 통곡하는 사람, 전율하는 사람 … 등등. 나는 심고를 드리면서도 아무런 감응을 느낄 수 없었기 때문에 공허하게만 느껴졌다. 그러나 지도하시는 선생님의 부드러우면서 힘이 있는 모습 속에서 신뢰심이 생겨서 수련을 계속하였다. 그러면서 3일이 지났다. 처음에 떨림이 왔다. 그러나 그것을 강령으로 인정하고 싶지 않았다. 그때부터는 밑이 까만 밥솥을 닦아 내는 심정으로 열심히 닦으려고 마음먹고 임했을 때 강령이 왔다. 유한하고 불충분하고 감정투성이인 너희 잣대로 세상과 사람들을 재지 말아라 하는 생각이 떠올랐다. 그러자 내가 선을 추구하고 행동을 하려고 했던 것조차도 상대적이라는 것을 깨달으며 부끄러운 생각과 함께 그동안 내가 독

선적이었음을 느꼈다. 내 속에서 울려 나오는 소리였기 때문에 그 소리는
나에게 커다란 설득력이 있었다. 그리고 무엇인가 있구나 하는 생각에 더
열심히 주문을 외워보아야겠다는 생각이 들었다. 그리고 한편으로 심고를
드릴 때 '한울님을 내 온 마음으로 부인하려야 부인할 수 없도록 확인시켜
주시면 한울님 뜻을 영원히 받들겠습니다' 라고 심고하면서 열심히 수련에
임했다. 얼마 후에 몸이 심하게 움직이면서 심한 진동이 왔다. 나는 이를
억제하면서 바른 자세를 유지하려고 노력을 했는데 기슴이 답답하고 숨을
쉴 수조차 없었다. 강령이 되는 순간 그 이전까지 여러 가지 분별지를 통
해서 보아 왔던 느낌은 사라지고 분별지로부터 벗어나 거룩한 기운과 느낌
이 나에게 다가왔다. 그러면서 어머님 무릎에 얼굴을 묻고 하염없이 울었
다. 눈물이 쏟아져 나오는데 어떻게 할 수가 없었다. 내성적이었던 나는
30이 넘어 처음으로 소리를 내어 울었던 것 같다. 그 울음은 감격에 벅찬
울음이었다. 그러면서 내면이 순화되는 것을 느꼈다. 그리고 내 몸 안에
있는 기운이 다 빠져 나간 것같이 손가락 하나 움직일 수 없는 나른함 속
에서 평화가 찾아왔다. 한참 후에 '이제 일어날 수 있겠니?' 하는 어머님의
소리를 듣고 몸을 추슬러 앉았다. 다시 자세를 가다듬고 수련에 임했을 때
마음이 고요히 가라앉아 마치 깊은 바다 속에 홀로 앉아 있는 것 같은 고
요함이 찾아왔다. 주변에 사람이 아무리 많이 있어도 나에게 아무런 영향
을 주지 않았다. 그때 나는 너무나 고맙고 감사한 마음이 가득히 차 올라
와서 무엇을 보고도 감사합니다, 감사합니다를 연발하면서 마음속으로 한
울님과 스승님께 감사하다는 심고를 기쁘게 드렸다. 강령 체험을 통해서
다른 종교들의 종교 경험도 이해할 수 있었다. 예수께서 오른쪽 뺨을 때리
거든 왼뺨을 내놓으라는 그 말씀이 떠오르면서 그때 기분으로는 정말 누가
내 뺨을 한 쪽 때리면 나머지 뺨도 내놓고 싶은 심정으로 모든 것이 감사
하고 기뻤다. 그러자 신체적인 변화도 왔다. 이제 더 이상 무엇도 바라고
구하고 싶지 않은 편안함이 찾아오자 15년 동안 앓아 오던 위궤양이 나았
다. 명치 끝에 동전 크기만 한 딱딱한 것이 늘 만져졌는데 그것이 어느 순

간 풀어졌다. 그동안 아파 왔던 어깨 결림도 사라지고 영과 육이 맑고 깨
끗하다는 것을 느낄 수 있었다. 평화와 기쁨과 감사한 마음에 나는 자리에
서 일어나 그곳에 계시던 모든 분들에게 큰절을 올렸다. 그동안 새침하고
다른 사람에게 쉽게 다가가지 못하던 나를 생각하면 그러한 나의 태도는
놀라운 변화였다. 그리고 모든 사람이 하나라는 것을 느꼈다. 다른 사람이
심고를 하다가 울면 저분도 한울님을 만났구나 하는 감격으로 같이 울었
다. 수도원 앞마당에 무심히 피어 있는 나리꽃을 보는 순간 나리꽃이 웃고
있었고 나리꽃에 있는 생명이 추상적인 생명이 아니라 구체적인 생명력을
직접 느낄 수 있었다. 꽃이 저편의 밖에 피어 있었는데 어린아이 같은 내
마음속에 꽃이 들어오는 것 같았다. 그동안에는 새들이 울면 '저 작은 가
슴으로 피를 토하듯 울고 있구나' 하고 생각해 왔는데 새가 우는 것이 아
니라 즐겁게 노래를 부르며 창공을 자유롭게 날고 있다는 것을 새롭게 발
견할 수 있었다. 주변의 나무도 새도 하늘의 구름도 모두가 하나로 통해져
있는 것 같았다. 삶 전체에 대한 부정적인 사고가 긍정적인 사고로 전환되
는, 나에게는 아주 소중한 경험이었다. 나는 하루에도 순간순간 수없이 심
고를 드린다. 그래서 모든 것을 그분에게 맡기고 살아가고 있다. 소외된
사람이 없고 가슴 아픈 일이 없는 모든 사람이 한울님처럼 대접받는 세상
이 되었으면 좋겠다."

사례 5: 최동희(1999년 현재 75세, 前 고려대 교수). 대담 장소: 종로 1가 보신각다
방. 대담 시간: 1999년 1월 22일 오후 2:04~3:30

"내 고향은 함경남도 북천군 상거소면이다. 아버님은 양의사이셨다. 그
래서 고향에서 병원을 하셨다. 아버님은 인품이 순수하시고 부드러우셨다.
어머님은 부드럽고 교양이 있으시면서도 의지가 강하셨다. 우리 형제는 아
홉 명이다. 내 나이 아홉 살에 아버님이 돌아가셨다. 나는 조부님 밑에서
살았다. 집안의 기둥은 조부님이셨다. 할아버님은 한학을 하시고 풍수에도
밝으셨다. 아버님이 양의사로 신식 학문을 하셨기 때문에 은연중에 할아버

님은 나를 할아버님 밑에서 한학 공부를 시키고 싶어 하셨다. 나를 할아버님이 그쪽으로 이끄셔서 나는 그분 밑에서 천자문 공부부터 했다. 나는 고향에서 할아버지의 권고로 천도교에 입교를 한 적이 있었는데 적극적으로 하지는 못했다. 일단은 천도교를 남들이 모르는데 제대로 알려야겠다는 생각에 글을 썼다. 나는 천도교가 우리 민족이 믿는 하느님을 믿는다는 것이 좋았다. 우리의 민족적인 하느님 그분을 믿는 것이 좋았고 지금도 그 생각엔 변함이 없다. 천도교는 우리 민족이 오랫동안 믿고 의지해 오던 하느님 신앙을 승화시켜 놓았다고 생각한다. 중국의 영향에 짓눌려 오던 우리 민족이 민족의 고유한 신앙 대상인 완전히 우리의 전통적인 하느님을 믿는다는 것이 자랑스러웠다. 천天이라는 말을 쓰더라도 중국의 상제와는 다르다고 생각한다. 시侍라는 말도 신앙이라는 말이 없기 때문에 사용한 것이다. 하느님을 모신다는 시侍는 인간으로서 최고의 정성을 다하여 하느님을 믿고 받든다는 의미에서 사용하는 것이다.”

사례 6: 이종민(35세, 천도교 청년회 부회장). 대담 장소: 천도교 중앙총본부 청년회 사무실. 대담 시간: 1994년 9월 11일 오후 1:00~2:00

　“입교를 하고 난 후 16개월, 화악산 수도원에 들어가 수도를 했습니다. 처음 강령 — 한울님의 영의 내림 체험 — 을 모셨을 때 내 마음의 변화가 오기 시작했습니다. 제일 처음 떠오르는 것이 병들어 누워 계신 어머님이었습니다. 제가 그동안 잘못한 것들이 생각나면서 눈물이 쏟아졌습니다. 그러고는 계속한 수련 과정 속에서 많은 생각들이 정리되었습니다. 무형의 한울님이 유형의 내 몸에 들어오셔서 작용하고 계시다는 생각과 본래의 한울님 마음을 잊어버리고 살아왔다는 깨달음을 얻었습니다. 인간이 가진 가장 본연의 본디 마음으로 돌아와 그 마음을 지켜 나가야(守心正氣) 한다는 생각이 들었습니다. 삶의 목적은 한울님의 뜻을 받들면서 살아가는 것입니다. 그렇게 되면 결국 개인적으로는 지상신선地上神仙이 되고 사회적으로는 지상천국地上天國을 건설하는 것입니다.”

사례 7: 김선정(30代, 직장인). 대담 장소: 경주 용담 수도원. 대담 시간: 1994년 8월 9일 오후 10:30~11:00

"집안이 천도교 집안이다. 그런데도 나는 천도교에 별로 관심이 없었다. 매일 저녁 9시에 집안 식구들이 모여서 드리는 기도식에도 나는 참여하지 않았다. 어머니의 권유로 가리산 수도원에 갔다. 갈 때는 1주일만 있다 오겠다는 생각으로 갔다. 남들이 하는 대로 따라서 아무런 의미 없이 기도했다. 오랫동안 앉아 있으면 발이 얼마나 아픈지 내가 왜 여기에 왔나 후회가 되기도 했다. 그러고는 5일쯤 되었을 때 낮 시간에 21자 주문을 현송하고 있는데 갑자기 지난날의 모든 잘못이 떠오르고 참회의 눈물을 얼마나 흘렸는지 모른다. 그러고 난 후 너무나 기뻤다. 1주일 예정으로 갔다가 20일 동안 있었다. 살아오면서 한 번도 느껴 보지 못한 평화가 찾아왔다. 수련장에 오지 않아도 평상시에도 도를 잊지 않고 시천주侍天主하는 생활을 하는 것이 중요하다고 생각한다. 나 외에 많은 분들이 21자 주문을 통해 참회와 평화를 얻는다. 이론 공부를 할 때도 주문을 같이 하지 않으면 제대로 이해하지 못한다. 주문을 하면서 매일매일을 참회하게 되고 주문을 하다 보면 한울님께서 지혜도 주시고 어려움을 쉽게 극복할 수 있도록 능력도 주신다."

지금까지 살펴본 사례들을 통해서 21자 주문이 천도교인들에게는 가장 중요한 것임이 드러난다. 21자 주문에는 수운의 신비 경험의 내용이 담겨져 있다. 많은 천도교인들은 21자 주문을 통해서 신비 체험을 하고 신비 체험을 통해서 21자 주문을 제대로 이해할 수 있다고 말한다. 신비 체험을 통해서 스스로가 시천주자侍天主者임을 실감할 수 있게 된다. 소개는 다 못했지만 대담했던 분들의 신비 체험의 공통점은 떨림, 참회의 눈물, 기쁨, 평화이다. 그러고 난 후에는 행동 하나도 함부로 할 수 없다는 생각을 가지게 된다. 한울님을 모신 시천주자로서 그분의 뜻에 위배되지 않게 살아야 된다는, 적어도 바른 마음을 가지고 살아가야 된다는 나름의 삶의 틀을 가지게 된다.

시천주, 사인여천 사상은 유교적 가부장적인 전통이 강한 조선 말기의 사회에서부터 현대에 이르기까지 분명 구원의 복음이다. 천도교 집안에서는 저녁 9시 기도식을 거행할 때 방 안에 빙 둘러서서 시아버지 며느리 할 것 없이 모두 큰절을 한다. 며느리도 아이들도 한울처럼 대하라는 사인여천의 사상에서 비롯된 아름다운 광경이다.

필자가 용담 수도원을 방문했을 때 새벽 5시 기도식에 참석했을 때의 일이다. 초등학생 두 꼬마가 늦게 일어나 기도식이 끝나자 수도원장님께 "안녕히 주무셨습니까" 하고 큰절을 올렸다. 그러자 80이 다 되신 할아버지가 황급히 "안녕히들 주무셨습니까" 하고 큰절을 같이 하셨다. 시천주 사상에서 비롯된, 어린 생명 속에서도 한울님의 씨앗이 꿈틀거리고 그 속에 살아서 활동하고 있다는 생각에서 저렇게 귀하고 소중하게 대해 주시는구나 하는 생각에 필자의 가슴이 뭉클해졌다.

끝맺는 말

지금까지 천도교의 수운과 해월의 사상을 살펴보고 오늘날 천도교인들에게 그들의 가르침이 어떤 의미를 가지는지 사례 연구를 통해서 살펴보았다. 수운의 시천주 사상은 조선 말기의 어둡던 시대에 가렴주구와 질병에 시달리던 힘없는 민중에게 인간의 존엄성을 일깨워 주고 희망을 준 생명의 복음이었다. "소시少時 때에는 옛 성인들은 보통 사람과 특별히 다른 이상以上의 무엇을 가졌으리라 생각했는데 수운 선생님을 좇아 마음을 배운 뒤로는 성인聖人도 특별한 사람이 아님을 알았다"고 해월이 말한 내용 속에서도 그 당시 가난한 농민들에게 어떠한 영향을 주었는지 엿볼 수 있다. 가난한 농부 출신의 해월이 수운의 가르침 속에서 1년이 지나고 얻은 결론이다.

반상의 차별이 극심하던 때 천민이나 농민이나 가난하고 없는 자는 스스로 못나서이고, 부하고 귀한 자들은 특별히 타고났기에 그렇게 사는 것으로 인식되던 시대에 성인군자도 별인別人이 아니고 똑같은 인간으로서 오직 바름을 성함에 달려 있다고 일깨워 주었다. 이러한 인식의 변화는 커다란 정신 개벽이 아닐 수 없다.

또한 수운은 시천주자侍天主者로서 귀하고 평등하다는 것과 인간 생명의 존엄성을 일깨워 주었다. 또한 한울님을 믿고 한울님의 뜻에 순종하고 각자위심各自爲心하지 않고 동귀일체同歸一體 될 때 이 땅의 모든 사람이 귀하고 부한 자가 되는 후천의 시대가 도래한다는 희망의 소식을 선포했다.

해월에 오면 해월이 가난한 농부로서 흙 속에서 자연과 더불어 살아오면서 체득된 생명의 소중함과 신비에 대한 깨달음을 통해 수운의 시천주 사상은 사인여천事人如天, 양천주養天主 사상으로 계승된다. 해월은 인간의 존엄성과 아울러 자연의 모든 만물이 유기체적 생명 공동체임을 일깨워 주고 있다. 따라서 생명의 소중함과 생명 공동체로서 나아가야 할 방향을 제시해 주고 있다.

또한 노동을 천시하던 사회 속에서 인간의 노동은 곧 한울님의 창조 활동에 동참하는 거룩한 행위로 인식하고 노동의 가치를 승화시킨다.

이에 그치지 않고 수운과 해월의 가르침은 사례 연구를 통해 살펴본 것처럼 오늘날에도 생명의 복음으로서 살아서 활동하고 있음을 볼 수 있었다.

수운이 가르쳐 준 21자 주문을 통해 시천주侍天主하는 순간, 즉 한울님의 영을 내 몸에 모시는 순간 떨림과 함께 참회와 회개의 눈물을 흘리게 되고 오랫동안 그를 구속하고 있던 구습을 벗어 버리고 지금까지와는 다른 전혀 새로운 삶으로 옮겨 가게 된다. 기쁨과 평화가 그의 가슴에 가득해지고, 너와 나의 벽이 허물어지고, 모든 생명이 대생명 속에서 동귀일체임을 체득하게 된다. 이러한 경험이 그들에게 사인여천事人如天해야 한다는, 양천주養天主해야 한다는, 한울님을 닮아 가는, 한울님을 향하는 삶을 살아가야 한다는 새로운 삶의 틀을 마련한다.

최준식

원불교 ─ 한국형 불교의 탄생

들어가며

이상한 일이지만 원불교는 그 교세나 교리의 뛰어남에 비해 아직도 우리나라 사람들에게는 생소한 종교로 인식되고 있다. 거개의 한국인들에게 원불교는 이렇다 할 확실한 이미지로 다가오지 않는다. 우리 시대의 대표적 지식인이라 할 수 있는 김지하 시인도 동학의 수운이나 해월 그리고 증산에 대해서는 적지 않은 글을 발표했지만 기이하게도 원불교의 창시자인 소태산에 대해서는 거의 글을 남기지 않았다. 이런 정황은 우리 시대의 영원한 기인 도올도 마찬가지이다. 그는 해월에 대해서는 영화 시나리오까지 썼던 사람인데 괴이하게도 원불교에 대한 그의 언급은 찾아보기가 쉽지 않다. 그가 원광대학에서 수학했다는 사실에 비추어 보면 이 상황은 더욱더 기이하다.

나는 사정이 왜 이렇게 됐는지 그 이유를 잘 모른다. 그러나 내가 지금까지 공부해 본 바로는 원불교는 우리 민족이 산출해 낸 자생 종교 가운데 전 세계 종교 시장에 내놓아서 전혀 모자랄 게 없는 그런 뛰어난 가르침이다. 우리나라에는 약 400개 정도의 신종교 교파가 있는데 그 가운데 가장 견실하게 발전했고 지금도 여전히 발전하고 있는 교파는 원불교를 제외하면 그리 많지 않다. 신도 수만으로 볼 때에도 원불교는 우리나라 종교 가운데 5위를 차지하고 있다. 이 등수는 결코 만만한 게 아닌데 한국인들은 아직도 원불교에 대해서는 의도적인 것인지 무의식적인 것인지는 몰라도 별 관심을 가지고 있지 않다.

원불교가 태동하던 19세기 말 혹은 20세기 초반은 우리나라 종교사적인 면에서 볼 때 가장 천재들이 많이 나왔던 시기였다. 이 시기에 버금갈 수 있는 시기는 아마 신라가 삼국을 통일(?)하던 그즈음 빼고는 없을 것이다. 이때 바로 한국 종교계의 최고의 인물이라 할 수 있는 원효를 비롯해 의상, 원측, 경흥, 원광, 자장 등 기라성 같은 대사상가들이 쏟아져 나온다. 신라는 아마 이런 정신적인 힘에 힘입어 삼국을 통일할 수 있었던 것이리

라. 그 뒤에는 우리나라에 세계적으로 독창적인 철학자가 그리 많이 발견되지 않는다. 그저 고려의 지눌이나 조선의 율곡 혹은 퇴계 정도를 그 반열에 놓을 수 있지 않을까 싶다. 물론 조선 후기의 다산 정약용이나 혜강 최한기도 간과할 수는 없다. 그런데 지금 거론한 학자들은 모두 외래 사상을 연구한 사람들이다. 다시 말해 이들은 한국적인 사상가라고 하기보다는 한국에서 태어난 세계적인 사상가라는 것이다.

그러다 어찌 된 일인지 19세기 말이 되면서 우리나라에는 동학의 최수운을 필두로 해서 한국적인 종교적 천재들이 무더기로 나타나기 시작한다. 존망의 위기에 처해 있었던 나라를 구하고자 선현들이 대거 출현한 것 아닌지 모르겠다. 그 많은 종파 가운데에서도 동학과 증산교와 원불교는 가장 중요한 종파로 종종 나는 이 세 종교를 한국 자생의 신종교 가운데 우뚝 솟은 삼대 산맥이라고 말하곤 했다. 이 책에서 이 세 종교를 동시에 다루는 이유도 여기에서 찾아볼 수 있을 것이다.

그 가운데서도 원불교는 흡사 앞의 두 종교를 완성시키는 듯한 인상을 받는다. 원불교가 가장 늦게 나타났다는 데에서도 그 이유를 찾을 수 있지만 교리적으로도 앞의 두 종교를 융섭하고 있기 때문이다. 뿐만 아니라 동학이나 증산교에서는 대표적인 외래 종교인 기독교를 비판 내지는 무관심으로 대하지만 원불교에서는 모든 종교는 한 뿌리라는 생각 아래 기독교역시 포용하고 있다. 게다가 교조인 소태산이 지니고 있는 원융자재圓融自在적이고 합리적인 사상은 그 깊이를 알 수가 없어 과연 이런 뛰어난 천재가아주 가까운 과거에 우리 주변에 있었는가 하는 의심이 들 정도이다.

이 세 종교들의 전개 단계를 보는 것은 원불교를 이해하려 할 때 큰 도움이 될 것이다. 우선 동학은 전통 유교를 완전히 바꾸어 놓음으로써 사람들에게 새로운 가치관을 제시하게 된다. 이른바 개벽 사상을 표방하였던동학은 이것을 실천에 옮기기 위해 동학혁명을 일으킨다. 그러나 이 엄청난 민중들의 에너지는 일본이라는 외세가 개입되면서 무참하게 꺾이고 만다. 이 때문에 좌절에 빠진 민중들은 위안을 찾는데 여기에 부응해 일어난

게 바로 증산의 종교 운동이다. 현실 개혁의 참담한 실패는 사람들로 하여
금 송송 수술적인 세계로 이끌리게 만든다. 지친 민중늘이 환상적인 수술
적 세계에서 위안을 찾는 것이다. 증산이 천지공사와 같은 주술로 민중들
을 인도했던 것은 그런 의도가 있었을 것으로 생각된다. 그러나 주술은 주
술로 끝날 수밖에 없는 법. 건강한 합리성이 나와야 민중들은 진정한 위안
을 얻게 된다. 소태산은 민중들의 이러한 기대에 부응해 매우 합리적인 법
을 내놓는다. 진정한 사회 개혁을 위해서는 혁명과 같은 폭력적인 방법도,
주술과 같은 신비적인 방법도 아닌 엄밀한 이성을 사용하는 내적 개혁만이
필요하다고 갈파한 것이었다. 소태산은 과연 무엇을 가르쳤을까? 우선 소
태산 개인에 대해 잠시 보기로 하자.

원융자재한 종교 사상가: 소태산 박중빈

소태산少太山 박중빈朴重彬(1891~1943)은 증산보다 딱 20년 늦게 태어났는데 그
탄생지도 증산이 태어난 정읍에서 별로 멀지 않은 영광 땅이니 당시 전라남
도 땅은 종교적으로 수혜를 받은 지역인 듯하다. 출신 성분은 그저 평범한
농사꾼이었지만 소태산에 대한 양친의 이해와 배려는 매우 돈독했다. 소태산
의 어린 시절에 대해서는 많은 일화가 전해지지만 미래의 교주답게 특히 종
교적인 주제에 관심이 많았던 모양이다. 가령 7세 때 "하늘에는 어떻게 해서
바람이 불고 구름이 생기는가" 하고 의심을 품었다는 게 그것이다. 이 관심
은 곧 나를 포함한 주변의 모든 사물로 옮겨가 사물의 근원에 대해 강한 의
심을 가지게 된다. 불교 사상가들은 보통 초발심을 가질 때 인생의 무상함을
느끼는데 소태산의 경우에는 종래의 과학자나 아니면 성리학자처럼 자연의
법칙에 대해 관심을 가지게 되었으니 좀 색다른 일이라 아니할 수 없다.

　소태산은 이 의문을 풀기 위해 동분서주하는데 그가 가장 먼저 행한 방
법은 산신령에게 기도해 답을 얻는 것이었다. 전해지는 바에 의하면 그는

11세 때부터 약 5년간 하루도 빠짐없이 산에 올라가 치성을 들였다고 한다. 그러나 결과는 뻔한 것. 있지도 않을 산신령이 답을 가르쳐 줄 수는 없는 법. 소태산이 다음으로 시행한 방법은 이인異人이나 도사들을 만나 직접 물어보는 것이었다. 그렇게 하기를 6년. 그 사이 아들의 구도 행각을 물심양면으로 돕고 있던 부친은 먼저 타계한다. 소태산의 구도열은 점점 더 치열해진다. 22세부터는 허망한 도사 만나는 것도 포기하고 "이 일을 장차 어찌할꼬" 하는 한 생각에만 빠져 든다. 세상의 모든 일이 의심되는 것이다. 이른바 궁극적 관심에 완전히 빠져 든 것이다. 20세기 최고의 신학자인 폴 틸리히는 바로 이런 상태가 신앙faith이라고 정의했다.[1]

　이런 몰두는 선불교에 대해 어느 정도 귀동냥한 사람에게는 크게 낯설지 않게 들린다. 선승들이 화두를 "들었을" 때 종종 생기는 현상이기 때문이다. 화두에 "턱" 하고 걸리게 되면 밥 먹는 것도 잊고 똥 누는 것도 잊어버린다. 소태산은 종교적 거인답게 그 강도가 더 심했던 모양이다. 배 안에는 딱딱한 적積이 생기고 온몸은 종기로 가득 찬다. 이른바 폐인이 된 것이다. 이런 현상은 종교인에게 있어 이른바 속된 "나"에서 성스러운 "나"로 변환될 때 종종 생기는 현상이다. 이전의 문제 많은 "나"는 죽고 하늘과 교통할 수 있는 참된 내가 태어나기 위해 반드시 겪어야 하는 통과 의례인 것이다. 동네 사람들은 그가 폐인이 됐다는 이유로 그를 멀리했다. 지금까지 있었던 수많은 종교 교주들 대부분 집을 떠나 수련을 했던 데에 비해 소태산은 특이하게도 집을 떠나지 않고 집 식구들의 도움을 받아 가며 수행을 한다. 이것은 후대에 소태산이 출가를 모토로 하고 있는 전통 불교에 대한 거부와 관계가 될지도 모른다. 이때의 소태산 모습은 하나를 제외하면 아마 지금의 거지나 노숙자들보다 더 형편없었을 것이다. 그러나 눈빛 하나는 다르다. 이런 상태에 든 수도자들의 눈빛은 그 영롱함이 상상을 절한다.

---

[1] 신앙의 정의에 관한 한 틸리히의 다음과 같은 정의는 가장 멋진 것일 것이다. 그에 의하면 신앙이란 어떤 것에 대한 믿음(belief)이 아니라 궁극적 관심에 사로잡힌 어떤 상태다.

이런 상태로 일생을 계속 갈 순 없는 법(계속 가면 죽는 것 외에는 다른 길이 없다). 드디어 소태산에게 대각의 시간이 다가온다. 그가 26세가 되던 1916년(4월 28일), 소태산은 이른 새벽 정신이 맑아지면서 그동안 지니고 있었던 의문이 풀리기 시작했다. 대각치고는 너무 평범해 개미가 없다. 무슨 드라마틱한 전기도 없었다. 대각의 경험이 이렇게 밋밋하기는 불타도 마찬가지였지만 그래도 불타는 대각 전날 마왕들과 일전을 치르는 드라마를 연출한다. 이에 비해 소태산의 종교 체험은 너무 "맹숭맹숭"하다. 대각을 이룬 다음 소태산이 읊은 게송 역시 대단히 평범했다. "맑은 바람이 불고 달이 떠오르니 세상 만물이 자연히 밝아진다"라는 것인데 역대 선승들의 오도송悟道頌에 비하면 평범하기 짝이 없다. 그러나 진실한 비범은 완전한 평범에 있지 않은가! 교단의 주장에 의하면 대각을 얻은 후 소태산은 자신의 깨달음을 나름대로 확인하기 위해 여러 종교 경전을 열람했다고 한다. 유교·불교·선도·동학·기독교 등을 열람해 보았는데, 그는 자신의 깨달음이 불타의 그것과 같은 것임을 확인하게 된다.

그런데 이 부분에 관한 원불교의 설명은 조금 이상하다. 왜냐하면 소태산이 구도하는 과정 동안 이런 경전들을 접하지 않았다는 것이 이해하기 힘들기 때문이다. 사람이 답답하다 보면 이 경전 저 경전 들추어 보았을 텐데 각을 얻은 다음에야 경전들을 처음으로 보았다는 게 조금 이상하다는 것이다. 아울러 원불교 교단에서는 소태산이 스승을 만나지 않고 독자적으로만 깨쳤다고 하는데 이것도 쉽게 납득되지 않는다. 물론 주 스승은 없었을지 몰라도 구도 과정 동안 사람이든 경전이든 간접적으로 도움을 받았을 것으로 생각되는데 여기에 대해서는 언급이 없다. 예수도 요한이라는 스승이 있었고 불타도 몇 사람의 스승이 있었는데 여기에 비해 소태산의 경우는 너무 특이하지 않느냐는 것이다. 어떻든 소태산은 이 뒤로 불교를 자신의 주 전통으로 삼게 된다.

그 뒤 소태산은 바로 제자들을 모으기 시작하는데 아홉 사람을 뽑아 — 이 제자들 가운데에는 소태산의 친동생이나 동네 친구들이 있었고 심지어

는 그의 외삼촌도 있었다! — 이른바 교단 창설의 표준 제자로 삼는다. 소
태산이 이들을 데리고 가장 먼저 했던 일은 종교와는 관계없는 저축 조합
운동과 방언공사였다. 정신 교육도 중요하지만 물질에 대한 것도 소홀히
할 수 없다는 생각 때문 아니었을까? 당시 우리나라는 가난하기가 이를 데
없어 물질적인 면에 손을 먼저 댄 것 아닌지 모르겠다. 이것은 후대에 "영
육쌍전"靈肉雙全, 즉 정신과 육체를 같이 완전하게 하자는 교리로 연결된다.
아울러 원불교의 캐치프레이즈인 "물질이 개벽되니 정신을 개벽하자"에서
도 이러한 정신이 발견된다. 이 이후의 교단사에서 가장 중요한 일은 구인
제자와 함께 하늘의 인정을 받기 위해 벌인 혈인血印 작업이다. 이들이 오
랜 기도 끝에 백지에 지문을 찍었더니 이것이 혈인으로 바뀌었다고 한다.
소태산으로서는 교단을 시작하기 전에 제자들의 마음을 하나로 모으는 확
실한 정지 작업整地作業이 필요했으리라.

그 뒤에 있었던 수많은 일들은 이 짧은 지면에 다 적어 낼 수가 없다. 그
러나 가장 중요한 일은 아마 정신 개벽이라는 핵심 컨셉을 잡고 변산 등지에
서 교리를 체계화한 일일 것이다. 소태산은 다른 성자들과 다른 면모를 많이
보이는데, 가장 특이한 점은 본인 스스로 교리를 체계화시켰다는 점이다. 종
교를 세운 성자들은 여간해서 자신은 교리를 체계화하지 않는다. 그들은 진
리를 있는 그대로 살아갈 뿐 그것을 후대에 어떻게 전할까에 대해서는 관심
을 두지 않는다. 자신을 남기려는 마음은 스스로가 부족할 때 생기는 현상이
기 때문이다. 예수가 그랬고 불타가 그랬고 공자가 그랬다. 그러나 소태산은
자상했던 탓인지 매우 소상한 교리 체계를 남긴다. 후에 원불교 교전에 "정
전"正典이라는 이름으로 편입되는 『불교정전』은 소태산이 이때 제자들의 수행
을 위해 만든 것으로 — 그러나 간행은 소태산이 죽은 뒤에 가능했다 — 그
교리의 소상함은 읽어 본 사람은 모두 동의할 것으로 생각된다.

그 다음으로 중요한 사건은 1925년에 있었던 "불법연구회"의 창립이다.
궁벽한 촌이었던 고향 영광에서 교화 사업을 벌이고 있던 소태산은 제자의
건의에 따라 조금은 번화한 곳으로 나와 종교를 본격적으로 여는데, 이곳

이 바로 지금 원불교의 총부가 있는 익산 — 당시는 이리 — 이다. 원불교는 이때부터 진정한 교화의 시대를 맞이한다. 이때 간판에 건 이름이 "불법연구회"이고 지금 우리에게 익숙한 "원불교"라는 교명은 이대 종법사인 정산 송규에 의해 1948년에 새로 제정된 것이다. 익산에 자리를 잡으면서 초기 교도들은 소위 주경야독을 하면서 전교에 박차를 가한다. 그렇게 가 없는 전교를 하기를 18년. 소태산은 일제에 의해 한국의 간디로 감시를 받고 있는 터에 교단에 더 이상의 피해가 가는 것을 막기 위해 열반으로 향하게 된다. 수없는 변절의 요구에 꿋꿋이 버텼지만 더 이상 버티는 것은 교단에 해가 된다는 생각에 서둘러 열반의 길에 들어섰다는 게 교단의 설명이다. 그때가 1943년. 일제는 소태산이 죽은 뒤 교단이 궤멸될 것으로 기대했지만 주밀한 소태산은 이미 정산을 후계자로 삼고 몇십 년을 준비했던 터라 이후 원불교는 오히려 발전을 거듭한다. 뿐만 아니라 이제는 한국의 오대 종교가 되었고 한국의 자생 종교 가운데에는 거의 유일하게 세계로 뻗어 나가는 종교가 되었다.

소태산은 무엇을 가르쳤을까?

소태산의 사상을 볼 수 있는 방법은 여러 가지가 있지만 한 마디로 개벽 사상이라 보는 데에 별 무리가 없을 듯하다. 물론 개벽 사상은 수운부터 있어 왔던 것이다. 시대를 선천과 후천으로 나누어 새로운 시대가 도래한다는 것이 개벽 사상의 골자이다. 소태산의 개벽 사상은 크게 두 가지로 나누어 볼 수 있다. 새로운 자아의 수립과 새로운 세상의 건설이 그것이다. 사실 처음 접하는 사람에게 소태산 사상의 교리 체계는 매우 소상해서 복잡하기까지 하다. 따라서 이 한정된 지면에 그것을 다 담을 수는 없다. 아울러 한국의 신종교를 처음 접하는 사람들에게 그 세심한 교리를 모두 설명하는 것은 오히려 이해를 방해만 할 뿐이다. 그런 까닭에 본고에서는 큰 대강만 보기로 한다.

소태산이 느끼기에 당시의 인류는 위험에 처해 있었다. "물질이 개벽되니 정신을 개벽하자"는 원불교의 개교 이념에서 알 수 있듯이 당시는 서양의 산업혁명과 과학혁명에 힘입어 물질문명이 태동하던 시기였다. 반면 인류의 정신은 농업 사회의 수준에 머무르고 있어 급성장하는 물질문명의 속도를 따라가지 못하고 있었다. 이것을 소태산은 "마치 어린 아이가 칼을 들고 있는 형상이다"라고 비유했다. 칼은 잘 쓰면 이기利器가 되지만 어린 아이가 멋모르고 마구 휘두르면 자신은 물론 남을 해칠 수 있기 때문이다. 따라서 이제 우리가 해야 할 일은 새로운 물질문명에 걸맞은 사회를 만들어야 하고, 그를 위해서 개인적인 환골탈태換骨奪胎를 단행해야 한다.

이를 보기에 앞서 원불교에 밝지 않은 대부분의 독자들이 원불교와 기존 불교의 차이에 대해 의문을 강하게 가지고 있을 것으로 생각되어 이 주제를 잠깐 언급해야겠다. 여기에 대해서는 소태산이 전통 불교에 대해 내린 평가를 보면 된다. 소태산이 보는 전통 불교는 우선 그 교리와 제도가 지나치게 세속을 떠난 생활 위주로 되어 있다. 그 대표적인 예가 절을 산간에 두는 것이다. 때문에 시간이 많지 않은 보통 사람들은 산을 찾아가기가 쉽지 않고 어렵게 가서 접해 봐야 불교 경전은 온통 한자 말로만 되어 있어 도무지 이해할 수가 없다. 승려들은 결혼이 절대 금지라 따르기가 쉽지 않고 더 이상한 것은 예법 면에서 온갖 불공법은 세세히 밝혀 놓았으면서 결혼이나 장례 같은 세속의 가장 중요한 예법은 갖추어 놓지 않았다. 그래서 소태산이 보기에 전통 불교는 전 세상을 아우를 수 있는 가르침이 되지 못한다. 여기서 재미있는 것은 전통 불교가 결혼이나 장례에 관한 예법이 없다고 지적한 소태산의 지적이다. 아주 간단한 지적이지만 전통 불교의 허점을 잘 찌른 것으로 생각된다.

원불교의 현재 모습은 이것을 개혁한 것으로 보면 된다. 우선 원불교는 교무 ─ 출가한 원불교의 교직자 명칭 ─ 가 될 때 결혼의 여부가 문제가 되지 않는다. 현재 대부분의 남자 교역자들은 결혼을 한 상태이다. 그러나 소태산의 뜻과는 달리 현재 여성 교역자들 경우에는 결혼한 사람이 없다.

교단 내외에서는 이것을 두고 소태산이 주장한 남녀평등 정신에 위배된다
는 따가운 비판이 있는데 앞으로는 어떻게 바뀔지 두고 볼 일이다. 아울러
출가자들도 필요에 따라서는 직업을 가져도 된다. 이렇게 교무들이 결혼하
고 있으니 교당이 산간에 있기가 힘들다. 반드시 그런 까닭은 아니지만 원
불교의 교당은 거의 도회지에 있다. 물론 소태산이 교당을 도회지에만 설
치해야 한다고 주장한 것은 아니다. 그는 치우치지 않은 사상가라 "수도하
는 장소는 신자를 따라 어느 곳이든 설치할 수 있다"는 식으로 폭을 넓혀
설명한다. 경전도 원불교는 쉬운 한글로 되어 있다. 지금 보아서는 옛 문
투가 남아 있는 인상을 받지만 당시로서는 대단히 현대적인 문장이었음에
틀림없었을 것이다. 쉬운 한글이지만 그 안의 내용은 그 수준이 한자로 씌
어진 불경에 결코 떨어지지 않는다.

　예법도 예외는 아니다. 원불교는 전통 불교와는 달리 결혼식이나 장례
식, 제사에 관한 예법이 확실하게 정해져 있다. 아울러 영양가 없는 등신불
에 대한 불공법보다는 유년기에는 학교 공부를 하고 장년기에는 종교 공부
를 하며 늙어서는 세속으로 떠나 생사 문제와 같은 종교 문제에만 전념할
것을 권하고 있다. 매우 소상하고 섬세한 가르침이라 아니할 수 없다. 이것
을 한마디로 하면 이른바 불법의 생활화라 할 수 있겠고, 소태산 식의 표현
으로 하면 "사실적인 도덕의 훈련"이라고도 할 수 있다. 일상생활을 떠나서
의 불법은 의미가 없다는 것이다. 이런 맥락에서 소태산은 불교 자체에 얽
매여서도 안 된다고 말한다. 불교에 얽매인 생활이 무엇일까? 우리는 주위
에서 수도 생활을 한답시고 산속에 묻혀 평생을 지내는 수도자들을 가끔 목
격한다. 소태산은 이런 생활 태도를 극력 꺼린다. 이 세상에 이익되는 바가
없기 때문이다. 이것이 바로 불교에 얽매이는 어리석은 태도이다.

　이러한 사실적인 도덕 훈련과 함께 중요한 것은 확실한 진리관을 가지는
것이다. 소태산은 여기서도 전통 불교와 생각을 달리한다. 소태산이 보기
에 전통적인 민간 불교는 지나치게 등신불을 중심으로 한 구복 행위에 매
달려 왔다. 이제는 인지가 개명하는 시기라 무정물인 등신불에 의존할 필

요가 없다. 이와 관련해 재미있는 일화가 있다. 소태산이 아직 대각하기 전 그는 이 등신불에 대한 신앙을 스스로 시험해 본 적이 있었다. 사람들은 불상 앞에 재물을 차려 놓고 복을 빌지만 무정물인 저 불상이 어떻게 그런 능력을 가질 수 있느냐는 것이다. 그래 하루는 독심을 잔뜩 품고 법당에 들어가 불상을 보고 욕을 해 댔다. 저 불상이 만일 복을 주고 죄를 벌하는 능력이 있다면 욕하는 나를 벌주라고 말이다. 법당을 나온 소태산은 짐짓 불안해하면서 벌을 기다렸지만 고대했던 징벌은 없었다. 그 뒤로 소태산은 등신불에의 믿음을 버렸다고 한다.

그리고 나온 게 일원상—圓相에 대한 믿음이다. 일원상이야말로 진리의 본체라는 것이다. 일원이란 말 그대로 원을 말한다. 소태산은 이 원을 두고 유명한 게송을 남겼다. 다분히 전문 불교적인 것이라 다 소개는 안 하지만 대체로 이런 거다. "유와 무가 서로 돌고 돌다 공이 되고 그 공이 또 공이다"라는 식인데 이것은 전통 불교에서도 비슷하게 하는 소리이다. 더 나아가서 이 일원은 모든 언어나 사고를 초월한 절대공絶對空의 자리, 즉 모든 종교가 지향하는 자리이다. 유신론적인 종교에서는 신을 말하고 비유신론적인 종교에서는 하늘이나 도를 말하지만 이런 절대적 실재들은 모두 일원으로 통칭될 수 있다고 주장한다. 사실 원은 진리를 말할 때 동북아 종교에서 가장 즐겨 쓰는 상징이다. 불교에서도 선사들은 선화를 그릴 때 곧잘 원 하나를 그림으로써 진리를 표방하기도 했다. 유교나 도교에서도 태극이나 무극은 모두 원으로 그려지지 않는가? 따라서 일원은 소태산의 발명품이 아닌 것이다. 그러나 내용으로 가면 달라진다.

소태산이 이해한 일원은 그 주 내용이 네 가지 은혜이다. 이름하여 천지은, 부모은, 동포은, 법률은이다. 우리 인간의 생존은 이 네 가지에 의해 가능한데, 크게 볼 때 인간은 우선 하늘과 땅과 같은 자연이 있어 살 수 있고 직접적인 목숨은 부모들에 의해 부지扶持하고 있다. 그러나 주위의 이웃이 없으면 홀로 살 수가 없고, 그 이웃들과 평안하게 살려면 법이 필요하다. 사은四恩의 내용은 크게 보아 이런 것이다. 이 은혜 사상은 증산의 법설과 닮은 바가 많다. 증산도 밥 한 그릇만 얻어먹어도 꼭 갚아야 한다고 하지 않았던 가? 이 일원상 교리 때문에 원불교도들은 법회를 할 때에도 교당에 일원상을 걸어 놓고 경배하고 찬양한다. 참 지독히도 이성적인 가르침이고 동시에 반 기복적인 법회이다. 그래서 어떤 때는 개인적인 생각에 원불교의 교리나 수 행이 너무나 이성적이고 합리적이라 ─ 이렇게 몰이성적으로 사는 한국인들 에게서 이런 이성적인 법설이 나온 게 이상할 지경이다! ─ 노상 복만 바라 는 일반 대중들에게 광범위하게 먹혀 들어갈까 하는 의구심이 생기기도 한 다. 종교들은 대부분 구복을 통해서 성장하고 세를 키워 왔기 때문이다. 소 태산은 앞으로 인지가 개명하기 때문에 이런 이성적인 종교가 나와야 한다고 생각하고 그대로 실천한 것인데 사람들의 인지는 좀처럼 깨어날지 모른다.

원불교의 그야말로 자상하고 이성적인 교리는 곳곳에서 발견된다. 개인 적인 수행의 방법을 보면 전통 불교의 수행법을 모두 모아 놓은 느낌이다. 자세한 것은 일반 독자들에게는 필요치 않다 생각되어 생략하고 아주 간단 한 예만 몇 가지 보자. 가령 전통 불교에서는 정토종 ─ 아미타불의 이름을 외어서 죽은 다음 극락에 태어나는 것을 목적으로 하는 불교 ─ 에서는 염 불만 고집하고, 선종에서는 염불을 무시하고 좌선만 고집한다. 소태산에게 는 그런 다툼이 무의미하다. 상황에 따라 적절하게 골라서 수행하면 되기 때문이다. 가령 주위가 시끄러울 때는 염불을 하면서 마음을 다스리고 주 위가 조용할 때에는 좌선을 하면 된다는 게 그것이다. 아울러 염불은 어떤 장점이 있고 좌선은 어떤 장점이 있는지도 소상히 밝힌다. 또 좌선하는 방 법에 대해서도 정말로 소상히 밝히고 있고 ─ 가령 침을 어떻게 삼키고 몸 이 가려워지는 것은 혈맥이 통하는 현상이라느니 하면서 ─ 화두도 엄선해 서 20가지를 실어 놓았다. 전통 불교의 서책 가운데 이렇게 수련법에 대해 밝힌 책은 내가 과문한 탓인지 몰라도 없는 것 같다. 흡사 이 지침만 있으 면 혼자서도 수행을 충분히 할 수 있을 것 같은 느낌을 받는다. 소태산의 가르침은 다 이런 식이다. 자상하기 이를 데 없을 뿐만 아니라 어느 것 하 나 버리지 않는다. 재해석해서 올바른 때에 쓰면 된다는 것이다.

소태산의 가르침이 얼마나 소상하고 합리적인가를 알 수 있는 예를 하나만 제시해 보자. 이름하여 실지實地 불공법. 다 아는 것처럼 전통 불교에서는 모든 일을 불상에다가 비는 그런 구복 행위를 많이 해 오고 있다. 소태산에 의하면 이건 번지수를 잘못 찾은 것이다. 하루는 소태산이 길에서 노부부를 만났다. 사연을 들어 보니 며느리가 말을 안 들어 실상사에 며느리 버릇 고쳐 달라고 불공을 드리러 간다는 것이다. 이때 소태산이 내린 처방은 실로 시의 적절하다 아니할 수 없었다. 공연히 아무 능력 없는 등신불에다가 빌지 말고 그 돈으로 며느리가 좋아하는 물건을 사서 가져다주라는 것이다. 문제 해결의 열쇠는 며느리가 쥐고 있는데 왜 엄한 데다가 돈을 바치냐는 것이다. 물론 교전에서는 이 노부부가 소태산의 말을 따라 행해 효험을 본 것으로 끝이 난다(게다가 한 번에 그친 것이 아니라 한 달 이상이라는 긴 시간 동안 이 노부부는 며느리에게 공을 들인다). 참 간단한 이야기 같지만 사건의 정곡을 찌른 처방이라 아니할 수 없다(하기야 다 이렇게 불상에다가는 불공을 하지 않으면 승려들은 뭘 먹고 살 수 있을지 모르겠다). 이것은 다른 말로 하면 사사불공事事佛供, 그러니까 일상생활에서 행하는 모든 일이 불공이 되어야 한다는 식으로 볼 수도 있다.

소태산의 법설은 이런 식으로 계속 진행된다. 이런 세세하고 자상한 가르침에 따라 수행하면 평범한 우리들은 새로운 개벽 시대를 맞는 새로운 인간으로 태어나게 된다. 이런 새로운 인간들은 새로운 사회를 만들기 위해 노력해야 하는데 여기에 대해서도 소태산은 너무나도 세세한 가르침을 남기고 있다. 소태산의 사회 개혁안은 그가 불교 사상가라는 견지에서 보면 대단히 독특한 것이다. 대체로 불교인들은 내면의 개혁에 치중한 나머지 사회 개혁에 대해서는 관심을 별로 보이지 않는다. 그러나 소태산은 내면의 개혁과 사회의 개혁을 둘로 보지 않았다. 불교 사상가 가운데 이렇게 소상한 사회 개혁안을 주장한 사람은 거의 없었다.

소태산의 사회 사상을 말할 때 역시 가장 먼저 언급되어야 하는 것은 "강자와 약자가 상생하는 법"이다. 이 법문은 소태산이 대각을 한 후 처음 행한 법문이기에 더더욱 의미가 깊다. 대각 후 최초의 법문이 사회에 관한 것이었다는 사실은 소태산이 그만큼 사회에 깊은 관심을 가지고 있었다는 사실을 방증하는 것이리라. 내용은 전혀 어려운 것이 아니다. 강자가 계속해서 강자의 위치에 있고 싶으면 약자를 도와 강자가 되게끔 하고, 약자는 강자가 되는 이치를 잘 알아 노력을 해야 된다는 그런 이야기이다. 아마 당시 기고만장하던 일제와 무력했던 우리의 관계를 염두에 둔 법설이었을 것으로 생각된다. 강자가 지금의 힘만 믿고 약자를 보호하지 않는다면 곧 약자의 자리로 떨어진다는 것이다. 새겨 볼 만한 거리가 많은 이야기로 생각되는데 현재 미국이 세계 최강자의 입장에서 전 세계를 제멋대로 농락하고 있는 모습을 보면 소태산의 이 법설이 생각난다. 미국이 계속해서 이렇게 나간다면 언젠가는 그들도 약자의 위치로 전락하게 된다는 것이 소태산의 복음적 말씀이다.

소태산이 보기에 이 사회는 대여섯 가지 큰 병이 들었다. 우선 돈만 중시하는 병이다. 사람들이 돈만 아니 윤리나 도덕이 서지를 않는다. 그 다음에는 원망하는 병이다. 은혜를 모르고 남만 원망하는 것은 곧 남에게 의존하는 병으로 이어진다. 남에게 의존하지 않는 자력적인 사람은 남을 원망할 일이 없다. 뿐만 아니라 남으로부터 배울 줄 모르는 것도 큰 병이다. 자신이 배우지 않으니 후학들에게도 전할 지식이 없다. 이른바 가르칠 줄 모르는 병이다. 마지막으로 공익심이 없는 것 또한 큰 병이다. 지금도 상황이 크게 바뀐 것 같지 않은데, 그래도 당시에 비해서는 남에게만 의존해서 살려는 그런 병은 많이 고쳐진 것 같다. 경쟁적인 자본주의 사회가 되다 보니 남에게 의존하는 게 애당초 가능치 않았을 것이다. 그러나 당시로서는 이런 의뢰적인 나약함이 조선 민중들 사이에 만연해 있었던 모양이다. 다산의 『여유당전서』를 보면 당시 조선 사회에서 열 사람이 한 사람에게 의존해 사는 현실을 개탄하는 글이 나오는데, 소태산 시대에도 이런 현실이 크게 달라지지 않았을 것이다.

소태산은 이렇게 문제만 지적하는 게 아니다. 이 각각의 병에 소상한 처방도 잊지 않고 있다. 우선 자력 양생이다. 자기 힘으로 산다는 것은 너무

당연한 일이니 더 설명할 필요가 없지만 아주 섬세한 가르침이 있어 소개해야겠다. 가령 자식들에게 재산을 나누어 줄 때에도 큰아들과 다른 아들을 구분해서는 안 되고 더 나아가서는 딸에게도 아들들과 똑같이 재산을 나누어 주어야 한다고 주장하는 게 그것이다. 또 여성도 남성과 똑같이 배워 직업을 가져야 한다고 주장한다. 두 번째 요강은 지자본위智者本位, 그러니까 배운 사람은 그보다 못한 사람(愚者)을 가르치고, 우자는 지자에게서 배워야 한다는 것이 그것이다. 그 다음은 더욱 소상하다. 이름하여 "타자녀 교육". 이것은 우리나라 사람들이 지나치게 내 자녀만 중히 여기는 것을 개선하라는 강령으로 생각된다. 내 자식, 남의 자식을 구별하지 말고 전 사회를 위한다는 생각으로 공익심을 가지고 누구나 지도하라는 것이다. 소태산은 지금의 한국인들이 가지고 있는 이른바 "내 새끼 유일주의"의 폐해를 익히 안 듯하다. 교육 현실이 어떻게 망가지든 내 새끼만 과외시켜 대학에 보내는 현금의 왜곡된 현상을 마치 꿰뚫어 본 듯하다. 마지막 강령은 "공도자 숭배"로 나온다. 좋은 사회가 되려면 사회를 위해 사심 없이 봉사하는 사람들을 우대해야 된다는 이야기이다. 지금까지는 이런 사람들을 제대로 대접하지 않아 공익을 위하는 사람이 적었다는 것이다. 또 앞으로는 이런 사람들을 제대로 우대해 공익 정신이 투철한 사람들이 많이 나올 거라고 소태산은 예언을 하는데, 지금의 실정은 그렇지 않으니 이 예언의 적확 여부는 기다려 봐야 할 일이다.

맺으며

지금까지 우리는 소태산의 종교 사상을 매우 간략하게 보았다. 앞에서도 이야기한 것이지만 그의 교리 체계는 광대할 뿐만 아니라 매우 조직적이라 그 하나하나를 일일이 다 본다는 것은 이 짧은 지면의 용량에 담기에는 처음부터 무리였다. 따라서 본고에서는 소태산의 사상을 내면적 개혁 — 개인적 수행 — 과 외면적 개혁 — 새로운 사회의 창출 — 이라는 두 각도에서만 보았다. 매우 간략히 보기는 했지만 소태산이 설파한 대강의 주장은 담긴 것으로 생각된다. 그러나 이것으로 원불교를 다 보았다고는 말할 수 없다. 원불교에서는 소태산과 더불어 이대 종법사인 정산 송규 선생도 매우 중요한 위치를 차지하고 있는데 그에 대해서는 전혀 언급하지 못했다. 정산 종법사는 원불교 교전을 간행하고 원광대학을 창립하는 등 교단 조직의 확립에서 가장 중요한 역할을 한 사람이다. 따라서 원불교를 논할 때 정산 법사를 빼놓을 수가 없는데 여기서는 지면의 제약 때문에 전혀 언급하지 못했다. 아울러 원불교가 성장하고 안정이 된 현재의 모습, 다시 말해 원불교의 교세와 같은 현황에 대해서도 전혀 언급하지 못했다. 이 남겨진 이야기는 다음의 글을 기약하면서 이제 이 글을 마치자.

최준식

강증산 — 가장 토속적인 종교 사상가

들어가며

이제 우리는 한말 아니 한국 전 종교사에서 가장 독특한 종교가의 가르침을 보려고 한다. 강증산이 그 주인공으로 보통의 상식으로 보건대 그는 정녕 이해하기 힘든 종교가이다. 그가 이 세상에 온 배경부터가 그렇다. 아마도 제일 높은 하늘일 구천九天에 있던 증산은 도탄에 빠진 세상을 구해 달라는 불보살 혹은 여러 신명들의 부탁을 받고 세상을 건질 목적으로 이 땅에 내려온다. 지구로 내려올 때 증산은 기착지를 찾기 위해 지구를 몇 바퀴나 돌았다고 한다. 그 때문에 그의 행적을 적은 경전은 『대순전경』大巡典經이라 불린다. 증산계 교단 가운데 가장 큰 교단인 대순진리교가 그 이름에 일반인들은 다소 생소한 "대순"이라는 단어를 넣은 것도 여기에서 연유한다.

그렇게 돌다 내려온 데가 김제에 있는 금산사의 미륵불이었고, 자신의 법을 실현하기 위해 증산은 우선 수운에게 법을 주었단다. 그런데 수운이 너무 유교에 치우쳐 법을 거두고 자신이 세상에 나섰다는 증산의 주장을 어디까지 믿어야 할지 모르겠다. 그런가 하면 인류가 생긴 이래로 쌓여 온 엄청난 한을 "천지공사"라는 매우 독특한 종교 의례로 다 풀겠다는 증산의 황당한 발상은 신도가 아니라면 정녕 믿기 힘든 이벤트임에 틀림없다. 이런 엄청난 종교 의례를 행할 수 있는 사람이니 자신이 모든 신령계의 총수라고 주장하는 게 하나도 어색하지 않다. 사정이 이러하니 증산이 눈이나 비를 마음대로 오게 하고 해나 달도 마음대로 움직일 수 있을 뿐만 아니라 죽은 사람도 살릴 수 있는 신이한 능력을 가지고 있다는 것은 오히려 자연스럽다. 이런 게 증산이라는 종교적 천재의 모습인데 과연 우리는 어디까지 믿을 수 있고 어디부터 신화적인 혹은 설화적인 이야기라 할 수 있을지 잘 모르겠다.

그런데 만일 증산을 둘러싼 이야기들이 이렇게 방탄放誕한 면만 있다면 그를 그저 돌연변이 정도로만 생각하고 관심을 두지 않으면 된다. 그러나 문제는 그의 행적이나 가르침 속에는 인류의 역사 종교들이 제시한 보편적인 요소도 짙게 깔려 있기 때문에 그를 그렇게 가볍게 볼 수 없다는 데에 있다. 가령 그는 다른 어떤 종교가 못지않게 민중들에 대한 가없는 사랑이나 남녀 차별 혹은 계급 차별에 대한 강한 거부감 내지는 개혁 정신을 강하게 가지고 있다. 그래서 증산을 이해하기가 어렵다는 것이다. 어떻게 보면 미친 사람(狂人) 같고 어떻게 보면 신인神人 같고 — 이런 표현은 실제로 원불교 교전에 나온다 — 한마디로 헤아릴 수 없는 불측지인不測之人이라는 표현이 증산에게는 가장 잘 어울릴 것 같다.

가장 조선적인 종교가였던 증산

증산甑山 강일순姜一淳(1871~1909)이 태어난 것은 동학을 일으킨 수운이 죽은 지 7년 뒤의 일이다. 원불교의 교주 소태산이 증산과 뗄 수 없는 관계였다면 증산은 동학과 뗄 수 없는 관계에 있었다. 증산은 동학혁명을 몸소 겪기 때문이다. 증산이 태어난 곳이 바로 동학혁명이 일어난 고부 — 현재는 정읍 — 였기 때문에 그는 장성하면서 자연스럽게 동학과 깊은 관계를 맺게 된다. 증산 역시 교주답게 태어날 때 많은 신이한 일이 있었다고 전해지지만 중요한 것들은 아니니 모두 생략하기로 하자. 다만 어려서 농악을 보다가 혜각이 열렸다는 기록이 있는데 이것은 증산의 민중 지향성을 보여주는 단초라 하겠다. 또 서당에 보냈더니 하늘 "천" 자와 땅 "지"를 배우고 더 이상 배우려 하지 않아 그 이유를 물었더니, 하늘 천 자에서 하늘의 이치를 다 알고 땅 지 자에서 땅의 이치를 다 알았는데 더 배울 필요가 있느냐고 대답한 일화는 유명하다. 그러나 이런 식의 에피소드는 증산에게만 해당되는 게 아니라 당시 민간에서는 상당히 유행했던 설화였던 것 같다.

21세 때에 증산은 무슨 이유였는지는 모르지만 다리가 불편한 장애인인 정씨 부인과 결혼한다. 이 여인과는 별로 좋은 사이는 아니었던 것 같다. 그래서인지 증산은 후에 한두 명 정도의 부인을 더 맞이하게 된다. 결혼을 한 증산은 처가에 가서 서당을 열게 되는데, 당시 처가에는 음양비서나 참위책 등 많은 책이 있어서 증산은 이곳에서 한 3년 동안 많은 경經 공부를 하게 된다. 그러다 증산은 24세가 되는 해(1894년)에 동학혁명을 맞게 된다. 증산이 동학에 직접 참여했는가에 대해서는 종단 안팎으로 의견이 갈리지만 그가 그 현장에 있었던 것은 사실이다. 경전에 의하면 그는 동학군들이 지나가는 길들을 일일이 쫓아다니면서 이런 무력적 방법으로는 결코 개벽을 이루지 못하니 몇몇 사람에게 요새 말로 하면 탈영을 권유한 것으로 전해지고 있다. 그는 아마도 전쟁의 처절함을 몸소 느껴 무모하다고 생각한 것 같다. 이 사건을 겪고 증산은 동학처럼 현실 세계를 물리적인 힘으로 개혁하기보다는 초자연적인 주술적 힘으로 개혁해야 된다고 마음을 굳혔던 것 같다. 이 때문에 그의 개혁 방법은 현실도피적이라는 비난도 받게 된다. 증산이 세상을 구하겠다고 마음을 먹은 것은 동학혁명 뒤의 일로 생각된다.

종교가들은 이럴 때 보통 세상을 공부하기 위해 순례를 떠난다. 증산도 예외는 아니었다. 알려진 바에 의하면 증산은 이때 중요한 두 가지 사건을 겪는다. 우리나라 신종교의 큰 산맥을 이루었던 남학南學의 교주 김일부를 만났다는 게 그 첫 번째 사건이다. 증산은 그에게서 후천개벽에 관한 이론을 배웠던 것 같다(자세한 것은 제대로 알려져 있지 않다). 그 다음은 충남 비인 사람인 김경흔이라는 사람이 쓴 책에서 "태을주"太乙呪라는 주문을 발견하고 그 후로 가장 중요한 주문으로 삼는다. 이 주문은 "흠치 흠치"로 시작되는 23자로 구성되어 있는데, 모든 증산교파들이 가장 중요하게 생각하는 주문인 탓에 증산교파들은 "흠치교"라는 별칭으로도 불렸다.

유력 여행을 3년 만에 끝내고 돌아온 증산이 행한 일 가운데 가장 중요한 것은 보통 조상들의 공명첩功名帖을 불사른 사건으로 간주된다. 공명첩이란 지금말로 하면 관직명을 적는 종이인데 이것을 태웠다는 건 과거 조상들과 심정적으로 혹은 심리적으로 단절을 선언한 것으로 보아야 할 것 같다. 이는 새 세계를 개창하려는 종교적 천재의 감연한 행동이리라. 유력 여행 끝에 증산이 내린 결론은 모든 일을 자기 마음대로 할 수 있는 능력이 없으면 중생들을 구할 수가 없다는 것이었다. 그 뒤로 곧 그는 깨달음을 얻기 위해 절로 들어간다. 모악산에 있는 대원사라는 절인데 그곳에서 7일 정도 머무는데 그동안 무엇을 했는지에 대해서는 별로 알려진 게 없다. 다만 경전에는 증산이 깨달음을 얻고 큰 비나 바람을 마음대로 부를 수 있는 능력을 얻었다고만 적혀 있을 뿐이다. 이때가 증산이 31세 되는 1901년 7월이었다. 그 뒤 증산의 일생은 그의 필생의 작업인 천지공사로 점철되게 된다. 천지공사란 쉽게 말해 천지굿이라 할 수 있는데, 천지의 짜여진 틀을 다시 짜는 증산만의 독특한 종교 의식이다. 그러나 그 내용은 대부분 과거에 한을 품고 죽었던 사람들의 한을 풀어 주는 것으로 되어 있다.

그 다음에 펼쳐지는 증산의 생애는 한마디로 천지공사라고 보면 된다. 많은 기행과 이적이 있었다고 전해지지만 증산은 천지공사를 통해서만 인간 세상을 구할 수 있다고 철저하게 믿었다. 이렇게 하길 9년. 증산의 나이 39세가 되던 1909년 그는 별 유언 없이 태을주를 외면서 몇몇 안 남은 제자 곁에서 세상을 떠났다고 한다. 그 뒤 백 개 가까운 교파들이 일어나는 등 많은 발전을 거두게 되는데, 자세한 교사는 번거로우니 약하고 우리는 증산의 사상에 대해서만 보기로 하자.

증산이 생각하는 인간의 궁극적인 문제와 그 해결책들

앞에서도 언급했지만 증산은 매우 토속적인 종교가이다. 그에 의하면 이 세상이 이렇게 살벌하게 된 것은 선천 시대에 사람과 사람 사이에, 신명과 사람 사이에 한이 많이 쌓였기 때문이다. 세상이 이렇게 말세처럼 된 것은 이 우주가 처음부터 상극의 도로 짜여 있기 때문이다. 이 때문에 인간들은 신분 차별이나 남녀 차별, 부의 격차 등으로 인해 형용하기 어려운 고난을 겪게 된다. 그 가운데에서도 증산은 세상을 구하려다 모함을 받고 죽은 역신逆臣들의 한이 가장 크다고 생각했다. 그런가 하면 선천에는 종교나 문화가 지역마다 달라서 생기는 갈등이나 쟁투도 무시할 수 없다. 독자들의 이해를 돕기 위해 이 원한에 대한 증산의 설명을 예로 들어 보자. 증산에 의하면 지금 이 전 우주에는 선천 시대에 남자들의 노리개에 불과했던 여성들이 ― 물론 영혼의 형태로 ― 한을 품고 염주 굴리는 소리가 사무쳐 있다고 한다. 따라서 후천의 유토피아적인 개벽 세상을 열려면 이 여인들의 한을 풀어 주어야 한다. 증산의 공생활은 모두 이렇게 해서 만들어진 원한을 푸는 데 바쳐진다. 다시 말해 증산은 우주의 대화해자가 되는 셈이다.

증산의 이 원한 개념은 아무리 보아도 무당의 그것에서 차용한 것으로 보인다. 다만 무당의 경우에는 그 원한이 포괄하는 범위가 대부분 가정을 넘어서지 못하는데 증산의 경우는 전 우주를 넘나든다. 스케일이 크니 등장하는 신령들도 거물급들이다. 가령 하나의 국가나 종족을 대표하는 거물급 신령들이 증산이 취급하게 되는 신령들로 등장하는 게 그것이다. 아울러 증산은 무교의 한限 개념을 더 근본적으로 해석해 전 우주를 위난에 빠뜨리는 근본적인 악이라는 해석을 내린다. 이런 심도 있는 해석은 무당들에게서는 기대하기 힘들다. 내 생각에 증산은 종교적 천재답게 당시 민중들이 가장 친숙하게 생각하는 개념을 빌려와 나름대로 심화시켜 새로운 교리를 만들어 낸 것 같다. 원래 일급의 종교가들은 민중들이 이해하기 어려운 이야기들을 하지 않는 법이다. 가장 쉬운 말로 심오한 교리를 설파하는 재주를 가진 사람들이 종교적 천재들인데 증산도 그 가운데 한 사람인 것 같다.

그러면 어떻게 하면 이 세상을 구할 수 있을까? 답은 간단하다. 이 원한들을 모두 풀면 된다. 그러나 아무나 이 뿌리 깊은 문제를 풀 수는 없다. 구천에서 주석하다 내려온 상제인 증산이 아니면 안 된다. 천지공사의 내용은 범상한 눈으로는 이해하기가 힘들다. 술이나 밥 같은 음식을 차려 놓기도 하고 그때그때마다 필요한 여러 가지 물건들을 사용하기도 하는데, 가장 대표적인 방법은 역시 글을 백지에 써서 불사르면서 주문이나 경문을 읽는 것이었다. 그럼 어떤 신명들이 그 해원의 대상이었을까? 물론 앞에서 본 대로 지난 시대에 엄청난 학대를 받았던 여성을 비롯해 수많은 피압박자들의 신령이 포함되겠지만 증산은 스케일이 컸다. 그는 세계 문명을 만들어 낸 세계 문명신이나 각국의 역사적 영웅인 세계 지방신들을 대상으로 해원 의식을 펴 나갔다. 이 가운데에서도 종교를 창시한 문명신들은 증산에게서 가장 큰 우대를 받았다. 그러나 문제는 선천 시대에 종교들이 교통이 없었던 관계로 쟁투만을 일삼았다는 데에 있었다. 따라서 증산은 종교 통일의 필요성을 절실히 느꼈다. 그래서 그는 유불도 삼교 및 기독교를 관장하는 책임자를 각각 선정해 ― 유교는 주자가, 불교는 진묵이, 선도는 수운이, 기독교는 마테오 리치가 각각 선정된다 ― 자신이 의장으로 있는 통일신단 혹은 조화정부의 일원으로 참석시킨다. 증산은 이 회의를 주관하면서 모든 종교의 진액을 뽑아 종교 통일을 이룩했다고 경전에는 씌어 있다.

　바로 이 부분이 증산 사상 가운데 가장 독특하면서도 이해하기 곤란한 부분이다. 한국의 종교가 가운데에는 일찍 이런 주장을 한 사람이 없었기 때문이다. 물론 증산의 세계관을 이해하면 조화정부 사상이 전혀 이해 안 되는 바도 아니다. 증산은 인간계에서 일어나는 모든 일이 신명계에서 우선 결정된다고 보았다. 따라서 인간계를 구원하려면 신명계부터 바로잡아야 한다. 그래서 한 것이 조화정부의 설립이다. 이 정부에는 문명신을 비롯해 죽은 사람이 가는 명부를 맡은 신명들, 또 나라를 세웠던 세계 지방신들, 만고역신 등이 임원으로 참여해 증산의 명을 받드는 것으로 되어 있다. 이 얼마나 희한한 일인가? 영계에 증산이 좌장으로 앉아 있고 여러 대신령들이 각료처럼 앉아 있어 지상의 인간들을 구원할 궁리를 한다고 상상하면 말이다. 그렇지만 경전에는 증산이 이와 같이 각료회의 같은 것을 하는 게 묘사되어 있지 않아 그 상세한 것은 잘 모른다. 그런데 재미있는 것은 많은 경우 이 큰 신령들은 원한을 가지고 있어 우선 증산으로부터 해원을 받아야 한다. 그러면 이들은 그 은혜를 갚고자 증산이 하는 천지공사를 도와 인간계의 문제를 해결해 주게 된다. 우리는 이것을 어떻게 이해해야 할까? 비슷한 실례가 중국 도교에서도 발견되지만 증산처럼 구체적인 인물과 행위로 종교 사업을 행했던 경우는 흔하지 않았던 것 같다. 도대체 증산은 과대망상증 환자였을까? 아니면 우리가 전혀 이해할 수 없는 경지에서 인간을 구원하려 했던 진실된 종교가였을까?

어떻든 이렇게 해서 증산의 주장에 의하면 대신령들을 다 동원해 천지도수를 물샐틈없이 새로 짜 놓았다. 이제 후천개벽 시대가 열릴 수 있는 만반의 준비가 다 된 것이다. 그러면 이것으로 다 된 것일까? 만일 여기서 증산의 가르침이 끝난다면 그의 교리는 그저 매우 독특하고 불가해한 가르침 정도로만 남을지 모른다. 그리고 너무 증산 개인의 능력에만 의존한다는 비판이 나올지도 모른다. 그러나 증산은 종교적 천재답게 보편적인 요소도 동시에 제시하고 있다. 증산에 의하면 후천개벽 시대는 상제인 증산 자신의 노력으로만 도래할 수 있는 것이 아니다. 한 사람 한 사람이 모두 노력을 해야 한다. 이 노력이 없으면 후천개벽 세상은 오지 못할지도 모른다. 그럼 우리들은 무엇을 해야 된다는 것인가?

개벽을 위해 제자들이 해야 할 일: 도통 공부와 윤리적 수행

증산이 제자들에게 가장 먼저 권했던 것은 재미있게도 도통 공부라는 것이다. 이것은 말 그대로 도통하는 공부인데 대체로 신명들과 통하는 공부로 생각하면 된다. 신명들과 통하면 도술을 맘대로 부릴 수 있게 되고 자신은 이른바 "개벽 체질"로 바뀌게 되어 개벽 시대를 빨리 열 수 있게 된다. 증산이 제자들에게 권한 도통 공부 가운데 제일 대표적인 것은 주문외기이다. 주문외기라고 하면 소위 고등종교를 믿는 사람들은 매우 미신적으로 생각하기 쉽다. 그러나 주문외기법은 집중 상태를 이끌어 낼 수 있는 가장 쉬운 방법이어서 동양에서는 민중들이 가장 선호하는 방법이었다. 사람의 정신은 일심으로 집중이 되면 종교적인 상태로 쉽게 들어간다. 그 상태에서 우리는 환영을 보거나 환청을 하게 되는 등 매우 탈일상적인 강렬한 종교적 체험을 하게 된다. 증산교에서 주문을 중시했던 것도 같은 이유에서였을 것이다.

이 때문에 증산교에서는 수많은 주문이 수련되고 있다. 그 가운데서도 가장 대표적인 것을 꼽으라면 말할 것도 없이 태을주를 꼽아야 한다. 태을주는 23자[1]의 아주 간략한 주문이다. 태을주는 앞에서 본 것처럼 증산이 유력할 때 접했던 책에서 뽑아 조금 손질을 해 만든 것이다. 이 주문을 만든 사람이 50년 동안 도 공부를 했지만 도통을 이루지 못하고 이 주문만 남기고 가자 증산이 이 사람의 원을 풀어 주려고 이것을 택한 것으로 해석된다. 다시 예의 해원 사상이 또 나온다. 그럼 실제로 주문을 계속해서 외우면 무슨 일이 일어날까? 보통 이르기를 가장 흔한 현상은 아무래도 막혀 있던 기가 뚫리면서 몸이 심하게 떨리는 현상일 게다. 그리고 환시幻視가 되거나 멀리 있는 것이 보이는 개안 현상, 또 자기에게만 들리는 소리를 듣는 환청 현상 — 이것을 보통 이보耳報라고 부른다 — 을 경험한다. 증산교인들은 이런 환상 속에서 조상들도 자주 만나는 모양인데 그 진위 여부야 바깥에 있는 내가 판단할 일이 아니다. 주문 수련의 결과에 대해 내가 접한 설명 가운데 가장 설득력 있는 것은 주문을 외움으로써 큰 광명에 휩싸이게 되고 그럼으로써 지순한 마음 상태가 된다는 것이다. 증산 사상의 체계화에 앞장섰던 이상호 선생은 이것을 통령通靈이라고 불렀다. 그에 의하면 깨달음에 도달하는 데는 이 방법이 불교나 유교의 수행법보다 쉽고 빠른 방법이란다.

이 주문외기법이 아무리 중요해도 개인적인 윤리 수행을 등한시해서는 안 된다. 이런 개인적인 윤리를 중요시하지 않는 종교는 없기 때문일까, 증산의 가르침에서도 수준 높은 도덕심이 강조된다. 이것과 관련해 가장 대표적인 것은 "척愓을 짓지 마라"는 것과 "은혜는 반드시 갚아라"는 것이다. 앞에서 이미 살펴보았듯이 이 두 강령은 증산 사상의 핵심인 해원 사상과 직결되는 것이다. 다시 말해 전자인 "척을 짓지 마라"가 해원의 소극적인 측면을 강조한 것이라면, 후자는 전자를 한 걸음 더 발전시켜 적극적인 측면을 강조한 것이다. 전자부터 보면 젊은 독자들은 이 "척"이라는 단

---

[1] 전문은 다음과 같다: 훔치훔치 태을천상원군 훔리치야도래훔리함리사바하.

어가 생소할 터인데 그냥 원이나 한 정도로 이해하면 크게 틀리지 않는다. 이것을 좀 더 한국식으로 표현하면 상대방의 마음을 아프지 않게 혹은 섭섭하지 않게 하는 것이 된다. 척에 대한 증산의 해석은 적극적이라 남이 보지 않는 데에서도 그를 미워해서는 안 된다. 왜냐하면 그는 모를지라도 그 사람을 호위하는 신령이 알고 척을 가지게 되기 때문이다. 전쟁을 기록한 역사책도 읽지 말란다. 왜냐하면 패자의 신들이 척을 만들기 때문이다. 얼마나 "적극적인 남의 마음 헤아리기"인가. 증산은 심지어 이렇게도 말했다. 남이 나를 때리면 같이 때리기는커녕 그 때린 손이 아프지 않냐고 위로해 주라고 말이다. 이 얼마나 적극적인 위로법인가? 오른뺨을 맞으면 왼뺨을 내놓는 정도가 아니라 그 원수가 나를 해칠 때 상하지 않았나를 걱정하라니 말이다. 적극적인 면은 또 다른 데에서도 발견된다. 물론 보은의 이념을 말하는 것인데 증산은 이 이념을 아주 재미있게 풀었다. 보은에 관한 증산의 법설 가운데 가장 두드러지는 것은 "밥을 한 그릇, 아니 반 그릇만 얻어먹어도 그 은혜를 잊지 마라"는 경구이다. 해원이 끝나면 보은지심을 가지는 것은 당연한 일일지도 모른다.

후천개벽 시대의 도래

이렇게 해서 후천개벽 시대를 열 준비는 다 끝났다. 그러면 이 지상 선경 세계는 어떤 세계일까? 증산은 우리나라 신종교 교주 가운데에는 이례적으로 매우 상세하게 개벽 시대를 묘사했다. 생동감도 있고 딱 들어맞는 것 같은 것도 있어 여간 흥미로운 게 아니다. 이 묘사는 대체로 두 가지로 나눌 수 있다. 물질적인 개벽과 사회적인 개벽이 그것이다. 우선 물질적인 개벽부터 보면, 후천에는 불을 때지 않고도 밥을 지을 수 있고, 농사를 지을 때에도 손에 흙을 묻히지 않게 된단다. 불을 안 때고 밥하는 게 과연 전기밥솥의 발명인지 아닌지는 잘 모르겠다. 또 곡물의 종자도 한 번 심으면 매년 그 뿌리에서 싹이 돋아 나와 매년 다시 심을 필요가 없다. 동네에는 등대를 하나씩 세워 밤에도 온 동네가 낮처럼 환하다. 하기야 요즘 밝지 않은 곳이 없긴 하다. 기관차 없는 기차가 수많은 물건을 싣고 몇만 리를 삽시간에 간다는데 전기로 움직이는 전동차 같은 게 이것을 말하는 것인지 모르겠다. 구름차를 타고 하늘을 마음대로 날 수도 있고, 만 리나 떨어져 있는 사람의 목소리도 들을 수 있단다. 이것은 비행기의 대중화와 전화의 발명을 예언한 것이라고 할지도 모르겠다. 이렇듯 증산의 예언은 구체적인 게 많다.

　물질이 개벽되니 자연히 정신이 깨여 사회의 불합리한 점들도 많이 고쳐진다. 가령 후천에는 천하가 한 집안이 된다든지 형벌보다는 조화로 국민들을 다스린다. 또 계급도 타파되고 빈부의 차이도 없어질 뿐만 아니라 남녀 동권의 시대가 도래한단다. 가장 대표적인 것은 인간이 무엇보다도 중시되는 인존 시대가 도래하는 것이다. 그런데 이 기막힌 세상이 자연스럽게 도래하지는 않는다. 유토피아적인 사회가 오기 전에 엄청난 겁난이 닥쳐온다. 이 겁난은 증산의 경우는 특이하게 병을 몰고 온다. 이른바 괴질이다. 이 괴질이 퍼지면 길을 가다가도 죽고 잠을 자다가도 죽는단다. 증산은 한 번 "전 인류가 다 죽을지도 모르는 위기에 빠졌는데 아무리 해도 전부 다 살려내기는 어렵다"면서 원통하게 흐느꼈다고 경전은 전하고 있다. 그러니까 증산은 이 괴질이 분명히 유행할 것이라고 본 것이다. 그러면 이 병은 무엇일까? 에이즈일까? 다시 잘 모르겠다고 실토하는 수밖에는 ….

글을 마치면서

지금까지 본 것처럼 증산의 가르침은 해독하기가 쉽지 않은 부분이 많고 어떤 경우에는 매우 주술적이다. 그런 신비롭고 불가해한 면 때문이었는지 증산이 죽은 뒤 수많은 분파가 생겨난다. 저마다 나름대로 해석을 해 교파를 만들게 되니 분파가 많아질 수밖에 없었을 것이다. 그 분파가 많았을 때는 100개에 육박하는 경우도 있었다. 지금도 수십 개는 되는데 그 가운데 가장 큰 교파는 대순진리회와 증산도이다. 이 두 교단의 발전은 괄목할 만하다. 특히 대순진리회는 천도교를 제치고 제6위의 교단으로 성장했으며, 민족 종단 가운데에는 원불교와 더불어 학교나 병원을 가진 유일한 교단이 되었다. 그런가 하면 증산도는 대순진리회보다는 교세가 다소 약하지만 대학가에 전도를 해 많은 성공을 거두었다. 우리나라 대학 가운데 규모가 어느 정도 되는 대학에 증산도 동아리가 없는 학교는 거의 없을 정도로 대학생들에게 많은 호응을 얻고 있다. 뿐만 아니라 신년 메시지 등을 신문 지상에 전하는 경우를 보면 증산도의 최고 책임자의 말씀도 포함되는데 이것만 보아도 이 종파가 얼마나 교세가 신장되었는가를 알 수 있다.

증산교의 대표 경전인 『대순전경』을 읽어 보면 증산이 큰 자비심과 깨달음을 가진 종교가라는 사실을 의심할 수 없다. 그러나 그의 교설과 행동에는 범인들이 이해할 수 없는 것들이 적지 않다. 이런 당혹감은 당시에도 있었던 모양이다. 원불교의 경전인 『원불교 교전』을 보면 바로 이러한 저간의 사정을 잘 알 수 있다. 한 제자가 소태산 ― 원불교의 창시자인 박중빈의 호 ― 에게 증산을 광인이라 하자 소태산은 가볍게 질책하면서 증산은 그 제자의 그릇으로는 이해할 수 없는 신인이라는 평가를 내린다. 이로 미루어 볼 때 증산은 이미 당대부터 평가가 엇갈렸던 모양이다.

그러나 증산이 아무리 신인이라 해도 우리 같은 범인의 입장에서는 의문이 완전히 가시지 않는 면이 있어 그것을 보아야겠다. 가장 의심되는 것은 "과연 세상이 주술만으로 바뀔 수 있겠느냐"는 것이다. 주지하다시피 증산은 천지공사라는 매우 주술적인 방법으로 세상의 틀을 다시 짜 세상의 악을 없애려 했다. 그런데 과연 증산이 종이에 글을 써서 주문을 외우며 태우는 행위로 세상이 평안하게 바뀔까? 그가 상제라서 그것이 가능하다고 믿으면 그뿐이지만 신도가 아닌 입장에서 보면 납득하기가 쉽지 않다. 만일 기도나 의례로서 세상이 바뀔 수 있다면 아무 일도 하지 말고 기도만 하면 된다. 그러나 지금까지의 인류 역사를 보면 세상은 그런 기도나 종교

의례를 함으로써 바뀌는 것을 거의 보지 못했다. 사회 개혁을 위해 몸을 불사르며 여념이 없었던 수많은 선지자들의 예를 보면 세상의 개혁은 이 몸을 굴리면서 부단한 노력을 해야 가능한 것이지 가만히 앉아서 하는 주술적인 행위로는 별 효능이 없다는 것을 알 수 있다. 가령 신분 차별을 없애는 일도 수많은 시민 사상가들이 목숨을 내놓고 투쟁한 결과이지 가만히 앉아서 기도한 결과는 아니기 때문이다.

그러면 증산을 따르는 사람들은 "그건 당신이 천지공사의 묘리妙理를 이해하지 못한 처사요"라고 할지도 모르겠다. 그렇다면 나는 이렇게 되물을 수 있다. 증산이 개벽선경 시대를 도래하게 하기 위해 수많은 공사를 했다면 왜 세상은 하나도 변하지 않았느냐고 말이다. 이것은 증산에게만 던지는 질문은 아니다. 수운이나 소태산에게도 같은 질문을 할 수 있는데, 이분들은 앞으로 후천개벽 시대가 열리면 인류가 가지고 있던 모든 문제가 풀릴 것이라고 공언을 했는데 지금 세상은 혼란하기가 그들이 살았던 때와 진배없으니 그들은 과연 무엇이라고 답할까? 물론 증산이 예언한 물질적인 개벽이나 신분제도의 철폐 같은 것들은 어느 정도 실현된 것이 사실이다. 그러나 우리는 이들이 직면했던 문제와는 또 다른 새로운 문제에 직면하고 있다. 가령 환경 문제라든가 핵 문제, 물 부족 문제, 테러 문제와 같은 것이 그것이다. 이런 문제 덕에 우리 인류는 현재 전체가 공멸해 버릴지도 모르는 위기에 처해 있는데, 이것은 증산이 예언한 후천선경 시대의 도래와는 영 맥을 달리한다. 또 후천개벽 시대는 언제부터로 잡아야 하는지도 의문스럽다. 이미 열린 것인지 아직 더 기다려야 하는 것인지 이 알량한 교수 중생의 머리로는 알 길이 없다. 실제로 일부 증산계 교단에서는 개벽이 온다고, 다시 말해 말세가 도래했다고 선포해 적지 않은 무리를 일으킨 적이 있었다. 이런 혼란들은 모두 증산의 가르침이 다소 주술적인 방향으로 흘렀기 때문에 일어난 일로 생각된다.

마지막으로 던질 수 있는 의문은 증산에 대한 후대 교단들의 해석이다. 대부분의 증산계 교단에서는 증산을 상제나 미륵불, 더 나아가서는 하느님으로 생각하고 있다. 여기서 증산을 상제나 미륵불로 고백하는 것은 문제가 없지만 하느님으로 생각하는 것은 문제가 있다. 이때의 하느님이란 기독교의 경우처럼 신의 아들인 예수 같은 경우를 지칭하는 게 아니라 아예 하느님 그 자체로 생각하는 것이다. 다시 말해 이 우주를 창조한 무소불위의 전지전능한 신을 가리킨다. 이 교리가 문제 되는 것은 지금까지 있었던 거의 대부분의 종교들은 그들의 교주를 신의 화신이라고는 생각했을지언정 신 그 자체라고는 해석하지 않았기 때문이다. 신이 직접 인간계에 오는 것은 이론적으로도 문제가 있다. 신은 보편적인 존재인 데에 반해 인간계는 특수한 존재들만 존재하기 때문이다. 보편이 바로 특수가 될 수는 없는 법이다. 이 때문에 세계 종교들은 그 종교의 교주가 예언자에 불과하든지 혹은 화신이라고만 한 것이다. 그런데 증산교에서는 증산이 바로 그 우주 창조의 하느님이라고 선포하니 어떻게 받아들여야 할지 난감하다. 물론 이런 교리는 믿음의 문제이지 따지는 게 아니라고 할 수 있겠지만, 그렇다고 아무 교리나 무턱대고 믿을 수는 없는 것이다. 따라서 이 문제에 관해서는 증산계 교단들이 더 납득할 만한 교리 체계를 만들어 내야 한다고 생각된다.

정말 마지막으로 잠깐 꼬리를 무는 단상은 과연 이런 교리를 가지고 증산교를 세계화시킬 수 있겠느냐는 것이다. 증산이 우주 창조주라고 서양에 가서 가르친다면 기독교의 유신론에 이천 년 이상 익숙해 있을 서양인들이 금세 수긍하고 받아들일 수 있을까? 뿐만 아니라 아랍권에 대한 선교가 더 어려울 것이라는 것은 불을 보듯 뻔한 일이다. 증산이 하느님이라면, 야훼나 알라는 증산의 다른 현현인가 아니면 서로 다른 신인가. 그것도 다 아니면 증산만이 진실한 신이고 저 중동의 신들은 가짜인가? 이런 질문들에 대해 증산 교단의 신학자들은 준비해야 할 터인데 아직 과문한 탓인지 준비 상황이 어떻게 돌아가고 있는지 모르겠다. 이런저런 단상을 다 떠나서 보더라도 강증산은 우리 민족이 배출한 불세출의 종교 영웅임에는 틀림없다. 앞으로 이 영웅의 가르침을 어떻게 계승·발전시킬 것인가는 전적으로 우리 후손들의 몫이다.